CB130057

EDUCAÇÃO INTEGRAL, APRENDIZAGENS E RESULTADOS SOCIAIS

Lições e Reflexões

COLEÇÃO
TERRITÓRIOS DA EDUCAÇÃO

Coordenadora da coleção: Jaqueline Moll

CONSELHO EDITORIAL

André Lázaro – Universidade Estadual do Rio de Janeiro
António Sampaio Nóvoa – Universidade de Lisboa
Antônio Carlos Ronca – Pontifícia Universidade Católica de São Paulo
Arnaldo Nogaro – Universidade Regional Integrada
Bernard Charlot – Université Paris VIII e Universidade Federal de Sergipe
César Nunes – Universidade Estadual de Campinas
Daniel Cara – Universidade de São Paulo
Débora Mazza – Universidade Estadual de Campinas
Elsio Corá – Universidade Federal da Fronteira Sul
Gaudêncio Frigotto – Universidade Federal Fluminense
Guillermo Rios – Universidad de Rosário
Jaume Martinez Bonafé - Universidad de Valência
José Pacheco – ECOHABITARE
Juares Thiesen – Universidade Federal de Santa Catarina
Liliane Giordani – Universidade Federal do Rio Grande do Sul
Lúcia Helena Álvares – Universidade Federal de Minas Gerais
Lucineide Pinheiro – Universidade Federal do Pará
Maria Carmem Barbosa – Universidade Federal do Rio Grande do Sul
Márcia Rosa da Costa – Universidade Federal de Ciências da Saúde de Porto Alegre
Malvina Tuttman – Universidade Federal do Estado do Rio de Janeiro
Márcio Taschetto – Universidade Franciscana
Miquel Essomba – Universitat Autonoma de Barcelona
Penildon Silva Filho – Universidade Federal da Bahia
Rui Trindade – Universidade do Porto

EDUCAÇÃO INTEGRAL, APRENDIZAGENS E RESULTADOS SOCIAIS

Lições e Reflexões

ALINE ZERO SOARES

Editora Sulina

Copyright © Aline Zero Soares, 2024

Capa: Humberto Nunes (Ilustração: Andrea Ebert)
Projeto gráfico e editoração: Clo Sbardelotto/Fosforográfico
Revisão: Simone Ceré

Editor: Luis Antonio Paim Gomes

Dados Internacionais de Catalogação na Publicação (CIP) Bibliotecária Responsável: Denise Mari de Andrade Souza CRB 10/960

S676e Soares, Aline Zero
Educação integral, aprendizagens e resultados sociais: lições e reflexões / Aline Zero Soares. -- Porto Alegre: Sulina, 2024.
280 p.; 16x23 cm.

ISBN: 978-65-5759-148-2

1. Educação. 2. Educação – Políticas Públicas. 3. Democracia – Educação. 4. Educação Pública. 5. Educação Integral. 5. História do Brasil. I. Título.

CDU: 370
CDD: 370.1

Todos os direitos desta edição reservados à

EDITORA MERIDIONAL LTDA.
Rua Leopoldo Bier, 644 – 4º andar
Bairro Santana, CEP 90620-100
Porto Alegre, RS – Brasil

Tel.: (51) 3110-9801

sulina@editorasulina.com.br

www.editorasulina.com.br

Novembro / 2024

Impresso no Brasil / Printed in Brazil

Para minha amada mãe,

Dra. Maria Aparecida Zero (*in memoriam*),
meu maior exemplo como educadora humanizada
e comprometida. Seu compromisso inabalável
com a educação pública e a justiça social deixou um legado
duradouro de inspiração entre seus/suas estudantes
na educação básica e como formadora de professoras/es.
Nesta dedicatória, ela representa as/os inúmeras/os educadoras/es
dedicadas/os e esperançosas/os que servem nas milhares
de escolas e sistemas de ensino público do Brasil.

SUMÁRIO

PARTE III – OS RESULTADOS SOCIAIS RELACIONADOS ÀS ESCOLAS PARTICIPANTES

PREFÁCIO

Quando esquecemos que trabalhamos com humanos,
esquecemos nossa humanidade.
Miguel Arroyo

É uma grande alegria apresentar/prefaciar, na composição da Coleção Territórios da Educação, publicada pela Editora Sulina, o livro de Aline Zero Soares, *Educação integral, aprendizagens e resultados sociais: lições e reflexões.*

Graduada em Comunicação Social – Jornalismo pela Universidade Estadual Paulista (UNESP – Bauru) e mestra em Políticas Públicas e Gestão Pública pela Fundação Getúlio Vargas (FGV), Aline integra a carreira de Especialista em Políticas Públicas e Gestão Governamental do governo federal desde 2012, trabalhando atualmente no Ministério da Educação, justamente na Diretoria de Políticas e Diretrizes da Educação Integral Básica.

Este livro é fruto de sua tese de doutorado, *Resultados sociais da educação: experiências de três escolas inovadoras alinhadas à perspectiva da educação integral no Brasil*, defendida no Departamento de Educação da Universidade da Califórnia – Los Angeles (UCLA), sob a orientação do professor Richard Desjardins, no ano de 2023.

Partindo de amplo e sólido referencial teórico, que associa – de modo muito apropriado – educação integral e cidadania, inclusive cunhando a expressão "educação integral cidadã", o trabalho de Aline colabora para a ampliação do debate acerca de um tema recorrente e estrutural para a educação brasileira: a escola de educação integral e dia letivo completo.

Desde o Manifesto dos Pioneiros da Educação Nova, escrito em 1932 por educadores/as comprometidos/as com a Democracia e com o desenvolvimento equitativo do país, andamos às voltas com o desafio de construir uma escola que garanta o desenvolvimento pleno de cada um e de todos, na perspectiva de construir um país livre, feliz e soberano, que só é possível a partir da ação autônoma, solidária e inteligente da cidadania.

Em seu trabalho de investigação, através de uma abordagem qualitativa exploratória, Aline realiza um estudo de caso de três escolas brasileiras, com os objetivos de *entender em que medida e por meio de quais estratégias educacionais as escolas participantes seguem uma visão ampliada da educação integral, enfatizando as dimensões sociais e cidadãs da educação (definida pelo estudo como educação integral cidadã)*, e *de investigar os resultados sociais da educação produzidos pelas escolas e sua relação com as estratégias educacionais adotadas pelas escolas.*

Para além do desempenho acadêmico, foco único de uma abordagem recorrente no Brasil, associada a certo "mercado educacional", nas escolas estudadas – Escola Municipal de Ensino Fundamental Presidente Campos Salles e no Centro Integrado de Educação de Jovens e Adultos Campo Limpo (CIEJA-Campo Limpo) em São Paulo, e na Escola SESC de Ensino Médio, no Rio de Janeiro – Aline identifica estratégias educacionais sobre como implementar a *educação integral cidadã*, a partir das reflexões e dados produzidos por meio de observações de campo, análise documental e entrevistas semiestruturadas.

Evidenciam-se resultados sociais *associados às estratégias adotadas, sugerindo caminhos necessários para a ampliação da qualidade social das escolas e reforçando a relevância do desenvolvimento de instrumentos para a aferição de resultados, para além do desempenho acadêmico.*

A educação integral cidadã, vivenciada nas escolas estudadas, explicita a compreensão do *estudante em sua inteireza,* tanto pela consideração da multidimensionalidade humana quanto pela consideração de suas *necessidades sociais e emocionais, incluindo o suporte para acessar serviços de áreas como saúde e assistência social, e a construção de relações estudante-professor pautadas pela empatia e afetividade.*

Destaca-se, além disso, a perspectiva de um *sistema ético (valores da escola)* que desvela propostas de uma *Educação ética, democrática e cidadã*, que promove formação para *a autonomia de pensamento e atitudes, a participação ativa, a valorização da diversidade e a cidadania*.

Aline identifica também o que denomina como *"Contaminação escola-comunidade"*, demonstrando a integração entre a escola, a comunidade e seu território, através de exemplos muito significativos na construção de um *Bairro Educador* pela relação entre a EMEF Campos Salles e a comunidade de Heliópolis, *nas parcerias com movimentos culturais e organizações da sociedade civil* desenvolvidas pelo CIEJA-Campo Limpo na região do Capão Redondo e *nos projetos de aprendizagem em serviço e engajamento social* conduzidos pela Escola SESC de Ensino Médio.

A pesquisa também apresenta resultados sociais muito relevantes no trabalho de uma *educação integral cidadã*, relacionados com *melhorias na saúde e no bem-estar, construção de cidadãos autônomos, democráticos e engajados, desenvolvimento de indivíduos éticos e (maioria)-minorias empoderadas, desenvolvimento humano abrangente, redução da violência local e acesso a direitos sociais, e efetivo direito à educação*, entre outros.

Destacamos, nos achados da pesquisa, *o empoderamento de estudantes de grupos historicamente discriminados na escola e fora dela como fator que contribui para o aumento de sua perspectiva de futuro*, como um dos resultados sociais mais relevantes do trabalho construído por Aline, para pensar a educação integral cidadã, pela qual vale a pena lutar e trabalhar.

O conjunto do trabalho de pesquisa, apresentado neste livro, corrobora todas as teses e práticas humanizadoras da escola, que compreendem e potencializam o papel da educação na construção da justiça social, em contraposição à naturalização das complexas desigualdades do país, mantidas também através da exclusão escolar, pelos infindáveis processos de reprovação, repetência e evasão.

O trabalho de Aline representa uma grande contribuição que, além de seu excepcional conteúdo, chega na hora certa na educação brasileira, sacrificada por tantas descontinuidades, colaborando para demarcar a educação integral no campo político da afirmação do estado democrático de direito e, portanto, da garantia de uma escola com igualdade de condições e equidade de oportunidades para todos os estudantes brasileiros, e articulada com seu território, sua comunidade e outras políticas sociais, culturais e ambientais.

Apontando a multidimensionalidade humana, na expressão *estudante em sua inteireza*; a *democracia e cidadania*; a *comunidade e o território*; as *pedagogias e práticas inovadoras*; a *intersetorialidade*; e *os (dignos e justos) tempos e espaços*, como ênfases, tanto de parte significativa da literatura como dos próprios achados da pesquisa, este livro estabelece um contraponto a um tipo de educação integral restrita ao conteúdo acadêmico, negligenciando a formação humana integral e o papel da escola na construção da cidadania.

Não bastasse toda a contribuição conceitual e política da pesquisa, Aline encerra seu texto com um conjunto de recomendações que podem colaborar para a efetivação de políticas públicas que garantam a implementação, o acompanhamento e a consolidação da agenda da *educação integral cidadã* no Brasil, transversal a um conjunto de políticas, além das educacionais, que materializem *o pleno desenvolvimento* garantido pela Constituição Federal de 1988.

Portanto, a tese/o livro de Aline Soares está atravessado de humanidade, nos lembrando que somos humanos e que o sentido das políticas públicas – e da própria existência do Estado – *é determinado pelo sentido de construção de humanidade nos seres que compõem a espécie humana.*

Um livro que merece e precisa ser lido!

Profa. Dra. Jaqueline Moll

Em meados deste maio de 2024, de inundações e sofrimentos no sul do Brasil.

APRESENTAÇÃO

Nos últimos dois séculos, os sistemas escolares emergiram como uma das características mais distintivas da era moderna. A educação como uma empreitada em larga escala conduzida pelo Estado surgiu no contexto da Revolução Industrial (Becker et al., 2011) e da formação dos Estados-Nações na Europa (Epstein et al., 1990), culminando em ser definida como um direito humano pela Declaração Universal dos Direitos Humanos das Nações Unidas de 1948[1] (Assembleia Geral das Nações Unidas, 1948). De fato, na segunda metade do século XX, expandir o acesso às escolas tornou-se uma prioridade global (Roser; Ortiz-Ospina, 2016). No entanto, os avanços na ampliação do acesso à educação não necessariamente foram seguidos por transformações educacionais substanciais que dialogassem com as realidades culturais, políticas, econômicas e sociais dos distintos contextos e momentos históricos. Estudiosos/as que analisam sistemas de educação de países diversos sugerem que as chamadas escolas tradicionais, que ainda prevalecem na maioria dos contextos ao redor do mundo, historicamente se baseiam em elementos como disciplina, relações hierárquicas, controle dos corpos e aprendizagem restrita à transmissão de conteúdos que desestimula a capacidade dos/as estudantes de pensarem criticamente, de forma autônoma e criativa (Freire, 2005; Apple; Bean, 2007; Robinson, 2016; Pacheco, 2019). Essa perspectiva negligencia a integralidade dos sujeitos, que, para além do cognitivo, são constituídos

---

[1] A Declaração Universal dos Direitos Humanos, assinada por todos os 192 integrantes das Nações Unidas, afirma em seu artigo 26 que "Toda pessoa tem direito à educação. A educação deve ser gratuita, pelo menos a correspondente ao ensino elementar fundamental. O ensino elementar é obrigatório [...] A educação deve visar à plena expansão da personalidade humana e ao reforço dos direitos do homem e das liberdades fundamentais e deve favorecer a compreensão, a tolerância e a amizade entre todas as nações e todos os grupos raciais ou religiosos, bem como o desenvolvimento das atividades das Nações Unidas para a manutenção da paz" (Assembleia Geral das Nações Unidas, 1948).

por suas dimensões sociais, emocionais, físicas, culturais, éticas e artísticas (Moll, 2012), além de muito pouco trabalhar a formação de nossos bebês, crianças, adolescentes e jovens para o (e no)[2] exercício da cidadania em uma sociedade democrática. Além disso, pesquisas na área da educação já nos alertaram que a escola tem funcionado de maneira ambígua como um fator de reprodução de diversos tipos de desigualdades, em vez de funcionar como um instrumento para mobilidade social e a equalização de oportunidades (Bourdieu, 1977).

Dessa perspectiva, este estudo aborda a necessidade de compreendermos experiências educacionais que buscam repensar o propósito da educação e suas pedagogias em direção a abordagens mais integrais, democráticas e orientadas para a justiça social, a garantia de múltiplos direitos e o efetivo alcance dos direitos de aprendizagens. Para isso, a pesquisa foca a observação de resultados sociais da educação – ou seja, resultados e aprendizagens que transcendem o conteúdo acadêmico que histórica e tradicionalmente compõe os currículos oficiais, mas que se fazem essenciais tanto para a formação de sujeitos autônomos e preparados para a construção de uma sociedade justa quanto também para que o direito às aprendizagens do conteúdo acadêmico seja efetivamente garantido. Particularmente, o estudo se volta à análise de experiências de escolas não tradicionais que, como será revelado, representam a perspectiva da educação integral no Brasil.

Cabe destacar que, para elucidarmos como as sociedades compreendem e justificam os propósitos de seus sistemas de educação, é importante notar como os resultados da educação são observados. Estudos anteriores (Behrman, Stacey, 1997; Desjardins; Schuller, 2006) alertaram que, ao

---

2 A expressão "educação para a e na cidadania" é tratada neste trabalho com base na perspectiva freiriana da educação que visa promover a formação para o exercício da cidadania – por meio do desenvolvimento da consciência crítica de seu papel e de seus direitos na sociedade –, mas também promover a prática e a garantia da cidadania dentro do contexto educacional, no sentido de promover a vivência de experiências democráticas, o atendimento de direitos sociais e políticos e de empoderamento e inclusão das diversas infâncias e adolescências nas escolas.

longo da segunda metade do século XX, o exame dos benefícios da educação tem sido predominantemente focado em seus resultados econômicos, como impacto na renda dos indivíduos ou no crescimento econômico de um certo território. Da mesma forma, a qualidade das escolas tem sido principalmente entendida como uma função do desempenho acadêmico de seus estudantes.

No entanto, há outra perspectiva, enfatizada por um crescente corpo de literatura, nacional e internacional, que sustenta que os benefícios alcançados por indivíduos e sociedades por meio da educação vão muito além dos aspectos econômicos, já bem documentados. Esta abordagem defende a observação de resultados sociais da educação (por exemplo, Behrman; Stacy, 1997; Desjardins; Schuller, 2006; Singer, 2014; Schulz et al., 2016; Ação Educativa, 2018; Centro de Referências em Educação Integral, 2020; Cardoso et al., 2021; Ghanen, 2022; Campbell, 2022). Tal literatura enfatiza a importância de pesquisas voltadas a abordar as associações entre educação e aspectos sociais como saúde, bem-estar e engajamento cidadão e social, bem como aprendizagens relacionadas à educação para a (e na) cidadania, pensamento crítico e antidiscriminatório, autonomia, responsabilidade, e repertório cultural e artístico.

Apesar dos avanços já alcançados em tal perspectiva de pesquisa, estes/as autores/as destacam as limitações dos dados e métodos comumente empregados na confirmação de associações causais entre educação e resultados sociais. Mais especificamente, pesquisas que tentam estabelecer relações causais entre educação e seus resultados sociais são comumente apenas baseadas em variáveis como anos de escolaridade ou desempenho acadêmico e, por isso, limitadas em considerar a influência exercida por diferentes tipos de abordagens pedagógicas e currículos, culturas escolares e outras características sociais do contexto estudado. Além disso, apesar de avanços recentes em se considerar a importância de variáveis como currículo escolar e cultura escolar (por exemplo, Dijkstra et al., 2015; Campbell, 2022), as pesquisas estudando relações causais entre educação e resultados sociais são focadas nos resultados sociais proporcionados por escolas e pedagogias tradicionais.

Dessa perspectiva, este estudo busca investigar os resultados sociais de um outro tipo de educação, a perspectiva da educação integral, que expande o foco estreitamente definido da educação no aprendizado acadêmico para incluir outros aspectos do desenvolvimento humano, como emocional, cultural, político, social, ético e físico (Moll, 2012). Tal perspectiva, embora não esteja estritamente voltada aos chamados resultados acadêmicos e econômicos da educação, não ignora sua importância, comprometendo-se como aliada das aprendizagens de conteúdo enquanto garantidora das condições necessárias para isso e do acesso a múltiplas aprendizagens para a formação humana integral, bem como para a garantia da qualidade da educação com efetivo potencial de mobilidade socioeconômica.

A conceituação da educação integral pode ser variada, conforme será discutido na Parte II deste estudo. A abordagem desta pesquisa baseia-se na literatura brasileira que constrói e avança sobre o tema desde o Manifesto dos Pioneiros da Educação Nova de 1932 e que define a educação integral como aquela comprometida com o desenvolvimento humano em suas múltiplas dimensões – emocional, cultural, política, social, ética e física (Moll, 2012) – e com a educação para a cidadania que fomenta a autonomia, em oposição a compreender os/as estudantes como receptores passivos de conhecimento (Gadotti, 2009). Essa perspectiva enfatiza a relação integrada entre a escola, a comunidade e o território, buscando fornecer aos/às estudantes apoio para prosperar em suas trajetórias educacionais e de vida (Arroyo, 2012; Menezes; Diniz Junior, 2018). Ao abordar este conceito, este estudo foca uma interpretação da educação integral que tratarei como "educação integral cidadã", com o objetivo de diferenciá-la da noção de "educação em tempo integral" – que nem sempre inclui o desenvolvimento humano em suas múltiplas dimensões –, bem como para distingui-la de outras compreensões de educação integral, que enfatizam os aspectos socioemocionais de maneira individualizada e se baseiam em fundamentos da meritocracia que, muitas vezes, desconsideram os contextos socioeconômicos e a importância da garantia dos múltiplos direitos dos/as estudantes. Elaborando sobre essa interpretação, recorrerei à literatura sobre o tema, bem como aos dados analisados como parte deste estudo.

Consequentemente, o desenho da pesquisa está voltado a interpretar os resultados sociais observados no contexto de três escolas brasileiras amplamente reconhecidas por sua perspectiva inovadora[3] e cidadã (Brasil, 2015a). Outro foco é considerar até que ponto elas se alinham com a perspectiva de educação integral. Embora o estudo tenha levado a observações de semelhanças e diferenças entre as escolas, o objetivo não é necessariamente fazer comparações. Em vez disso, o propósito é considerar a contribuição de cada uma em termos de suas práticas e pedagogias, visando avançarmos no conhecimento produzido sobre os resultados sociais associados a experiências educacionais da educação integral.

As escolas participantes são[4]:

i) Escola Municipal de Ensino Fundamental Presidente Campos Salles, uma escola pública de ensino fundamental (do 1º ao 9º ano) em São Paulo;

ii) Centro Integrado de Educação de Jovens e Adultos Campo Limpo (CIEJA-Campo Limpo), uma escola pública de ensino fundamental (do 1º ao 9º ano) para educação de adultos e jovens em São Paulo; e

iii) Escola SESC de Ensino Médio, uma escola de ensino médio sem fins lucrativos e gratuita no Rio de Janeiro (RJ), financiada pelo Serviço Social do Comércio (SESC), instituição paraestatal que opera no interesse público.

Importante ressaltar que esta publicação é fruto de uma tese de doutorado defendida pela autora na School of Education & Information

---

[3] A atribuição da caracterização como "inovadoras e cidadãs" para as três escolas selecionadas que participam deste estudo se justifica por seu reconhecimento por uma iniciativa nacional de mapeamento promovida pelo Ministério da Educação em 2015 para identificar "escolas e outras organizações educacionais que ousaram romper com os padrões educacionais tradicionais para criar uma nova escola que forme cidadãos integrais" (Brasil, 2015a).

[4] Na identificação das escolas, foram utilizados seus nomes reais. No entanto, para preservar o anonimato dos participantes deste estudo, pseudônimos foram empregados ao longo deste documento para a identificação dos indivíduos participantes.

Studies (Faculdade de Educação e Estudos da Informação) da University of California Los Angeles (UCLA), Los Angeles, Estados Unidos, em março de 2023. Para este livro, o texto original da tese passou por adaptações menores relacionadas a ajustes de linguagem e de complementações e atualizações de conteúdo[5].

Propósito e questões do estudo

Este se configura como um estudo qualitativo de múltiplos casos, com o objetivo de explorar os vínculos entre abordagens educacionais alinhadas com a perspectiva de educação integral e resultados sociais e aprendizagens mais amplas, tais como educação para a cidadania, engajamento social, desenvolvimento de habilidades relacionadas à autonomia e responsabilidade, pensamento crítico, e saúde e bem-estar. Um objetivo-chave é a identificação de fatores escolares que podem afetar os resultados sociais, especificamente no contexto das três escolas escolhidas, que são reconhecidas por adotar uma abordagem educacional não tradicional. Esses resultados podem ser observados no nível individual (por exemplo, saúde e pensamento crítico), mas também podem ser refletidos no nível familiar, comunitário ou na sociedade em geral (por exemplo, melhorias nos relacionamentos familiares ou em aspectos sociais no nível comunitário). Devido às limitações impostas pelo escopo do estudo, os resultados sociais no nível social (tais como coesão social e taxa de mortalidade) são apenas observados lateralmente e não consistem no foco deste estudo.

A pesquisa é centrada em torno de duas questões. A primeira é revelar as histórias e contextos dos três casos de escola, examinando as motivações que os levaram a rejeitar uma perspectiva tradicional de educação, e explorar como suas abordagens se relacionam com a perspectiva de educação integral. A segunda gira em torno da evidência de resultados sociais relacionados às estratégias das escolas participantes, bem como dos fatores escolares conectados a eles. Para concluir o trabalho, promovem-se

---

[5] A tradução da tese de doutorado foi realizada com o auxílio da ferramenta de inteligência artificial ChatGPT.

reflexões acerca dos desafios e potenciais de implementação e sustentabilidade dos projetos de educação inovadores desenvolvidos pelas escolas, bem como de possíveis lições para o repensar do processo de avaliações nas escolas e dos indicadores de qualidade educacional externos.

As principais questões trabalhadas pelo estudo são:

Questão 1: Quais são os contextos e as estratégias educacionais subjacentes às experiências das escolas participantes e como estas se relacionam com a perspectiva de educação integral (cidadã)?

Questão 2: Quais são os resultados sociais observados nas escolas participantes e como eles se relacionam com as perspectivas educacionais adotadas?

As questões de pesquisa são endereçadas com base em análise documental, observações de campo e entrevistas com integrantes da escola – estudantes, professores/as, funcionários/as e gestores/as – e formuladores/as de políticas. A interpretação dos dados que coletei será realizada com base em conceitos e teorias relacionadas à literatura sobre os resultados sociais da educação e a perspectiva de educação integral. O modelo conceitual a ser utilizado foi desenvolvido a partir do conhecimento acadêmico anteriormente relevante sobre como fatores escolares da educação integral podem estar relacionados a resultados sociais.

Significado do estudo e suas limitações

Esta pesquisa busca contribuir com construção de conhecimento voltado a políticas e práticas educacionais. Especificamente, visa identificar fatores escolares que podem gerar resultados sociais por meio da educação, incluindo bem-estar, saúde, engajamento cidadão e social, e pensamento crítico e autônomo. Ao focar as maneiras pelas quais três escolas – amplamente reconhecidas por suas abordagens inovadoras e cidadãs no Brasil – geram tais resultados, o estudo contribui para somar ao conhecimento até então produzido sobre como tal perspectiva pode contribuir com sucesso para o desenvolvimento integral dos/as estudantes. Pretende ajudar a revelar como a implementação da educação integral funciona na prática e como os contextos nos quais essa abordagem se desdobra podem estar relacionados a resultados sociais. Além disso, busca fornecer sugestões sobre como avaliar a qualidade social das escolas, o que acrescenta a esta área relativamente pouco pesquisada e pode contribuir para despertarmos para o desenvolvimento de políticas que visam gerar um conjunto mais amplo de resultados educacionais. A adoção de uma metodologia qualitativa, em contraposição à maioria dos estudos internacionais que aprofundam sobre o tema, permite uma observação detalhada das experiências das escolas estudadas. As visões e narrativas dos participantes podem inspirar outras escolas e formuladores de políticas a desenvolver estratégias que visem promover os benefícios sociais da educação.

Este estudo também endereça uma lacuna na literatura internacional, que se concentrou principalmente nos resultados sociais da educação em países desenvolvidos do Ocidente, já que a maior parte da literatura disponível em inglês se refere a essas regiões. A consideração de aspectos como *ethos*, currículo, pedagogias e outros fatores das pedagogias e práticas das escolas estudadas, bem como sua relação com a perspectiva da educação integral no Brasil, pode levar a uma recuperação do significado original da educação integral defendida por educadores como Anísio Teixeira e Paulo Freire. Isso contrasta com políticas e práticas que adotam uma abordagem que pode ser considerada incompleta ou parcial da educação integral, focada no indivíduo sem considerar o seu contexto. Situado no contexto brasileiro – que é caracterizado por variadas e marcantes desigualdades, que apresentam riscos diversos à democracia e à justiça social –, este estudo enfatiza a valorização dos papéis sociais da educação, tais como produzir cidadãos democráticos e promover bem-estar, saúde, pensamento autônomo, entre outras condições necessárias para que as aprendizagens dos conteúdos ocorram e para que a educação efetivamente constitua elemento alavancador de oportunidades sociais e econômicas.

É importante notar que a abordagem adotada neste estudo não implica que a educação seja vista como uma panaceia para resolver todas as complexas desigualdades que produzem a injusta conformação socioeconômica brasileira. Pesquisas mostraram que simplesmente fornecer educação à população não pode reduzir eficazmente a pobreza e a desigualdade (Medeiros; Barbosa; Carvalhaes, 2019). Para abordar essas questões, uma abordagem que contemple políticas sociais e econômicas abrangentes é necessária, o que pode envolver a implementação de medidas como reformas tributárias, aumentos reais do salário mínimo e de uma série de outras políticas econômicas redistributivas e antidiscriminatórias (Medeiros; Barbosa; Carvalhaes, 2019). Apesar das limitações inerentes ao campo da educação, este estudo visa explorar os resultados sociais de experiências educacionais inovadoras e integrais com o propósito de somar à compreensão acerca das contribuições distintas que perspectivas não tradicionais de educação podem trazer para enfrentarmos as injustiças sociais no Brasil.

Esta pesquisa está sujeita a limitações inerentes normalmente associadas a estudos de caso com métodos qualitativos, mais especificamente às restrições ligadas às possibilidades de generalização dos achados do estudo para outros contextos e políticas. Para lidar com tais limitações, o estudo adotou o desenho de múltiplos casos, que permite a observação de padrões recorrentes e fatores contextuais que podem ser específicos para cada caso. Também é importante observar que as escolas participantes estão em apenas duas cidades distintas dentro da mesma região do Brasil (Sudeste). Isso ocorreu devido a limitações impostas ao processo de pesquisa pela pandemia de Covid-19, que interrompeu o plano original do estudo de incluir uma escola situada em cada uma das cinco regiões geográficas do Brasil.

Cabe mencionar ainda que a pandemia pode ter servido como outro fator contextual a ter influenciado os achados. A coleta de dados ocorreu alguns meses após a reabertura das escolas depois da pandemia, que haviam ficado fechadas por cerca de dois anos, ou seja, em momento em que o(a) s estudantes ainda estavam lidando com as consequências do isolamento e enfrentando os sérios impactos econômicos e sociais da pandemia. Para endereçar o impacto potencial dessas questões, o estudo implementou estratégias como a realização de entrevistas com ex-integrantes das escolas que tiveram experiência com as escolas participantes em diferentes estágios de sua trajetória, incluindo ex-administradores e estudantes. Além disso, a pesquisa levantou informações contextuais e encorajou os entrevistados a refletir sobre suas percepções do impacto da pandemia no estado atual das escolas.

Visão geral dos capítulos

O estudo está organizado em três partes principais, subdivididas em capítulos. A Parte I buscará apresentar o tema da pesquisa por meio de três capítulos. O Capítulo 1 da Parte I abordará o contexto e a literatura sobre a educação integral no Brasil, fornecendo uma sistematização dos principais pilares que fundamentam essa abordagem; o Capítulo 2 explorará a literatura sobre os resultados sociais da educação; e o Capítulo 3 estabelecerá as perspectivas conceituais e teóricas adotadas para este estudo.

A Parte II introduzirá as escolas participantes do estudo e analisará as suas relações com a educação integral, buscando responder à primeira questão da pesquisa, qual seja: "Quais são os contextos e as perspectivas e práticas educacionais subjacentes às experiências das escolas participantes e como estas se relacionam com a perspectiva de educação integral?". O Capítulo 1 desta segunda parte apresentará os contextos, as trajetórias e as principais práticas e perspectivas pedagógicas adotadas pelas três escolas; o Capítulo 2 conduzirá análise que discutirá as relações entre o conceito de educação integral e os casos estudados; e o Capítulo 3 revelará os três principais elementos presentes nas escolas participantes em relação à perspectiva da educação integral.

A Parte III, por sua vez, discutirá os resultados sociais identificados a partir da análise dos casos, procurando abordar a segunda pergunta proposta pelo estudo, ou seja, "Quais são os resultados sociais observados nas escolas participantes e como eles se relacionam com as perspectivas educacionais adotadas?". O Capítulo 1 desta terceira parte apresentará os resultados; o Capítulo 2 desenvolverá a análise acerca dos fatores escolares associados à qualidade social das experiências em tela; e, por fim, o Capítulo 3 trará considerações finais relativas a implicações e recomendações para políticas públicas relacionadas ao tema no Brasil.

PARTE I

O OLHAR PARA OS RESULTADOS SOCIAIS DE UMA OUTRA EDUCAÇÃO

1

EDUCAÇÃO INTEGRAL NO BRASIL: CONTEXTO E ELEMENTOS BASILARES

Este capítulo apresenta o debate sobre o conceito de educação integral no Brasil, abordagem que expande os propósitos da educação para além das aprendizagens de conteúdo e do desenvolvimento cognitivo – sem desconsiderar sua importância – para incluir outros aspectos do desenvolvimento humano, como os emocionais, culturais, políticos, sociais e físicos (Moll, 2012; Cavaliere; Coelho, 2017). Neste estudo, o termo "cidadania" é utilizado junto de "educação integral" para enfatizar a referência à compreensão de educação integral que também é comprometida com a educação para a e na cidadania. Trata-se de concepção que também rejeita a noção de se considerarem os/as estudantes como receptores passivos de conhecimento (Gadotti, 2009) e que envolve a busca pela relação integrada entre a escola e comunidade onde está localizada, articulando e garantindo o acesso a outros direitos que possibilitam aos estudantes florescerem em suas trajetórias educacionais e de vida (Arroyo, 2012; Menezes; Diniz Junior, 2018).

Para fundamentar esta revisão da literatura, este capítulo primeiramente apresenta o contexto histórico da educação integral no Brasil, explorando como foi influenciada pelo progressismo de Dewey e pelo legado de Anisio Teixeira e Paulo Freire. Em seguida, a partir de referências contemporâneas da pesquisa em educação integral (tais como Maurício, 2004; Menezes, 2012; Moll, 2012; Cavaliere, 2014; Mazza et al., 2019), o capítulo sistematiza os elementos basilares constituintes da concepção de educação integral cidadã – os "pilares da educação integral cidadã" –, bem como discute as controvérsias que permeiam a temática.

O contexto da educação integral no Brasil

O debate em torno da educação integral no Brasil é multifacetado, tendo sua importância evoluído de forma inconstante ao longo do tempo.

Como detalhado neste capítulo, essa abordagem remonta ao Movimento dos Pioneiros da Educação de 1932, tendo inspirado iniciativas regionais e locais ao longo do século XX e alcançado o status de política nacional no século XXI, embora experimentando tanto avanços quanto retrocessos nas duas últimas décadas.

As iniciativas de educação integral regionais e locais implementadas ao longo do século XX ampliaram o tempo escolar e os propósitos educacionais para oferecer um tipo de educação que fosse para além de sua dimensão cognitiva (Maurício, 2009). As Escolas Parque, criadas pelo educador brasileiro Anísio Teixeira, são consideradas as primeiras tentativas de implementar educação integral no sistema público de ensino, tendo entrado a primeira em funcionamento em 1950, em Salvador, na Bahia. Nas décadas de 1980 e 1990, o educador Darcy Ribeiro implementou os Centros Integrados de Educação Pública (CIEPs), que também se baseavam na proposta de uma educação que se volta aos sujeitos em sua integralidade, com a organização de jornada escolar ampliada. No entanto, essas iniciativas, em sua maioria, bem como outros projetos semelhantes não foram consistentemente bem-sucedidos a longo prazo (Coelho, 2009).

Foi a partir de 2007 que duas iniciativas federais reintroduziram o conceito de educação integral na agenda educacional do país de forma a coordenar esforços nacionais por sua implementação e servirem como divisores de água na retomada do tempo integral na perspectiva da educação integral (Menezes, 2012; Ferreira; Bernardo; Menezes, 2018). Uma delas consiste no incentivo financeiro incluído pelo Fundo de Manutenção e Desenvolvimento da Educação Básica e de Valorização dos Profissionais da Educação (Fundeb), em 2007, que passou a prever um fator de ponderação maior para o financiamento de matrículas em jornada integral e que definiu educação básica em tempo integral como a de "jornada escolar com duração igual ou superior a sete horas diárias, durante todo o período letivo, compreendendo o tempo total que um mesmo aluno permanece na escola ou em atividades escolares".

A outra iniciativa consiste no programa Mais Educação, criado também em 2007 como o primeiro programa nacional destinado a fomentar e apoiar estados, municípios e o Distrito Federal na implementação da educação integral em tempo integral. O Decreto nº 7.083, de 27 de janeiro de 2010, que dispõe sobre o programa Mais Educação, indica a educação em tempo integral como a de jornada escolar igual ou superior a sete horas diárias, que deve ocorrer no sentido do "desenvolvimento de atividades de acompanhamento pedagógico, experimentação e investigação científica, cultura e artes, esporte e lazer, cultura digital, educação econômica, comunicação e uso de mídias, meio ambiente, direitos humanos, práticas de prevenção aos agravos à saúde, promoção da saúde e da alimentação saudável, entre outras atividades" (art. 1º, § 2º). Vale ressaltar que, embora uma análise abrangente do programa Mais Educação esteja fora do escopo deste estudo, pesquisas anteriores enfatizaram seu sucesso em reintroduzir o conceito de educação integral na agenda governamental e educacional do país, influenciando avanços acadêmicos e nas políticas públicas (Ferreira; Bernardo; Menezes, 2018). Ainda em seus primeiros seis anos de vigência, entre 2008 e 2013, o Programa alcançou aproximadamente 87% dos municípios brasileiros.

O arcabouço legal brasileiro, progressivamente, também estabeleceu como horizonte a ampliação da jornada escolar e a adoção de abordagem educacional que vise ao desenvolvimento integral dos sujeitos. A Constituição Federal de 1988, em seu Art. 205, deixa clara tal perspectiva ao preceituar que "a educação, direito de todos e dever do Estado e da família, será promovida e incentivada com a colaboração da sociedade, visando ao pleno desenvolvimento da pessoa, seu preparo para o exercício da cidadania e sua qualificação para o trabalho". A Lei nº 9.394, de 20 de dezembro de 1996, Lei de Diretrizes e Bases da Educação Nacional (LDBEN), em seu Art. 29, indica expressamente o desenvolvimento integral da criança como finalidade da educação infantil, "em seus aspectos físico, psicológico, intelectual e social, complementando a ação da família e da comunidade" e passou a estabelecer, desde 2017, no § 7º do Art. 35-A, que "os currículos do ensino médio deverão considerar a formação integral do aluno, de maneira a adotar um trabalho voltado para a construção de seu projeto de vida e para sua formação nos aspectos físicos, cognitivos e socioemocionais". Ainda na LDBEN, o objetivo do atendimento em jornada integral é também indicado no Art. 31 para a educação infantil e no Art. 33 para o ensino fundamental.

Do mesmo modo, o atual Plano Nacional de Educação (PNE 2014-2024) e a Base Nacional Comum Curricular fortaleceram a agenda da educação integral em tempo integral no país em seus dispositivos. O PNE 2014-2024 estabeleceu, em sua Meta 6, que as redes de educação básica devem "oferecer educação em tempo integral em, no mínimo, 50% (cinquenta por cento) das escolas públicas, de forma a atender, pelo menos, 25% (vinte e cinco por cento) dos(as) alunos(as) da educação básica". A perspectiva do desenvolvimento integral dos sujeitos está presente nas estratégias que detalham a forma de implementação da Meta 6, indicando aspectos como a promoção de "atividades de acompanhamento pedagógico e multidisciplinares, inclusive culturais e esportivas" (Estratégia 6.1).

Adicionalmente, a Base Nacional Comum Curricular (BNCC), de 2018, ao explicitar seus fundamentos pedagógicos, incluiu seção específica intitulada "O compromisso com a educação integral", em que explicita a perspectiva de educação integral para além da expansão dos tempos escolares: "reconhecendo que a educação básica deve visar à formação e ao desenvolvimento humano global, o que implica romper com visões reducionistas que privilegiam a dimensão intelectual (cognitiva) ou a dimensão afetiva, ou, ainda, que confundem 'educação integral' com 'educação ou escola em tempo integral'" (Brasil, 2018).

A respeito desse último aspecto levantado pelo trecho da BNCC citado, vale ressaltar que, apesar dos avanços nas políticas e no arcabouço legal, a educação integral permanece um conceito em disputa (Zapletal; Machado, 2019). As últimas décadas testemunharam notáveis avanços, mas também divergências e limitações relacionadas à compreensão e às formas de implementação da educação integral em tempo integral no Brasil. A ampliação da jornada escolar está no centro da discussão e é considerada como uma condição importante para um projeto escolar comprometido em fornecer uma educação que compreende os sujeitos em sua inteireza (Arroyo, 2012; Moll, 2012).

Todavia, apesar do progresso impulsionado por programas nacionais e subnacionais para implementar efetivamente a abordagem de educação integral, diversas iniciativas expandem os tempos escolares e não necessariamente avançam nas funções escolares (Messa et al., 2019). Algumas políticas ampliam o tempo escolar para oferecer mais do currículo tradicional, em vez de reverter efetivamente a visão educacional restrita a conteúdos acadêmicos para outra que considere o desenvolvimento integral dos/as estudantes (Dutra; Moll, 2018). Em outros casos, as horas adicionais são dedicadas a um tipo de programa extracurricular desconectado do currículo acadêmico e conduzido principalmente por organizações filantrópicas não necessariamente qualificadas, ameaçando a qualidade da educação e seu *ethos* público (Cavaliere, 2014).

Além disso, a literatura sobre o tema destaca preocupações sobre a crescente influência de instituições privadas que trabalham em parceria com o setor público modelando as pedagogias e as práticas escolares de forma vertical e padronizada (Silva; Chagas, 2022). Essa crítica é especialmente enfatizada em referência à implementação de políticas que visam ampliar a jornada escolar, como o já descontinuado programa Novo Mais Educação e o Novo Ensino Médio (Silva, 2017), reforma que passa por revisão iniciada em 2023, a partir do governo de Luiz Inácio Lula da Silva. Críticas a essas perspectivas destacaram que elas contribuem para a perda de oportunidades de implementar uma compreensão mais ampla de educação integral que enfatize o desenvolvimento humano abrangente e a educação para a cidadania (Arroyo, 2012; Messa et al., 2019).

A próxima seção revisa os marcos conceituais que contribuíram para os ideais de educação integral. A revisão da literatura revela conexões da abordagem de educação integral com o movimento reformista brasileiro Escola Nova e o trabalho dos educadores Anísio Teixeira e Paulo Freire, como detalhado a seguir.

O Progressismo e as raízes teóricas da educação integral cidadã

As origens do debate sobre educação integral no Brasil estão associadas ao movimento reformista Escola Nova do início do século XX no país (Brasil, 2009; Coelho, 2009). Esse movimento foi notadamente influenciado pelo progressismo do filósofo e educador estadunidense John Dewey, em suas críticas às suposições e práticas da educação tradicional, bem como à relação hierárquica professor-estudante, à memorização passiva do conhecimento e à compreensão fragmentada dos conteúdos.

O movimento Escola Nova inseriu-se no contexto de clamores reformistas semelhantes em diferentes partes do mundo que buscavam respostas possíveis para a complexificação dos aspectos econômicos, sociais e demográficos da época. Esses movimentos visavam a uma abordagem educacional conectada às necessidades das sociedades democráticas liberais em construção, defendendo valores como liberdade, autonomia e cooperação. Conforme pontuado por Cavaliere (2002), eles tinham como objetivo "a retomada da unidade entre aprendizagem e educação, rompida a partir do início da era moderna, pela própria escolarização, e buscavam religar a educação à 'vida'" (p. 252).

Em 1932, um grupo de intelectuais que lideraram o movimento reformista no Brasil publicou o Manifesto dos Pioneiros da Educação Nova, que propunha novos conceitos para a educação e a democratização do acesso às escolas. O documento argumentava por uma educação integral baseada na filosofia da aprendizagem pela prática e também destacava o papel das escolas públicas em garantir isso, tendo se tornado o mais relevante texto histórico de defesa da escola pública brasileira. Este trecho do Manifesto ilustra essa intenção: "[...] do direito de cada indivíduo à sua educação integral decorre logicamente para o Estado que o reconhece e o proclama, o dever de considerar a educação, na variedade de seus graus e manifestações, como uma função social e eminentemente pública, [...]" (Azevedo et al., 1932).

Pesquisas anteriores da área da educação integral indicam Anísio Teixeira como o educador que primeiro introduziu as contribuições de

Dewey ao debate educacional no Brasil (Moll, 2012; Nunes, 2000). Ele foi um dos líderes do Manifesto dos Pioneiros da Educação Nova e foi influenciado por seus estudos de pós-graduação na Teachers College, Columbia University, nos Estados Unidos. Especialista no legado de Anísio Teixeira, Clarice Nunes (2000) explica que o liberalismo deweyano forneceu a base teórica para os primeiros debates e práticas de Teixeira sobre um novo tipo de educação. Nunes também observa que Anísio Teixeira não assimilou incondicionalmente Dewey. Por exemplo, este último acreditava que as reformas educacionais seriam mais facilmente implementadas em países de baixa renda devido à falta de tradições culturais que inibissem as reformas. Contrariamente a esta premissa, Anísio Teixeira estava ciente da existência de desafios característicos das tradições culturais brasileiras na implementação de novas ideias, tendo contribuído para a sua identificação e superação (Nunes, 2000).

Vários/as autores/as (Giolo, 2012; Coelho, 2009; Moll, 2012) reconheceram duas iniciativas principais de educação integral no século XX no Brasil: a Escola Parque fundada por Anísio Teixeira na década de 1950 em Salvador, Bahia; e os Centros Integrados de Educação Pública – CIEPS, implementados por Darcy Ribeiro na década de 1980 no Rio de Janeiro. Essas escolas e centros representavam projetos arquitetônicos dedicados a atividades culturais, físicas e outras voltadas para a educação integral e eram baseados em perspectivas destinadas a construir valores democráticos e fornecer aos/às estudantes os meios para estarem plenamente integrados na sociedade (Moll, 2012). No entanto, nenhum deles teve sucesso consistente ou se expandiu como política de larga escala ao longo do tempo (Coelho, 2009).

Parte da literatura critica o legado da Escola Nova. Em seu livro *Escola e democracia*, Saviani (1999) argumenta que o movimento da Escola Nova mudou o foco dos problemas educacionais dos aspectos políticos para os técnico-pedagógicos. Esse fato teria restringido a expansão das escolas tradicionais para a maioria da população e influenciado o desenvolvimento de uma visão educacional que responde aos interesses das classes dominantes. De acordo com essa perspectiva, as propostas reformistas liberais como as da Escola Nova não advogam pela ruptura da ordem socioeconômica atual, que causa injustiças, mas apenas buscam acomodar as divergências.

Apesar de reconhecer que os princípios e propostas da Escola Nova não constituiriam a única solução para os desafios educacionais do Brasil, outras/os estudiosas/os que pesquisam a educação integral rejeitam as críticas anteriores no sentido de valorizarem as contribuições de uma perspectiva de educação mais integral para que as aprendizagens de conteúdos e também as mais amplas ocorram (Paro, 2014; Cavaliere, 2002). Cavaliere argumenta que, embora as experiências democráticas dentro da escola não possam mudar completamente a sociedade, elas não devem ser interpretadas como meras ferramentas do âmbito técnico-pedagógico. "A vivência de relações democráticas ao longo da vida escolar é uma experiência coletiva, de resultados ineliimináveis sobre cada indivíduo, que pode trazer importantes contribuições à vida social em geral" (Cavaliere, 2002, p. 253).

Freire e Educação Integral

A pedagogia crítica de Paulo Freire também é representativa da perspectiva educacional que compreende os sujeitos em sua inteireza, tendo influenciado educadoras/es e estudiosas/os da educação integral no Brasil. Sua pedagogia emancipadora certamente se baseava em ideais mais radicais e transformadores do que a filosofia liberal democrática de Dewey, mas as contribuições de Freire apresentam conexões próximas ao debate sobre educação integral no Brasil. A assunção das múltiplas (e inacabadas) dimensões do ser humano, a pedagogia dialógica, o potencial da educação para promover a consciência crítica, a importância do território/cidade para os processos educacionais são exemplos de suas ideias associadas à educação integral.

Em seu trabalho, Freire enfatizou a importância de uma educação fundamentada na ideia de inteireza, reconhecendo que as necessidades e interesses dos seres humanos não são compartimentalizados ou abstratos. Ele afirma: "[...] sou uma inteireza e não uma dicotomia. Não tenho uma parte esquemática, meticulosa, racionalista e outra desarticulada, imprecisa, querendo simplesmente bem ao mundo. Conheço com meu corpo todo, sentimentos, paixão. Razão também" (Freire, 1995, p. 18). Segundo Freire, a educação deve estar intimamente ligada à vida e levar em conta que o indivíduo é uma unidade holística, compreendendo aspectos cognitivos, emocionais e físicos.

Um debate acadêmico entre Paulo Freire e o educador brasileiro Darcy Ribeiro em uma conferência no Rio de Janeiro, em 1991, revelou as percepções de Freire sobre uma das políticas mais importantes de educação integral no Brasil. A conferência CIEP – Crítica e Autocrítica teve como objetivo discutir os resultados e desafios dos Centros Integrados de Educação Pública, que envolveram a construção de 500 escolas integrais implementadas por Darcy Ribeiro na década de 1980. O discurso de Freire demonstrou visão positiva dos pressupostos e práticas do CIEP naquele momento. Em sua compreensão, os centros foram capazes de realizar o desenvolvimento do currículo como um processo dinâmico que ocorreu em diferentes sequências de tempo e lugar na escola, evitando uma forma maniqueísta, ou simplista, de aprendizado e construção do conhecimento (Zucchetti; Severo, 2020). Em relação à proposta do CIEP de expandir o tempo escolar em uma visão mais abrangente do currículo, ele reiterou a importância dessa perspectiva para a construção de uma nova visão da educação:

> Currículo é mais do que uma grande temática, se currículo pra gente significa afinal de contas a cotidianidade da escola e a cotidianidade pensada também da escola, se currículo pra gente significa o conjunto de relações que se dão na intimidade da escola, e da escola com seu mundo mais próximo, portanto, se currículo significa desde o estabelecimento de limites e de horários para atividade docente e significa também uma compreensão crítica do ato de ensinar e do ato de aprender, não é possível deixar de se preocupar, na inteligência do currículo, com o tempo da escola. [...] o tempo dos educadores, dentro da escola, tem que ver exatamente com a produção do saber, com

> a produção do conhecimento. Do tempo que a criança precisa para participar da produção do saber, e não para receber pacote de saber. É fundamental. E eu acho que um educador progressista que não pensa no tempo e que não se preocupa com o tempo permeando toda vida curricular da escola, ele está com o endereço também errado. E eu não tenho dúvida, Darcy, de te dizer que tu és um dos educadores desse país que melhor viram, pela tua própria experiência junto a Anísio, que melhor viram a questão do tempo (Freire apud Zucchetti; Severo, 2020, p. 6).

Naquela ocasião, Freire também rejeitou a perspectiva de estudiosos/as que compreendiam que a abordagem de educação integral adotada pelo CIEP não seria capaz de cumprir a missão de ensinar o conteúdo acadêmico. Freire avaliou essa crítica como uma concepção imobilista da história, que desconsidera o conflito social dentro das escolas e retarda a transformação social. Em sua visão, o propósito da escola não se refere à transmissão de conhecimento estacionário dividido em disciplinas curriculares, mas à construção do conhecimento a partir de uma perspectiva dinâmica da história (Zucchetti; Severo, 2020). Relacionada a isso, está a reafirmação do papel social da escola por meio do emprego de iniciativas intersetoriais – como agências de saúde e serviços sociais – para que as necessidades físicas, emocionais e culturais do estudante não sejam ignoradas.

A conexão entre a escola e a comunidade e o território ou cidade onde está localizada é um aspecto significativo do trabalho de Freire, valorizado por estudiosos/as da educação integral (Brasil, 2009; Gadotti, 2009). Em um livro que discute os principais conceitos e ideias sobre educação integral, o Ministério da Educação (Brasil, 2009) considera a ênfase da pedagogia freiriana para o diálogo como um elemento fundamental para a relação entre a escola e a comunidade local. "Dessa forma, a escola poderá ser afetada positivamente, pelas práticas comunitárias, pela liberdade e autonomia presentes nos espaços de educação informal, pela concretude e pelo movimento da vida cotidiana" (Brasil, 2009, p. 31). O diretor do Instituto Paulo Freire em São Paulo, Moacir Gadotti (2009), entende o trabalho de Freire como crucial para o debate e a práxis que contribuem para o desenvolvimento da educação integral, enfatizando o argumento de Freire sobre o potencial da cidade e de suas distintas comunidades como espaços e relações educativas. Sob essa perspectiva, a ideia de uma cidade educadora está intrinsecamente ligada à abordagem da educação integral (Gadotti, 2009). Isso envolve a identificação dos potenciais e limitações da comunidade local, explorando as instalações culturais do território e combinando aprendizado e ações em direção ao espaço urbano e ao meio ambiente.

Os seis pilares da educação integral cidadã

Esta seção, tecida a partir do trabalho de pesquisadoras/es contemporâneas/os que investigam a educação integral no Brasil, volta-se a discutir e sistematizar os principais elementos que embasam a perspectiva da educação integral cidadã, apresentando ainda controvérsias que permeiam o debate. Faz-se importante observar que a literatura sobre educação integral não fornece lista esgotável de elementos ou técnicas estritamente definidas como relacionadas à educação integral (Ferreira; Pinheiro, 2018). No entanto, os elementos aqui discutidos podem revelar as ênfases adotadas por parte do conhecimento acadêmico disponível, de forma a sugerir aspectos importantes para informar políticas públicas e práticas educacionais. Tal sistematização será apresentada nos seguintes seis pilares basilares da educação integral cidadã: (1) O/a Estudante em sua Inteireza; (2) Democracia e Cidadania; (3) A Comunidade e o Território; (4) Pedagogia e Práticas Inovadoras; (5) Intersetorialidade; e (6) (Dignos e Justos) Tempos e Espaços.

Esses pilares estão inter-relacionados e se complementam uns aos outros para constituir a perspectiva referida neste estudo por educação integral cidadã. Essa terminologia ajuda a distinguir o tipo de educação integral aqui abordado de perspectivas que, ainda que ampliem os tempos escolares, não necessariamente vislumbram o desenvolvimento humano integral e o papel das escolas na educação para a e na cidadania.

i) O/a Estudante em sua Inteireza

A maioria das/os pesquisadoras/es e educadoras/es que discutem a educação integral cidadã converge na definição que considera as múltiplas dimensões dos/as estudantes, tais como a intelectual, a física, a emocional, a cultural, a ética, a lúdica e a política, sem estabelecer uma hierarquia entre elas (Maurício, 2009; Moll, 2012; Ferreira; Pinheiro, 2018). Ao criticar a abordagem que se concentra apenas no desenvolvimento cognitivo, Arroyo (2012) argumenta que limitamos nossa definição de aprendizado a uma forma de intelectualismo pedagógico que coloca a vida – nossos corpos e nossas experiências de viver, aprender, humanizar ou desumanizar – em uma posição secundária. O autor enfatiza a importância dessa ideia particularmente no contexto de diferentes formas de desigualdade experimentadas pela maioria das crianças e jovens brasileiros e destaca que a educação integral deve envolver políticas públicas, pedagogia, ensino e o sistema escolar que reconheça "que lidamos com gente que é vida, corpo, espaço-tempo. Gente que desde a infância é condenada pelas relações sociais, econômicas e políticas a formas precaríssimas de vida-corpo--espaço-tempo" (Arroyo, 2012, p. 41). Gadotti (2009) também enfatiza o aspecto do/a estudante em sua inteireza, trazido pela educação integral, observando que a abrangência proposta por essa perspectiva é "um princípio pedagógico onde o ensino da língua portuguesa e da matemática não está separado da educação emocional e da formação para a cidadania" (p. 41).

Ao explorar os fundamentos filosóficos da educação integral, Coelho (2009) destaca que a ideia de desenvolvimento e formação humana mais completos não é nova e está presente desde os primórdios da civilização. A própria origem da noção de educação remete à Paideia grega, termo que sintetiza a noção de educação na sociedade grega clássica. A autora se refere ao trabalho de Jaeger para explicar que a noção de formação humana que caracterizava o entendimento dos sofistas gregos referia-se a esta visão ampla que incluía a formação relacionada às dimensões intelectual, física, espiritual e ética, relacionada aos indivíduos como seres inseridos na sociedade.

Acreditamos que esse modo de ver e perceber a formação do homem corresponde à natureza do que denominamos de educação integral: uma perspectiva que não hierarquiza experiências, saberes, conhecimentos. Ao contrário, coloca-os como complementares e fundados radicalmente no social. Como afirma Jaeger (2001, p. 342-343 apud Coelho, 2009, p. 85): "o espírito não é considerado através do ponto de vista puramente intelectual, formal ou de conteúdo, mas sim em relação com as suas condições sociais".

Essa ideia de considerar o indivíduo em seu contexto se relaciona com a compreensão de Coelho (2009) de que "a educação integral se caracteriza pela busca de uma formação a mais completa possível para o ser humano", embora ela reconheça que "não há hegemonia no tocante ao que se convenciona chamar de 'formação completa'" (p. 90). Feita esta ponderação, deve-se salientar que um aspecto importante comumente defendido na literatura sobre educação integral refere-se à diversificação do currículo para que também inclua perspectivas relacionadas às artes, à cultura, aos esportes, às tecnologias, entre outras, evitando-se uma experiência de aprendizagem fragmentada para os/as estudantes.

Em relação ao debate sobre formas de se implementar o conceito de educação integral cidadã, um aspecto comumente controverso diz respeito à questão dos potenciais e das limitações das escolas em endereçar as necessidades sociais, de saúde e de desenvolvimento emocional dos/as estudantes. Estudiosos/as expressam preocupação de que iniciativas de educação integral podem reduzir os objetivos da educação a uma abordagem "assistencialista", que visa apenas evitar que as crianças e adolescentes permaneçam nas ruas, em vez de ampliar sua formação educacional (Cavaliere, 2014; Ferreira; Bernardo, 2018). Sem desconsiderar a importância da proteção social para crianças e jovens, esta visão destaca a relevância de garantir que as escolas não se desviem de seu objetivo precípuo de promover o ensino e a aprendizagem (Ferreira; Bernardo, 2018, p. 36). No entanto, conforme entendido por este estudo, essa preocupação não necessariamente se opõe à perspectiva da literatura que defende que as escolas tenham um envolvimento mais direto em abordar as necessidades sociais e emocionais dos/as estudantes que impedem sua aprendizagem (Moll, 2012). Estudos que destacam essa perspectiva sugerem que abordagens intersetoriais às políticas públicas devem ser desenvolvidas como estratégia para abordar essas necessidades, como será discutido mais adiante (Moll, 2012; Leite, 2019).

ii) Democracia e Cidadania

Outro elemento basilar da educação integral cidadã é o propósito de promover valores democráticos e formar para e na cidadania (Maurício, 2004; Brasil, 2009; Moll, 2012). Ferreira e Pinheiro (2018) destacam que, apesar da ênfase em considerar as múltiplas dimensões de cada indivíduo, não se deve desconsiderar sua relação com a sociedade e o mundo. Os/as autores/as afirmam que tal perspectiva nos leva a ver a pessoa como um ser social e político, em consonância com o debate da educação integral dentro de contextos mais amplos que incorporam ideias explicitamente políticas e emancipatórias. Não é sem razão que Anísio Teixeira, figura pioneira da educação integral no Brasil, também foi intelectual de destaque que refletiu sobre a conexão entre educação e democracia. Portanto, o conceito de educação integral também envolve a educação para e na cidadania, que constitui elemento importante de distinção entre o conceito – educação integral "cidadã" – adotado neste estudo das compreensões e políticas atuais que não incluem esse aspecto.

A literatura prévia sobre as relações entre educação e a construção de valores democráticos enfatiza que o fomento à participação na organização das práticas e na gestão escolares representa princípio essencial para a formação efetiva de cidadãs/ãos democráticas/os (Pacheco, 2012). Nessa perspectiva, democracia e cidadania não devem necessariamente ser ensinadas como uma disciplina específica, em perspectiva fragmentada, mas vivenciadas na rotina escolar diária. O conceito de gestão democrática da educação, estabelecido no arcabouço legal do Brasil, pode oferecer contribuições valiosas para este elemento, pois relaciona-se a aspectos que se materializam em estratégias como a criação de fóruns de participação nas escolas e conselhos municipais que envolvam toda a comunidade

(Mendonça, 2017). Além disso, a noção de gestão democrática da educação abrange a expansão de oportunidades participativas na gestão e no planejamento escolar, mas também acerca de pedagogias, práticas e processos que promovam relacionamentos mais horizontais e oportunidades para o desenvolvimento da aprendizagem democrática dos/as estudantes (Mendonça, 2017; Zero; Soares, 2020).

Ao discutir a educação integral, Padilha (2009) enfatiza o conceito de educação para a cidadania, que, influenciada pela educação popular defendida por Freire, opõe-se à concepção neoliberal de desenvolvimento que se concentra nos lucros e promove valores como competição e meritocracia. Segundo essa autora, a educação para a cidadania envolve o objetivo de uma abordagem integral à educação, que inclui valorizar aspectos como diversidade, empatia, solidariedade, respeito aos direitos humanos, proteção ambiental e ênfase na participação cidadã e democrática. A legislação que define os objetivos do antigo programa de educação integral Mais Educação também incluía entre seus objetivos de educação integral a "formação para a cidadania, incluindo perspectivas temáticas dos direitos humanos, consciência ambiental, novas tecnologias, comunicação social, saúde e consciência corporal, segurança alimentar e nutricional, convivência e democracia, compartilhamento comunitário e dinâmicas de redes" (Brasil, 2007, p. 14).

iii) A Comunidade e o Território

A perspectiva da educação integral cidadã reconhece que a educação não está separada da cultura, das comunidades, das famílias e do território local. Integrar a escola com a comunidade e com o território mais amplo onde se situa permite o desenvolvimento de ações coletivas para melhorar as condições de vida e ampliar as oportunidades de aprendizagem dos/as estudantes e de forma conectada às suas realidades (Leite; Carvalho, 2016). Essa abordagem busca superar o fato de que, muitas vezes, as escolas se tornam desconectadas e percebidas como sem sentido pelos/as estudantes, famílias e integrantes da equipe (Costa, 2012). Nesse contexto, vale mencionar conceitos relacionados à comunidade e ao território que são frequentemente citados na literatura sobre educação integral, as cidades educadoras e as comunidades educativas.

A ideia de cidades educadoras, considerada intimamente relacionada à educação integral (Gadotti, 2009), refere-se à mobilização de forças que impulsionam a educação nos territórios, promovendo o envolvimento de atores e instituições distintos e aproveitando os múltiplos potenciais educativos da cidade. Esse conceito originou-se do 1º Congresso Internacional de Cidades Educadoras, realizado em Barcelona em 1990. Representantes de cidades de todo o mundo concordaram em trabalhar juntos para melhorar a qualidade de vida de seus/suas cidadãos/ãs. A Carta deste encontro, publicada pela primeira vez em 1990 e revisada em 1994 e 2004, visava mobilizar os recursos educacionais das cidades e envolver atores específicos para aproveitar os múltiplos potenciais educativos da cidade (International Association of Educating Cities, 1990). Da mesma forma, a Organização das Nações Unidas para a Educação, a Ciência e a Cultura (Unesco) dedica-se a promover a Rede Mundial de Cidades de Aprendizagem, composta por 294 cidades em países diversos. Essa rede é projetada para facilitar a troca de experiências e conhecimentos entre as cidades integrantes, a fim de inspirar políticas públicas. O objetivo final é estabelecer uma rede na qual os governos locais se apoiem mutuamente no desenvolvimento de estratégias de aprendizagem ao longo da vida e se envolvam na exploração de maneiras de alcançar os Objetivos de Desenvolvimento Sustentável (ODS), e mais especificamente o ODS 4 ("Assegurar a educação inclusiva e equitativa e de qualidade, e promover oportunidades de aprendizagem ao longo da vida para todas e todos") e o ODS 11 ("Tornar as cidades e os assentamentos humanos inclusivos, seguros, resilientes e sustentáveis").

O conceito de comunidades de aprendizagem, por sua vez, refere-se às conexões entre várias instituições, políticas e sujeitos dentro da comunidade local onde a escola está localizada. Costa (2012) usa o exemplo do programa Bairro Escola, desenvolvido em São Paulo, para ilustrar que essa abordagem visa criar condições para o desenvolvimento abrangente dos sujeitos, já que uma única instituição, como uma escola, não pode responder sozinha às complexidades de educar o estudante em sua inteireza.

Segundo Costa (2012, p. 479), "Quando as instituições articulam novos atores, tempos e espaços, e constroem com eles estratégias articuladas focadas nas demandas e necessidades dos sujeitos implicados a partir dos potenciais locais, o processo educativo ganha força e sentido". A ideia por trás dessa abordagem é que esses tipos de colaborações locais aumentam e diversificam as oportunidades de aprendizagem dos/as estudantes e também incentivam o envolvimento em questões sociais, culturais e políticas relevantes para sua própria comunidade.

Vale ressaltar que parte da literatura discorda da abordagem de retirar atividades educacionais do ambiente escolar, argumentando que a escassez de instalações públicas em cidades brasileiras ou no bairro imediato da escola, principalmente em áreas carentes de grandes cidades, pode dificultar o sucesso dessas propostas (Cavaliere, 2014). Além disso, outros/as estudiosos/as alertam que, na prática, essa estratégia pode resultar na transferência das responsabilidades educacionais das escolas públicas para organizações da sociedade civil, filantrópicas ou privadas que realizam atividades desconectadas do currículo escolar (Cavaliere, 2014; Gadotti, 2009). A importância dessas preocupações é especialmente acentuada quando se leva em consideração a natureza da educação como um bem público e o potencial de distorção causado pela predominância de interesses e objetivos privados.

No entanto, apesar da importância dessas preocupações, é crucial reconhecer que abordar os complexos desafios sociais que afetam os contextos dos/as estudantes pode exigir o engajamento da sociedade civil como um todo. Singer (2020) enfatiza esse aspecto ao se opor à simplificação inerente ao termo "organizações não governamentais", que tende a criar uma interpretação dual entre interesses públicos e privados que não reflete as complexidades do perfil e dos objetivos das organizações da sociedade civil. Além disso, a autora adverte contra a suposição de que todas as organizações da sociedade civil são orientadas por perspectivas neoliberais que restringem o papel do Estado. Essas simplificações podem contribuir para desvalorizar iniciativas inovadoras e localmente valiosas com o potencial de contribuir para o bem público, que não necessariamente podem ser realizadas pelo Estado. Ela afirma: "Este é o espaço próprio das organizações sociais de finalidade pública que sempre existiram nas nações modernas para inovar, inspirar e propor políticas públicas" (Singer, 2020).

iv) Pedagogia e Práticas Inovadoras

Uma perspectiva de educação integral cidadã requer a transformação de práticas, currículo, pedagogia e vários aspectos organizacionais da escolarização. Um corpo significativo de literatura explorando a perspectiva de uma educação integral (Pacheco, 2004; Paro, 2014; Singer, 2014) discorda que o processo de aprendizagem pode ser eficaz em modelos hierárquicos de transmissão de conteúdo. Elas/eles defendem uma perspectiva mais centrada no estudante, que se baseie em metodologias ativas ancoradas em estratégias como aquelas baseadas em abordagens investigativas lideradas pelos/as estudantes e aprendizagem baseada em problemas para promover o interesse e a autonomia na pesquisa e na construção do conhecimento. Além disso, trata-se de repensar aspectos como a seriação, a organização do currículo por sequências rígidas, a forma como as avaliações são usadas e como a retenção desrespeita o tempo dos/as estudantes em sua diversidade (Arroyo, 2012; Pacheco, 2019). Pedro Demo (2010) também chama a atenção para o fato de que as aulas se tornaram "referências sagradas" em nossas formas de organizar as escolas, ainda que pouco se aprenda no final (p. 869). Outra perspectiva implicaria, por exemplo, o uso de desenho curricular que apresente disciplinas ou áreas mais integradas e interdisciplinares, que fazem uso de gama mais ampla de aspectos sociais e culturais e outros territórios educacionais (Thiesen, 2020).

Paro (2014) nos lembra que os/as estudantes só aprendem se estiverem motivados a fazê-lo, e, portanto, é essencial tornar a educação intrinsecamente desejável. "Não se trata de cair na não-diretividade ou na espontaneidade [...] mas de oferecer ao estudante condições para que ele/ela [...] possa se alinhar aos objetivos educacionais do educador" (Paro, 2014, p. 31).

De fato, desde o movimento da Nova Escola na década de 1930, a perspectiva de educação integral tem enfatizado uma abordagem pedagógica de metodologia mais ativa. Essa visão valoriza as vozes e os interesses dos/as estudantes, incorporando-os no desenvolvimento de um currículo que incorpora diversas práticas, como cultura, artes, esportes e outros elementos que promovem uma educação mais responsiva e prática. Outro aspecto relacionado que deve ser mais criativamente explorado pelas escolas, enfatizado por Maurício (2009), é o papel de socialização da educação. A autora afirma: "A escola pode e deve lançar mão do que ela tem de possibilidade de prazer: o lugar de encontro" (Maurício, 2009, p. 27).

A formação de professoras/es é outro elemento importante observado na literatura que aborda a educação integral cidadã. Maia e Fagundes (2021) realizaram uma análise histórica de como Anísio Teixeira e Darcy Ribeiro contribuíram para essas questões ao implementar as experiências de educação integral das Escolas Parque e dos CIEPs. Segundo as autoras, o legado de Teixeira e Ribeiro em relação à formação de professoras/es concentra-se no elemento fundamental de utilizar as próprias escolas como local crucial para que a formação ocorra. Uma parte significativa dos projetos de formação que eles projetaram para a formação de professoras/es foi dedicada à prática profissional nos espaços escolares. A ênfase de tais experiências se deu na "formação prática", "conectada à escola e aos seus estudantes como um fator essencial a ser considerado no contexto da formação de professoras/es e na busca da construção de uma educação popular e integral para todos" (Maia; Fagundes, 2021, p. 200).

v) Intersetorialidade

Implementar a abordagem de educação integral cidadã também requer a articulação e integração de políticas que conectem diferentes setores políticos ou escolas públicas a outros serviços sociais. Essa premissa requer trabalho colaborativo entre órgãos e instituições públicas, como saúde, educação e assistência social, como solução para atender às necessidades das crianças e dos jovens de forma mais abrangente (Leite, 2019). Embora as escolas não devam ser responsáveis por remediar os ônus sociais, raciais e econômicos impostos a grupos desfavorecidos, elas devem fazer parte de estruturas políticas integradas que evitem uma perspectiva fragmentada dos bebês, das crianças, dos adolescentes e dos jovens. Essa visão inclui facilitar o acesso a recursos culturais, assistência social, saúde e transporte, organizando uma abordagem de gestão integrada das políticas sociais (Leite, 2019).

A abordagem intersetorial ou transversal das políticas públicas tem recebido cada vez mais atenção no setor público, à medida que a complexidade e a interconexão das questões sociais são mais amplamente reconhecidas (Menezes; Diniz Junior, 2018). Nesse sentido, uma perspectiva fragmentada que separa políticas e serviços em categorias distintas é inadequada para abordar as demandas sociais multifacetadas. É importante observar que a abordagem intersetorial não desconsidera a expertise específica de cada setor, mas busca coordená-los. Como sugerem Menezes e Diniz Junior (2018), ela abrange métodos de planejamento e execução de políticas públicas para maximizar seu impacto e resultados.

vi) (Dignos e Justos) Tempos e Espaços

No artigo "O direito a temposespaços de um justo e digno viver", Miguel Arroyo (2012) nos convoca ao compromisso pela promoção de experiências e vivências na escola que contribuam verdadeiramente para infâncias e adolescências mais justas e dignas no Brasil. Naquele texto, ao discutir a perspectiva da educação integral, o autor enfatiza a importância da reorganização das estruturas escolares, pedagogias e formas de organização dos tempos e espaços – espaços estes onde bebês, crianças e adolescentes passam parte expressiva de seus dias – "tornando-os mais próximos de um digno e justo viver, ao menos na totalidade dos tempos-espaços escolares" (p. 43).

Uma nota introdutória é necessária ao discutir a expansão do tempo escolar no contexto da educação básica no Brasil. O sistema escolar brasileiro foi organizado como uma escola em turno único compreendendo, via de regra, a jornada escolar de quatro horas, que se pretendia ser progressivamente expandida, conforme estabelecido pela Lei de Diretrizes e Bases da Educação Nacional (LDBEN). No entanto, esse modelo inicial acabou se tornando a forma padrão de organização da jornada e as quatro horas mínimas se tornaram o máximo como prática geral (Giolo, 2012), com escolas implementando três turnos (ou até quatro) para alcançar o objetivo do país de expandir o acesso à educação básica. É importante mencionar que o turno de quatro horas significa um tempo de instrução significativamente mais curto em comparação com outros sistemas, seja na América Latina ou em outras regiões. Por exemplo, a jornada escolar é de seis horas no Chile (Titton; Bruscato, 2016) e sete horas na maioria dos países desenvolvidos (OECD, 2016).

Nesse contexto, parte expressiva da literatura que aborda a educação integral cidadã argumenta a favor da ampliação do tempo da jornada escolar atual como um aspecto relevante para a implementação da educação integral (Maurício, 2009; Cavaliere, 2002; Arroyo, 2012; Ferreira; Bernardo, 2018). Para tais autoras/es, a disponibilidade de mais tempo permite que as escolas incluam atividades adicionais, recursos pedagógicos e acesso a serviços sociais, que dificilmente cabem na jornada escolar regular. Moll (2012) observa que um tempo estendido é necessário para proporcionar a todas/os as/os estudantes as condições para acessar uma educação que abranja artes, cultura, esportes e habilidades para o mundo do trabalho, que geralmente não são acessíveis aos/às estudantes de famílias de baixa renda. Nesse sentido, passar mais tempo na escola não deve significar mais das mesmas atividades escolares, mas deve resultar no uso criativo do tempo para diferentes atividades, metodologias pedagógicas e *ethos* de tempos-espaços vividos e aprendidos na escola (Arroyo, 2012). Por isso, o desenho das políticas públicas importa para que se garanta a ampliação dos tempos e espaços junto com o alargamento do currículo e das experiências educativas do cotidiano escolar.

Em relação aos espaços educacionais, estudiosos/as da educação integral cidadã enfatizam a necessidade de infraestrutura adequada e recursos materiais para a implementação de uma política destinada a alcançar o estudante em sua inteireza, incluindo, por exemplo, instalações e estruturas para os/as estudantes se alimentarem, praticarem exercícios físicos e desenvolverem atividades culturais (Mauricio, 2009). O projeto CIEPs no Rio de Janeiro e o mais recente projeto Centros Educacionais Unificados

(CEU) em São Paulo (que está integrado a uma das escolas examinadas neste estudo, a EMEF Campos Salles) são exemplos de políticas públicas destinadas a promover uma educação integral por meio da construção de infraestrutura física e investimento de recursos. Essas iniciativas representaram investimentos em espaços educacionais que incluem múltiplas estruturas, como quadras esportivas, piscinas, teatros e laboratórios. Monteiro (2009), ao se referir à experiência dos CIEPs, sugeriu que tal estrutura era crucial para a promoção dos direitos educacionais daqueles que foram historicamente marginalizados. A autora enfatiza que a provisão de estrutura abrangente como a dos CIEPs tem o efeito de melhorar a relação dos/as estudantes com suas experiências educacionais e afirma que tal estrutura "fortalece a autoestima de seus alunos, através da possibilidade que oferece de se vivenciar uma escola que, pela amplitude dos espaços, afirma simbolicamente a importância das atividades e das pessoas que ali estudam e trabalham diariamente" (Monteiro, 2009, p. 37).

2

RESULTADOS SOCIAIS DA EDUCAÇÃO: ESTUDOS E ABORDAGENS CORRENTES

O estudo do impacto da educação sobre as/os estudantes e a sociedade é realizado por diversas áreas de pesquisa, incluindo educação, ciência política, sociologia e antropologia. Historicamente, a abordagem dominante tem sido a perspectiva econômica, especificamente aquela guiada pela Teoria do Capital Humano (TCH), que se concentra no papel da educação na preparação para o mercado de trabalho e em seus benefícios econômicos, como o aumento da renda dos indivíduos e o crescimento da produtividade econômica (Desjardins; Schuller, 2006).

No entanto, este foco restrito aos benefícios econômicos da educação pode limitar nossa compreensão e negligenciar outros aspectos importantes, como o do desenvolvimento social dos/as estudantes e em suas múltiplas dimensões, bem como o impacto para a promoção da equidade na sociedade ou para a garantia da democracia. Apesar de reconhecer a importância dos resultados econômicos, um crescente corpo de pesquisa, na literatura internacional e brasileira, argumenta pela necessidade de expandirmos nossa compreensão acerca dos efeitos da educação também para o domínio social (Behrman et al., 1997; Torney-Punta et al., 2001; Desjardins; Schuller, 2006; Dijkstra, 2018; Hamad et al., 2018; Campbell, 2022; Singer, 2014; Ação Educativa, 2018; Medeiros; Barbosa; Carvalhaes, 2019; Centro de Referências em Educação Integral, 2020; Cardoso et al., 2021; Ghanen, 2022).

Em consonância com esse propósito, esta seção apresenta revisão da literatura sobre os resultados sociais da educação – termo mais comumente referido na literatura internacional como *social outcomes of education* –, que podem ser compreendidos como os benefícios sociais da educação na vida individual e nas comunidades (como melhoria da saúde e a promoção da cidadania) e na sociedade como um todo (como coesão social e aprimoramento da democracia) (Behrman et al., 1997; Torney-Punta et al., 2001;

Desjardins; Schuller, 2006; Campbell, 2006; Dijkstra et al., 2018; Hamad et al., 2018). Primeiro, as subseções a seguir introduzem os domínios mais frequentemente estudados dos resultados sociais da educação. Em seguida, apresentam abordagens desenvolvidas por pesquisadores para investigar os resultados sociais da educação e os principais desafios de pesquisa relacionados ao tema.

Tipos de resultados

O estudo dos resultados sociais da educação como um campo específico ainda está em desenvolvimento, com vários tipos de resultados sendo considerados[6]. Os resultados sociais mais comumente estudados incluem saúde, bem-estar, cidadania, engajamento social, participação política, comportamento democrático, prevenção ao crime, relações familiares, confiança social, capital social e coesão social (Behrman et al., 1997; Torney-Punta et al., 2001; Desjardins; Schuller, 2006; Dijkstra et al., 2018; Hamad et al., 2018; Campbell, 2022). Os resultados sociais explorados em pesquisas anteriores correspondem a diferentes níveis de análise, que vão do individual ao comunitário e ao social. As subseções a seguir apresentam brevemente tais referenciais, bem como achados de pesquisas sobre saúde e bem-estar, e cidadania e engajamento social e político, que são alguns dos resultados mais recorrentes explorados na literatura e constituem importantes pontos de referência para este estudo.

---

[6] Pesquisadores/as que estudam os resultados sociais da educação utilizam terminologias diversas para se referirem a este tema, incluindo "benefícios amplos da educação" (wider benefits of education) (Preston; Hammond, 2002; Schuller; Desjardins, 2010), "benefícios sociais da aprendizagem" (social benefits of learning) (Schuller et al., 2004; Feinstein; Vorhaus, 2008); e "resultados sociais da educação" (social outcomes of education) (Dijkstra; Motte, 2014; OECD, 2020a). Este estudo empregará esses termos de maneira alternada, mas optará predominantemente pelo termo "resultados sociais da educação", por considerar que ele estabelece uma ligação mais direta entre os objetivos da educação e seus resultados sociais. A convicção é que esses resultados sociais não são apenas efeitos secundários, mas constituem uma parte intrínseca dos objetivos da educação.

Níveis de resultados

Mainguet e Baye (2006) diferenciam três níveis de análise para os resultados sociais da educação: micro (impacto individual), meso (impacto comunitário) e macro (impacto social). Para demonstrar como esses níveis podem ser usados em análises metodológicas, as autoras dão exemplos de objetivos do sistema educacional relacionados à "alfabetização cívica"[7]. Em seu exemplo, enquanto aspectos como pensamento crítico e engajamento social referem-se ao nível micro (indivíduos), engajamento e participação na comunidade local estão ligados ao nível meso (escolas), e democracia consolidada e coesão social (compreendida como o grau de estabilidade e funcionamento saudável de uma sociedade) se aplicam ao nível macro (sociedade) (Mainguet; Baye, 2006). Essa distinção constitui importante referência para se definirem as unidades de análise em projetos de pesquisa quantitativos ou qualitativos, como é o caso deste estudo.

Preston e Green (2003), por sua vez, distinguem os resultados sociais da educação nos níveis microssocial e macrossocial. Eles indicam resultados como melhorias na saúde e aumento do exercício da cidadania e participação política individual como microssociais, que podem impactar indivíduos e talvez comunidades, mas não necessariamente ter um efeito no nível social. Os benefícios macrossociais da educação são definidos pelos autores como "(os resultados) que ocorrem em nível social, concebidos separadamente do agregado de efeitos micro-sociais" (Preston; Green, 2003, p. 3), e indicam exemplos como coesão social, taxas de criminalidade e cidadania ativa, participação cívica e política em nível social. Baseando-se no trabalho de Preston e Green, Descy (2006) explica que alguns desses macrobenefícios consistem em uma agregação de benefícios individuais micro (como, por exemplo, redução da criminalidade e da pobreza, e melhoria da saúde), enquanto outros não (como, por exemplo, coesão social). Uma

---

[7] A "alfabetização cívica", referida como resultado da educação no trabalho dessas autoras, é por elas definida como "o conjunto de conhecimentos, valores, atitudes e práticas que os indivíduos adquirem ao longo de suas vidas para se tornarem cidadãos participantes em sociedades democráticas" (Mainguet; Baiye, 2006, p.156).

das razões que justificam isso é que macrobenefícios como coesão social não podem necessariamente ser atribuídos a indivíduos ou comunidades específicas, mas, sim, apenas observados em nível nacional e, portanto, constituem benefícios em nível de sistema. "Por exemplo, confiança social (entendida como a crença dos sujeitos em acreditar nos demais indivíduos que integram a sociedade e em suas instituições e normas) é mais do que a agregação de confiança individual expressa [...] inclui normas culturais e históricas de confiança que são específicas de uma sociedade ou comunidade" (Descy, 2006, p. 166).

As subseções a seguir apresentam brevemente a conceituação e a literatura sobre saúde social, bem-estar, cidadania e engajamento social e político, a partir de uma perspectiva micro e meso. Importante mencionar que a diferenciação entre esses níveis pode fornecer caminhos analíticos importantes para este estudo, como explicado posteriormente no capítulo sobre a metodologia de pesquisa.

Saúde e Bem-Estar

Segundo a Organização Mundial da Saúde (OMS), saúde é "um estado de completo bem-estar físico e social, e não apenas a ausência de doença ou enfermidade" (Organização Mundial da Saúde, 1946). Essa definição é baseada em um modelo biopsicossocial que considera as interações bioquímicas e socioculturais entre os seres humanos e os sistemas sociais (Engel, 1977 apud OECD, 2007). A saúde é influenciada por fatores psicológicos, comportamentais, sociais e demográficos, incluindo a educação. A definição de bem-estar geralmente é menos direta, pois pode incluir perspectivas que compreendem aspectos das dimensões psicossociais e cognitivas, bem como de visões que se concentram na observação de aspectos como satisfação com a vida e felicidade (Gutman et al., 2010).

O indicador da Unesco para medir bem-estar e saúde é apresentado com o objetivo de identificar as oportunidades dos/as estudantes de participarem de atividades que promovam seu "funcionamento psicológico, cognitivo, social e físico e as capacidades de que precisam para viver uma vida feliz e satisfatória" (Unesco, 2022). Ao longo das últimas décadas, estudiosas/os apontaram uma mudança ocorrida na agenda internacional de pesquisa e políticas públicas sobre este tema devido à substituição de aspectos de *sobrevivência* por elementos mais amplos de *bem-estar*, e por conta da consideração não apenas de aspectos como taxas de mortalidade, pobreza e doença, mas também de elementos que intencionalmente mantêm e promovem todas as dimensões do desenvolvimento humano e bem-estar (Awartani; Whitman; Gordon, 2008).

A complexificação dos conceitos de saúde e bem-estar reflete os desafios de observar e medir seus fatores causais, como a educação. A relação entre educação e saúde ganhou importância e reconhecimento globais nas últimas décadas. Em 2012, a OMS reconheceu que intervenções em saúde por si sós não são suficientes para melhorar a saúde e ressaltou o impacto de domínios sociais como a educação e a proteção social nos resultados de saúde (Organização Mundial da Saúde, 2012). A literatura sobre os efeitos da educação na saúde inclui numerosos estudos que utilizam métodos quantitativos para investigar a relação causal entre anos de escolaridade e resultados de saúde, como mortalidade, obesidade, saúde mental, bem-estar e comportamentos como fumar, hábitos alimentares e atividade física (Hamad et al., 2018). Apesar da predominância de estudos baseados em métodos quantitativos, estudos anteriores também diversificaram o exame dessa relação usando métodos qualitativos, análise de intervenções políticas intersetoriais, bem como a construção de índices e indicadores (Hammond, 2004; Feinstein et al., 2006; OECD, 2007; Grossman, 2015; Shackleton et al., 2016; Shinde et al., 2018; Hamad et al., 2018).

Estudos recentes reconhecem que a relação entre educação e saúde é complexa e envolve desafios na observação e medição de fatores causais (Grossman, 2015; Hamad et al., 2018). Tradicionalmente, pesquisas acadêmicas predominantemente interpretaram o status socioeconômico como um mediador dos efeitos da educação na saúde, pois os aspectos socioeconômicos são mais consensualmente considerados como fatores de influência causal na saúde. Embora nível de renda e acesso à assistência médica sejam fatores importantes que afetam a saúde dos indivíduos, um crescente corpo de literatura sugere que a educação também pode impactar a saúde independentemente do status socioeconômico (Hammond, 2004; Desjardins; Schuller, 2011; Hamad et al., 2018). Apesar de evidências sugerindo que a educação pode impactar a saúde independentemente de outros fatores contextuais, ainda existem debates em torno da relação causal entre educação e saúde (Helliwell; Putnam, 2004; Grossman, 2015).

Outra abordagem deste debate, mais matizada e contextualizada, pode também fornecer reflexões valiosas para a discussão. Uma revisão abrangente da literatura realizada por Feinstein e colegas (2006) encontrou evidências de vínculos causais significativos entre educação e saúde, bem como fatores que determinam a saúde, como comportamentos de saúde, ambientes de risco e uso de serviços preventivos (Feinstein et al., 2006). Os autores reconhecem a complexidade do estudo dessas relações e sugerem a presença de mecanismos multiníveis, incluindo níveis individual, doméstico, comunitário e nacional, que influenciam a conexão entre educação e saúde. Segundo eles, a educação afeta vários contextos e conexões sociais, transformando esses ambientes e melhorando a resiliência e a capacidade dos indivíduos de tomar decisões e ações que influenciem suas vidas (agência), o que pode melhorar a saúde. O quadro teórico *self-in-context* ("o sujeito-no-contexto") proposto por Feinstein e colegas (2006) relaciona-se à teoria ecológica de Bronfenbrenner (1979) para considerar os efeitos da educação na saúde como resultado de características do sujeito inserido em contextos, impactando aspectos como as percepções que os indivíduos têm a respeito de si e suas atitudes – como detalhado posteriormente neste capítulo.

Outras pesquisas que se baseiam na teoria ecológica se concentram na análise de políticas públicas e incluem referências importantes para entendermos mais abrangentemente as implicações do contexto no bem-estar individual e no desenvolvimento social em geral. Bishop e Noguera (2019) propuseram um quadro teórico abrangente para informar políticas educacionais baseadas na equidade que respondem a condições ambientais que minam políticas educacionais destinadas a melhorar resultados acadêmicos. Por meio de estudo que analisou a fórmula de financiamento da educação na Califórnia (Estados Unidos), a Fórmula de Financiamento de Controle Local (LCFF), os autores sugerem que as respostas políticas a disparidades acadêmicas persistentes nos Estados Unidos são ineficazes porque não abordam "as formas pelas quais raça, classe, idioma e cultura, bem como processos de implementação, reproduzem e reforçam disparidades no desempenho acadêmico" (p. 122). Eles enfatizam a importância de políticas de colaboração que vinculem escolas e distritos escolares (que são os órgãos governamentais locais responsáveis pela educação), provedores de serviços comunitários e secretarias de educação (em nível dos condados) para implementar políticas educacionais integradas. Essa análise serve de inspiração para os esforços neste estudo para entender as abordagens das escolas selecionadas e, por extensão, as lições que podem informar contextos de políticas públicas de forma ampla.

Além disso, vale ressaltar que a abordagem qualitativa empregada por estudos recentes voltados a examinar o impacto da educação na saúde e no bem-estar forneceu nova perspectiva e possibilitou o exame dos efeitos da educação na saúde em diferentes contextos, considerando as características dos/as estudantes. Um estudo sobre educação de adultos no Reino Unido utilizou entrevistas em profundidade e descobriu que a educação melhorou qualidades psicossociais como autoestima, autoeficácia (*self-efficacy*), identidade, habilidades de comunicação e integração social, levando a uma melhoria na saúde mental, habilidades de enfrentamento (*coping skills)* e bem-estar geral (Hammond, 2004). Outro estudo qualitativo ilustrativo foi conduzido em uma sala de aula de quinto ano nos EUA e explorou práticas educacionais culturalmente responsivas (Culturally Responsive Educational – CRE), que envolvem abordagens pedagógicas alinhadas com o conhecimento cultural, as experiências e as perspectivas de estudantes etnicamente diversos. O estudo teve como objetivo abordar o sofrimento experimentado por estudantes negros/as por motivos de marginalização na sala de aula e descobriu que práticas CRE podem servir como intervenções psicológicas, reduzindo o sofrimento psicológico e melhorando o bem-estar desses estudantes (Cholewa; Goodman, 2014). Ambos os estudos enfatizam a importância da pesquisa qualitativa na compreensão do impacto da educação em diferentes grupos de estudantes, incluindo adultos e jovens.

Isso é relevante no contexto do Brasil, no sentido de a pesquisa considerar aspectos comumente experienciados pelas/os estudantes brasileiras/os, como discriminação étnico-racial e vulnerabilidade socioeconômica.

Cidadania e Engajamento Social e Político

A compreensão do conceito de cidadania varia entre culturas e períodos históricos. No Brasil, a educação para o exercício da cidadania é declarada na Constituição Federal e consiste em tópico recorrente na agenda de pesquisa educacional. Ao examinar as referências legislativas para a educação para a cidadania no Brasil, Silva (2018) observa que o conceito evoluiu ao longo do tempo, passando do foco na dimensão social acerca da garantia de direitos básicos para também incorporar a dimensão política, que envolve a participação ativa na tomada de decisões que afetam a vida das pessoas. A influência de Paulo Freire no discurso da educação para a e na cidadania no Brasil é significativa (Gadotti, 2012; Silva, 2018) e a educação para e na cidadania está relacionada aos direitos e deveres envolvendo aspectos de justiça social, democracia, participação política, liberdade e autonomia (Freire, 1997 apud Gadotti, 2012, p. 2).

A implementação de políticas e práticas de educação relacionadas à cidadania e a avaliação do sucesso deste tipo de abordagem e aprendizagem são questões complexas que vão além das demandas da Constituição Federal do Brasil. Ainda assim, é importante reconhecer a influência deste preceito constitucional na discussão educacional no país, particularmente em termos do empenho e compromisso de professoras/es e escolas em implementar políticas e práticas e, como tal, contribuir para a consolidação de uma compreensão da educação para a e na cidadania.

Mesquita (2018) explorou um aspecto importante da educação para a cidadania no debate brasileiro quando investigou a abordagem educacional da EMEF Presidente Campos Salles – um dos casos também estudados nesta pesquisa –, que é a promoção da cidadania em uma escola em que as/os estudantes são participantes ativas/os na construção de sua cidadania. Concentrando-se nas experiências de crianças mais jovens, o estudo revelou que "se aprende a cidadania exercendo-a e se exerce a cidadania aprendendo-a" (Mesquita, 2018, p. 202). Isso está alinhado com a compreensão de Freire de uma "escola cidadã", que também é descrita como "uma escola que vive a tensa experiência da democracia" (Freire, 1997 apud Gadotti, 2010, p. 2). Nessa perspectiva, a promoção da cidadania por meio do engajamento e da participação ativa dos/as estudantes é crucial na prática de uma escola cidadã. Além disso, a partir de uma perspectiva freiriana, o desenvolvimento da autonomia e do pensamento crítico são cruciais para o exercício da cidadania. O "aprender a ler o mundo antes de ler as palavras" de Freire dialoga diretamente com esta promoção da participação ativa e informada para o exercício da cidadania.

Pesquisas internacionais sobre a relação entre educação e cidadania têm contado com a colaboração de pesquisadoras/es de várias disciplinas, utilizando diferentes métodos e abordando o tema a partir de diferentes perspectivas, incluindo aquelas que examinam o impacto da educação no voto e na participação política, tolerância, capital social e reprodução social. Estudiosos/as internacionais reconhecem os desafios envolvidos na análise desses resultados, mas também identificaram avanços nas últimas décadas. Enquanto, no final da década de 1990, Behrman e colegas (1997) observaram que a pesquisa sobre o tema havia explorado principalmente a conexão entre *taxa de escolarização* e impacto em aspectos da cidadania e engajamento social e cívico[8], os últimos anos viram uma ampliação do foco.

Dijkstra e colegas (2015) observaram que a inclusão da educação para a cidadania como disciplina nos *currículos* de muitas nações euro-

[8] Faz-se importante pontuar que, no contexto internacional, o termo "engajamento cívico" ou "educação cívica" costuma apresentar maior relevância da perspectiva da pesquisa em cidadania por campos como educação e ciência política, pois se relaciona a aspectos de engajamento ativo dos cidadãos em assuntos públicos e de sua participação política, tal como o voto – que não é obrigatório em muitos países de alta renda e, por isso, desperta interesse na direção de investigações sobre a relação entre escolaridade e comparecimento para o voto. Já no contexto brasileiro, o termo "educação cívica" apresenta conotação negativa relacionada ao período da ditadura militar no país, consistindo em disciplina parte do currículo utilizada para a promoção de valores autoritários e de obediência ao governo. Nesse sentido, o termo "educação cívica" é utilizado neste estudo apenas quando se refere a estudos internacionais abordando a temática da participação política no cenário externo.

peias aumentou o interesse em analisar *aprendizagens* dos/as estudantes e os *comportamentos* relacionados ao tema. Campbell (2022) observou que houve um progresso significativo na última década no exame da relação entre educação cidadã e engajamento cívico – incluindo a participação em eleições por meio do voto –, com a adoção de abordagens metodológicas rigorosas e diversas. Wiksten (2022) chamou a atenção para a crescente complexidade e diversificação dos interessados envolvidos na formação da agenda da educação cívica, mencionando a influência crescente de entidades internacionais e transnacionais, como a Organização para a Cooperação e Desenvolvimento Econômico (OECD) e as Nações Unidas (ONU), na definição dessa agenda. A autora destacou a importância da adoção de abordagens humanizadoras para obter uma melhor compreensão das inter-relações entre questões cívicas e participação nos níveis local, regional e global (Wiksten, 2022).

Um importante estudo internacional sobre cidadania e educação cívica é o Estudo Internacional sobre Educação Cívica e de Cidadania (*International Civic and Citizenship Education Study – ICCS*), que consiste em referência relevante entre as pesquisas na temática e oferece robusta perspectiva comparativa em nível internacional. O estudo aplica questionários estruturados voltados a entender "as maneiras pelas quais os jovens compreendem e estão preparados para serem cidadãos em um contexto de participação democrática e cívica em rápida mudança" (Schulz et al., 2022). No desenho de sua metodologia, coleta dados em três dimensões principais: conhecimento dos estudantes sobre educação cívica e cidadania, suas atitudes e engajamento.

A primeira dimensão examina o *conhecimento* e entendimento dos/as estudantes em domínios específicos relacionados à educação cívica e de cidadania, incluindo instituições (por exemplo, instituições estatais e da sociedade civil organizada), princípios (por exemplo, equidade, estado de direito e solidariedade), participação (por exemplo, tomada de decisões e participação em suas comunidades) e papéis e identidades (por exemplo, papel dos/as cidadãos/ãs dentro de sua sociedade civil e identidade étnico-

-racial). A segunda dimensão concentra-se em investigar as *atitudes* dos/as estudantes em relação a princípios cívicos, instituições, papéis e identidades. Isso inclui explorar as percepções dos/as estudantes sobre ameaças à democracia, atitudes em relação à igualdade de gênero, sustentabilidade ambiental, direitos iguais para os diferentes grupos étnicos, percepções de discriminação, atitudes em relação à comunidade LGBTQIA+, percepções da participação dos/as estudantes em suas escolas, percepções de bom comportamento de cidadania, senso de identidade e expectativas para seu futuro individual. A terceira dimensão refere-se às experiências de *engajamento* dos/as estudantes (como em grupos ou organizações comunitárias), bem como suas disposições para o engajamento (como seu interesse em questões políticas e sociais) e seu engajamento futuro esperado (como participação esperada em eleições e participação política ativa) (Schulz et al., 2022). Essas dimensões foram consideradas relevantes ao abordar o trabalho de campo realizado neste estudo. Como detalhado no capítulo acerca da metodologia, o foco principal deste estudo ao examinar a educação para a e na cidadania está nas dimensões de *atitudes* e *engajamento*, porque um exame minucioso da dimensão de *conhecimento* ultrapassaria o escopo do desenho de pesquisa qualitativa adotado.

À medida que as sociedades se tornam mais complexas, novos conceitos têm sido associados à ideia de cidadania. Os Objetivos de Desenvolvimento Sustentável (ODS) das Nações Unidas chamaram a atenção para o conceito de Educação para a Cidadania Global (ECG) em resposta a desafios contínuos como violações dos direitos humanos, desigualdade e pobreza. De acordo com Torres e Bosio (2020), a ECG é uma abordagem educacional que reconhece a natureza interconectada dos problemas globais e promove a paz, aborda a desigualdade econômica, social e cultural e apoia sociedades democráticas ao fomentar virtudes cívicas. Essa perspectiva também influencia o campo de pesquisa sobre os resultados sociais da educação. Por exemplo, em 2022, o quadro de avaliação do Estudo Internacional sobre Educação Cívica e de Cidadania (ICCS) incluiu a ECG em seu desenho e expandiu seu escopo para incluir temas como sustentabilidade, engajamento com tecnologia digital, diversidade e visões dos jovens sobre o sistema político (Schulz et al., 2022).

Apesar do crescente interesse e da diversidade de abordagens que exploram a associação entre educação e cidadania, os resultados dos estudos realizados não necessariamente convergem e ainda persiste uma falta de clareza sobre os fatores escolares que influenciam essa relação (Dijkstra et al., 2015; Campbell, 2022). Vale ressaltar o chamado "paradoxo da participação", que se refere ao fato aparentemente incoerente de que o engajamento cívico (como o comparecimento para o voto em eleições), apesar de ser positivamente impactado pela educação a partir de uma visão do senso comum e de parte da pesquisa acadêmica sobre o tema, está declinando em muitos países onde os níveis de educação estão aumentando (OECD, 2007; Mellet, 2022). Vários estudos tentaram investigar e explicar esse paradoxo, especialmente diante da queda da votação e, por extensão, da democracia em diferentes países e contextos (Mellet, 2022). Em artigo recente voltado a uma revisão abrangente da literatura sobre o tema, Campbell (2022) sugere que pesquisas futuras devem se concentrar no *ethos* escolar e em currículos e práticas pedagógicas inovadoras para ajudar a resolver esse problema. Ele afirma: "O fato de que a educação tradicional em sala de aula geralmente não teve efeito nas taxas de votação ainda deixa a possibilidade de que currículos específicos e/ou práticas pedagógicas inovadoras poderiam fazer diferença" (Campbell, 2022, p. 130).

Abordagens para entender e estudar os resultados sociais

Apesar do progresso, a pesquisa acadêmica sobre os resultados sociais da educação ainda está em seus estágios iniciais em termos de abordagens metodológicas e conceituais (Dijkstra et al., 2018). Para apresentar uma visão geral de como pesquisadores anteriores abordaram o tema e conceitos relacionados, esta seção introduz brevemente três modelos conceituais desenvolvidos por outras/os pesquisadoras/es para orientar seus trabalhos. Além disso, a seção examina os principais desafios na avaliação dos resultados sociais da educação.

Três modelos conceituais que investigam os resultados sociais da educação

Ao contrário de abordagens projetadas para domínios específicos de resultados sociais, como saúde ou cidadania, os modelos conceituais a seguir destinam-se a informar a análise de múltiplos resultados sociais da educação. Eles foram desenvolvidos como parte de estudos realizados nas décadas de 2000, representando avanços recentes do campo. Embora esta pesquisa não adote nenhum dos três modelos revisados a seguir, eles influenciaram o modelo conceitual e analítico que apresentarei para orientar esta pesquisa, como indicado no capítulo sobre metodologia.

O primeiro é o modelo de três capitais (*three capitals framework*) apresentado no livro *Os benefícios da aprendizagem* (*The Benefits of Learning*) (Schuller et al., 2004). É representado na forma de um triângulo e inclui três conceitos-chave, que são formas distintas de capital: capital humano, capital social e capital de identidade.

O capital humano refere-se às habilidades e conhecimentos que permitem às pessoas atuar efetivamente tanto no mercado de trabalho quanto na sociedade. O capital social, como definido por Putnam (2000, conforme citado por Schuller, 2004), refere-se a redes e normas que fornecem às pessoas as ferramentas para contribuir com objetivos comuns. Por fim, o capital de identidade consiste em traços de personalidade como resiliência, autoestima ou autocontrole.

Dentro do triângulo, os benefícios da aprendizagem estão relacionados a cada forma de capital (Figura 1). O quadro sugere que a aprendizagem envolve um processo no qual as pessoas constroem seus ativos por meio dos capitais (humano, de identidade e social), o que, então, leva à melhoria da saúde, à construção de redes sociais mais fortes e a outros resultados sociais conforme mostrado dentro do triângulo (Schuller, 2004). Esses benefícios também retroalimentam os capitais, permitindo que cresçam.

Assim, os resultados também podem ser vistos como capacidades, ou "a liberdade para alcançar", conforme definido por Sen (1992, 1999 apud Schuller, 2004). O quadro abrange a capacidade de definir vários resultados e revelar os caminhos que conectam a aprendizagem e os resultados. Os autores destacam o potencial do quadro para analisar as interações entre diferentes tipos de resultados (Schuller, 2004). Ele visa integrar vários conceitos, facilitando uma compreensão mais abrangente dos fenômenos e fornecendo insumos para estudos quantitativos e qualitativos.

Figura 1 – "Conceituação dos benefícios amplos da aprendizagem"

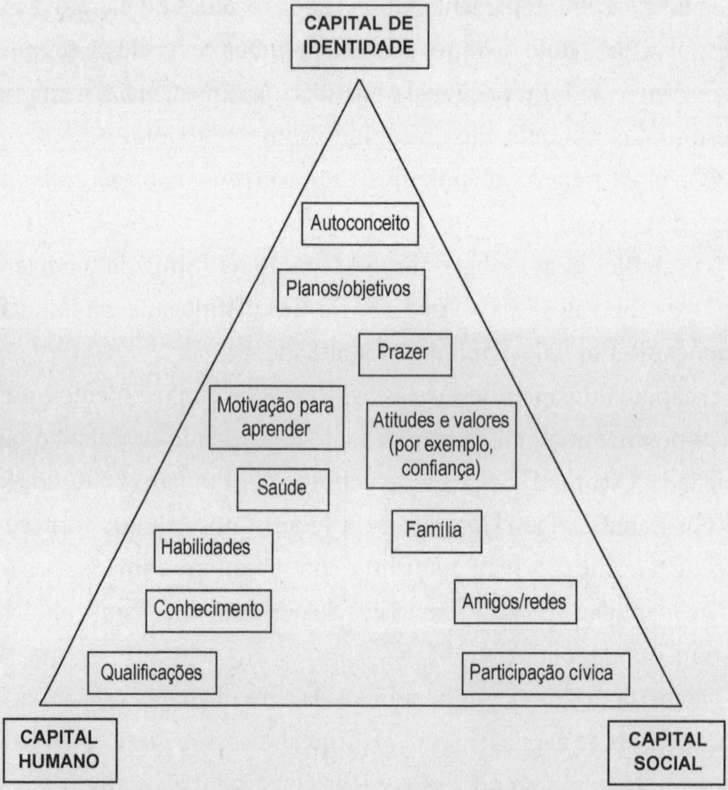

Fonte: Schuller, 2004, p. 12 (tradução nossa).

Outro modelo conceitual que pode trazer contribuições à observação dos resultados sociais da educação refere-se ao modelo *self-in-context* (que traduzirei neste estudo como "o sujeito-no-contexto"), desenvolvido pelo projeto de pesquisa *Measuring the Social Outcomes of Learning (SOL)*[9] (Medindo os Resultados Sociais da Aprendizagem) da OECD. O modelo (Figura 2) foi criado por Leon Feinstein e colegas (Feinstein et al., 2006) e aplicado à área de saúde no relatório da OECD Compreendendo os Resultados Sociais da Aprendizagem (OECD, 2007).

Embora tenha sido utilizado para a área da saúde, o modelo é apresentado por seus autores como referência que poderia ser utilizada para estudar também outros domínios sociais. Os autores argumentam que a educação afeta os resultados sociais influenciando os sujeitos, com o contexto desempenhando um papel crucial nestes resultados. Baseando-se na abordagem ecológica de Bronfenbrenner, o modelo conceitual considera o impacto dos contextos múltiplos, de multicamadas e inter-relacionados que compõem a vida dos indivíduos, como família, trabalho, comunidade e escola.

Importante esclarecer que a teoria ecológica do desenvolvimento humano (Bronfenbrenner, 1979) é útil para entender as interações dinâmicas entre a pessoa em desenvolvimento e a ecologia complexa na qual os indivíduos estão inseridos. Essa teoria é baseada na consideração de como o desenvolvimento humano é um produto de interações sinérgicas entre o ambiente e o sujeito, indicando quatro sistemas de influência em um indivíduo. O primeiro é o *microssistema*, que consiste nos ambientes imediatos da vida de uma pessoa, como famílias, amigos, escolas e comunidades. O segundo constitui o *mesossistema*, que se refere às ligações estabelecidas entre microssistemas distintos, como interações família-escola. O terceiro é o *exossistema*, que se relaciona com fatores que afetam o desenvolvimento de uma pessoa, embora não diretamente relacionados a ela, como renda familiar e níveis de estresse dos pais. O *macrossistema* refere-se ao quarto sistema, que abrange aspectos culturais e sociais como política e economia.

---

[9] O projeto SOL foi lançado em 2005 para contribuir com a pesquisa sobre os vínculos entre aprendizagem e benefícios sociais, como saúde e engajamento cívico (Desjardins; Schuller, 2006).

No modelo *self-in-context* (o sujeito-no-contexto), a educação impacta as capacidades e a agência individuais, afetando sua capacidade de fazer escolhas ao longo da vida. Por exemplo, características do sujeito, como autonomia e resiliência, podem modular o impacto dos contextos nos indivíduos, apoiando-os a superar barreiras contextuais como estresses e ambientes prejudiciais (Feinstein et al., 2006). Essas suposições podem orientar a seleção de canais diretos e indiretos que explicam a influência da educação nos resultados sociais (Feinstein et al., 2006) e também podem servir como ferramenta para pesquisa quantitativa e qualitativa. A consideração de como os fatores ambientais se relacionam com o desenvolvimento humano parece particularmente valiosa em cenários com altos níveis de desigualdade, como no Brasil, e, por extensão, nos contextos nos quais as escolas participantes deste estudo estão situadas.

Figura 2 – "Modelo conceitual básico das influências nos resultados sociais"

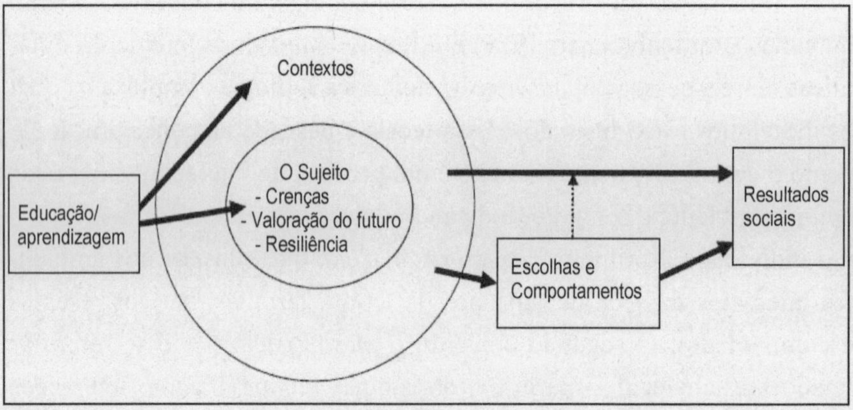

Fonte: OECD, 2007, p. 56, adaptado de Feinstein, 2006 (tradução nossa).

O terceiro modelo conceitual foi apresentado por Dijkstra, Motte e Eilard (2014) em "Resultados Sociais da Educação – A avaliação dos resultados sociais e a melhoria das escolas por meio de supervisões escolares" (Dijkstra; Motte, 2014). Os autores definem os resultados sociais da educação como "seus benefícios individuais e coletivos para a interação interpessoal nos domínios não econômicos da vida" (Dijkstra et al., 2014,

p. 39). Com base em Dijkstra (2012), o modelo distingue entre resultados diretos da educação, que são considerados as competências aprendidas por meio da educação, e resultados indiretos, que são os benefícios gerados pelo efeito sobre outros domínios da sociedade mais ampla. Este modelo (Figura 3) classifica os resultados sociais da educação em três principais categorias: retornos sociais (benefícios individuais que impactam o domínio social, como melhoria no nível de escolaridade da próxima geração, bem-estar e saúde, e maior expectativa de vida), capital social/coesão social (benefícios coletivos que "mantêm as coisas unidas", como promover a participação social e a confiança social) e competências sociais (conhecimentos, habilidades, valores e crenças individuais vinculados aos papéis sociais que afetam a forma como as pessoas vivem juntas).

Este modelo começa com as funções escolares para refletir sobre os resultados da educação, destacando a importância do papel de socialização da educação, que, muitas vezes, é negligenciado em comparação com seu propósito de aprendizagem de conteúdos. Segundo os autores, tanto as competências cognitivas quanto as sociais podem impactar os efeitos indiretos da educação, que estão relacionados aos benefícios sociais individuais e coletivos. Utilizando este framework, Dijkstra et al. (2014) exploraram como as supervisões escolares podem medir a eficácia escolar em promover esses benefícios sociais, incluindo a observação de aspectos da escola como o clima da sala de aula e as oportunidades de prática dentro e fora das escolas.

Figura 3 – "Modelo conceitual: Resultados sociais da educação"

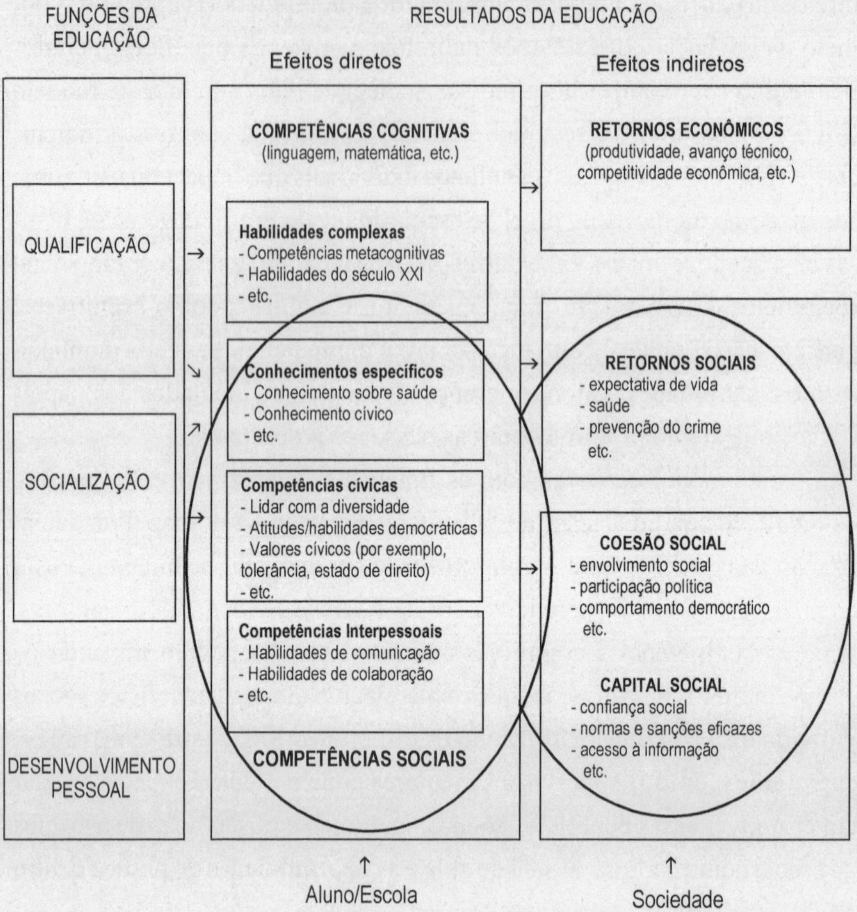

Fonte: Dijkstra et al., 2014, p. 38 (tradução nossa).

Os três modelos – de Schuller (2004), Feinstein et al. (2006) e Dijkstra et al. (2014) – são representativos de esforços teóricos e conceituais recentes para aprimorar a compreensão e o desenvolvimento de métodos para estudar os resultados sociais da educação como um amplo campo de pesquisa, e não apenas de dimensões sociais específicas como saúde ou engajamento e participação política. Esta abordagem geral tem importantes implicações para as políticas públicas, incluindo a criação de instrumentos e indicadores para avaliar os resultados sociais da educação e as questões filosóficas relacionadas ao papel da educação e as estratégias e práticas para alcançar seus objetivos.

Apesar de adotarem abordagens diferentes, os três modelos revisados (Schuller, 2004; Feinstein et al., 2006; Dijkstra et al., 2014) sugerem aspectos conceituais comuns na compreensão dos resultados sociais da educação e fatores que com eles interseccionam. Por exemplo, tanto Schuller (2004) quanto Feinstein et al. (2006) reconhecem os resultados sociais como capacidades que influenciam a agência individual e a tomada de decisões. Tanto o modelo de Feinstein (2006) quanto o de Dijkstra et al. (2014) incorporam os fatores que acreditam como de relevante impacto para os resultados sociais, tendo o primeiro autor enfatizado a importância do contexto mais amplo do indivíduo e o último, o impacto dos fatores escolares. Além disso, os modelos também convergem nos tipos de resultados sociais em estudo, como engajamento social e político e saúde (Schuller, 2004; Dijkstra et al., 2014).

Desafios de medição

Em uma das primeiras publicações a discutir sistematicamente a relevância e os desafios da pesquisa sobre os benefícios sociais da educação, Arrow (1997) refletiu criticamente sobre o conceito e suas questões de medição. O autor questiona quão pertinente é a proposição do campo dos estudos econômicos de expressar benefícios em termos monetários para analisar políticas relacionadas a bens públicos. Ele argumenta que as complexidades de se compararem benefícios sociais com dinheiro e a natureza política do processo de tomada de decisão relacionado a políticas públicas tornam tal análise apenas parcialmente definida pela investigação quantitativa de custo-benefício. O autor destaca a natureza processual do processo político, que ocorre ao longo do tempo e envolve diálogo, e a possibilidade de se identificarem valores. Da mesma forma, Schuller (2017) observou que alguns resultados de aprendizagem podem ser quantificados e monetizados, mas enfatiza a importância de efeitos intrínsecos mais amplos que são cruciais, mas não mensuráveis. Isso sublinha tanto os desafios quanto a importância deste estudo, pois ele emprega uma perspectiva qualitativa para capturar os resultados sociais conectados às vidas reais, que nem sempre são quantificáveis.

De forma relacionada a essa reflexão, é importante enfatizar que a medição de indicadores sociais é intrinsecamente desafiadora e o uso de estatísticas sociais para apoiar intervenções políticas é relativamente novo em comparação com o uso de estatísticas econômicas (Hall; Matthews, 2008). Apesar de avanços recentes na coleta de dados, ainda há falta de dados sobre questões sociais e inconsistências em suas medições. A escolha de construtos e medições usadas em indicadores de bem-estar também é criticada por frequentemente não capturar sua natureza multidimensional (Gutnam et al., 2010). Além disso, conectar indicadores sociais e dados educacionais é mais difícil do que conectar aspectos econômicos como renda e produtividade, o que pode ser uma das razões pelas quais os resultados sociais da educação podem ser considerados negligenciados em comparação com seus resultados econômicos, como renda e produtividade (Grossman, 2015).

Como brevemente mencionado em seções anteriores, pesquisadoras/es da área também indicam como um grande problema metodológico da pesquisa sobre os resultados sociais da educação a falta de consideração da qualidade escolar, incluindo aspectos como as perspectivas pedagógicas adotadas, o conteúdo curricular e as formas de organizar e administrar escolas (por exemplo, Behrman et al., 1997; Desjardins; Schuller, 2006; Feinstein et al., 2006; Schulz et al., 2016; Campbell, 2022). Apesar do progresso, grande parte da evidência sobre os efeitos da educação nos resultados sociais ainda é avaliada em termos de anos de escolaridade (Campbell, 2022). O foco na escolarização ignora muitos aspectos relacionados à qualidade da escola e pode não proporcionar uma compreensão mais ampla dos resultados sociais associados à educação, tendendo à rejeição de evidências qualitativas e perspectivas teóricas que poderiam contribuir para a melhor compreensão dos vínculos entre educação e resultados sociais (Desjardins; Schuller, 2006; Grossman, 2015; Campbell, 2022).

A literatura também problematiza acerca dos desafios de se determinarem relações de causalidade entre educação e resultados sociais.

Embora estudos tenham encontrado correlações entre educação e vários resultados sociais, como expectativa de vida, satisfação com a vida, participação eleitoral e engajamento social (OECD, 2012), a tarefa de estabelecer causalidade, em vez de associação, é amplamente reconhecida como desafiadora (Feinstein et al., 2006; Hamad et al., 2018). Por exemplo, a relação entre educação e saúde pode ser complexa, com potencial para causalidade reversa devido a fatores não medidos como status socioeconômico. Estabelecer relações causais também pode ser difícil ao considerar a participação política e o engajamento social. Schuller (2004) destaca que pode ser desafiador separar a combinação de interações entre fatores que contribuem para o desejo de engajamento, o ato de participar e os resultados identificados.

Para ir além das limitações dos dados quantitativos usados para pesquisar os resultados sociais da educação, pesquisadores têm sugerido o maior uso de abordagens qualitativas. Expandir os dados para ir além dos anos de escolaridade para fazer conexões entre educação e questões sociais tem sido visto como um apoio crucial para uma compreensão mais abrangente do assunto (Desjardins; Schuller, 2006; Campbell, 2006; Schulz et al., 2016; Campbell, 2022). Estudiosos/as defendem a importância de pesquisas focadas na exploração das dimensões qualitativas de aprendizagem e experiências escolares, capturando outros aspectos dos contextos de aprendizagem, como conteúdo educacional e método pedagógico (OECD, 2007; Grossman, 2015).

Em síntese, os capítulos 1 e 2 da Parte I deste estudo exploraram a literatura sobre educação integral cidadã no Brasil e resultados sociais da educação, que constituem dois tópicos inter-relacionados e importantes para a discussão das questões de pesquisa apresentadas. Em específico, examinaram-se seis pilares que sustentam e diferenciam o conceito de educação integral cidadã, abrangendo elementos como educação para democracia e cidadania, integração com a comunidade e o território, bem como abordagens e práticas pedagógicas inovadoras. Destacou-se a importância da observação de experiências educacionais não tradicionais como uma forma de se entender o impacto da educação nos resultados sociais. A revisão da literatura também revelou que, embora tenha havido avanços teóricos na compreensão dos resultados sociais da educação nas últimas décadas, ainda há muitas questões a serem respondidas quanto à sua avaliação. Por isso, uma abordagem qualitativa poderia oferecer contribuições valiosas. Nesse sentido, buscando contribuir para a superação de lacunas relacionadas a esta área de investigação, este estudo concentra-se em explorar casos de escolas não tradicionais, sua conexão com a educação integral cidadã e os resultados sociais resultantes de suas estratégias. Por fim, vale mencionar que estes capítulos iniciais buscaram fornecer base para as abordagens conceituais e teóricas que serão exploradas no próximo capítulo.

3
PERSPECTIVAS TEÓRICAS E METODOLÓGICAS

Este estudo fundamenta-se em teorias e conceitos diversos adotados para explorar as questões de pesquisa propostas. Este capítulo explora como a revisão da literatura sobre a perspectiva da educação integral cidadã e sobre os resultados sociais da educação informa o desenho e a análise da pesquisa por meio de conceitos e perspectivas teóricas a eles relacionados. Além disso, apresenta um quadro conceitual desenvolvido a partir de fatores escolares observados na literatura como influentes sobre a qualidade social das escolas, a fim de estabelecer e organizar os elementos de interesse neste estudo. Finalmente, este capítulo apresenta uma representação visual do quadro conceitual que fundamenta a pesquisa.

Perspectivas teóricas

A perspectiva da educação integral cidadã constitui um importante ponto de referência conceitual para subsidiar a construção do desenho desta pesquisa, incluindo aspectos como a seleção de casos, o protocolo de entrevistas e outros relacionados à produção e à análise de dados. Além disso, os seis pilares da educação integral cidadã discutidos no Capítulo 1 da Parte I foram usados para identificar padrões, temas principais e categorias para abordar a primeira questão de pesquisa. Como será explorado em maior profundidade na Parte II deste estudo, a análise será realizada para examinar até que ponto as principais estratégias educacionais adotadas pelas três escolas participantes se relacionam com os seis elementos apontados como pilares da educação integral cidadã. Para alcançar esse objetivo, realizo uma avaliação indutiva – *bottom-up,* de baixo para cima – das principais estratégias em relação aos seis pilares e também conduzo uma análise temática das estratégias observadas, com o intuito de demonstrar como elas são implementadas na prática escolar.

Para abordar a segunda questão de pesquisa, que investiga os resultados sociais da educação nas três escolas participantes, este estudo se baseia em três aspectos principais relacionados à literatura sobre resultados sociais da educação discutidos no Capítulo 2 da Parte I. Em primeiro lugar, ressalta-se que a categorização dos resultados em termos de seu impacto em diferentes níveis (ou seja, micro, meso e macro) apresentada por outros pesquisadores/as (Mainguet; Baye, 2006) informa o escopo da análise, que terá foco nos resultados no nível dos indivíduos (micro) e das comunidades (meso). O desenho qualitativo de pesquisa de estudo de caso adotado contribui para a observação de unidades menores de análise e apenas sugere conexões potenciais com resultados sociais mais amplos da sociedade.

Em segundo lugar, este estudo se baseia em trabalhos anteriores revisados no Capítulo 2 da Parete II para identificar dois tipos de resultados como foco principal de investigação – saúde e bem-estar, e cidadania e engajamento social e político –, sem prejuízo de que outros resultados surjam a partir da análise de dados. Para explorar a dimensão da saúde, o estudo faz referência às definições apresentadas da literatura para adotar definição ampla de saúde e bem-estar e considerar a presença de resultados mediadores que vinculam os resultados educacionais à melhoria da saúde e do bem-estar. Para informar o trabalho de campo e os protocolos de entrevistas, o estudo também se fundamenta na revisão da literatura sobre cidadania e engajamento social e político explorada no Capítulo 3. O foco principal da consideração da educação para a cidadania está nas dimensões de atitudes e engajamento, pois uma investigação abrangente dos níveis de conhecimento excederia o escopo do desenho de pesquisa adotado por este estudo.

Vale ressaltar que, embora os conceitos explorados na revisão dos resultados sociais da educação e da educação integral cidadã consistam em referências relevantes para a abordagem teórica aqui adotada, este estudo priorizou a análise indutiva dos dados, no sentido de permitir a observação de estratégias e resultados para além daqueles abarcados pela revisão da literatura. Por exemplo, apesar de considerar saúde e bem-estar, e cidadania e engajamento social e político como referências de dimensões sociais para realizar os trabalhos de campo e as entrevistas, a construção de conjunto mais abrangente de resultados sociais foi considerada como possibilidade do trabalho de codificação de temas e categorias interpretadas durante a análise dos dados.

Em terceiro lugar, os três modelos sobre resultados sociais revisados no Capítulo 3 desta Parte I, embora não desenvolvidos especificamente para o estudo de escolas não tradicionais, fornecem referências úteis para a pesquisa sobre os resultados sociais da educação. Por exemplo, o modelo de Schuller (2004) informa este estudo sobre a interconexão entre diferentes tipos de capitais para a geração de resultados sociais (ou seja, capital social, capital identitário e capital humano); o modelo de Feinstein destaca a importância de considerar tanto o sujeito quanto as camadas múltiplas da ecologia em que o indivíduo está inserido (Bronfenbrenner, 1979) para entender os resultados sociais; e o modelo de Dijkstra et al. (2017) ressalta a importância de diferentes fatores escolares, como o clima escolar e as oportunidades educacionais dentro e fora das escolas.

Um modelo conceitual de fatores escolares relacionados à qualidade social das escolas

Desde a publicação do célebre relatório *Equality of Educational Opportunity* (Igualdade de Oportunidades Educacionais), do estado-unidense James S. Coleman, em 1966, quantidade significativa de pesquisas foi dedicada ao estudo da eficácia das escolas na melhoria da aprendizagem dos/as estudantes. Muitos estudos levantaram evidências importantes acerca de como fatores relacionados estritamente à escola – ou seja, independentemente dos fatores externos a ela, como, por exemplo, aspectos socioeconômicos das famílias dos estudantes – influenciam os resultados de aprendizagem (por exemplo, Scheerens; Bosker, 1997; Scheerens; Luyten; Steen; Luyten-de Thouars, 2007; Townsend, 2007; conforme citado por Dijkstra, 2015). Por outro lado, há ainda muito espaço para a investigação acadêmica sobre os fatores escolares que impactam os resultados sociais da educação. Mais ainda, faz-se necessário avançarmos no exame dos resultados sociais do ponto de vista de uma outra educação, como a da perspectiva da educação integral cidadã tratada neste estudo.

Para explorar essa lacuna, este estudo buscou referências na literatura acerca dos fatores escolares relacionados à qualidade social das escolas, com o objetivo de se formular o quadro conceitual que orientará a análise da questão de pesquisa centrada nos resultados sociais da educação. Enfatizando o foco nos resultados sociais da educação, esta pesquisa baseia-se no conceito de *qualidade social das escolas* trazido por estudos anteriores sobre o tema (Dijkstra et al., 2014), aqui compreendido como a qualidade dos fatores escolares que contribuem para a construção de resultados sociais para estudantes, professoras/es, funcionárias/os e a comunidade local.

Ademais, resultados de pesquisas anteriores sobre os benefícios sociais gerados pelas escolas fundamentaram o desenvolvimento do quadro conceitual apresentado pela Figura 4, que guiará a análise dos casos de escolas participantes deste estudo. Cabe enfatizar a observação, já anteriormente realizada, de que as pesquisas sobre resultados sociais da educação geralmente se concentram em escolas regulares, em vez de escolas inovadoras. Para minimizar essa limitação e alinhar-se com a natureza indutiva deste estudo, o modelo não restringirá os processos de coleta e análise de dados, permitindo a emergência de outros fatores escolares por meio de uma análise *bottom-up,* de baixo para cima. Os parágrafos a seguir discutem e apresentam brevemente cada um dos fatores escolares a serem considerados.

Clima e cultura escolar

Pesquisas anteriores enfatizam que o clima escolar constitui elemento crucial a fomentar resultados educacionais no domínio social, especialmente para aprimorar competências relacionadas ao exercício da cidadania (Schulz et al., 2016; Campbell, 2022). Experiências no ambiente escolar como discussões livres e abertas em sala de aula, processos democráticos e coletivos de tomada de decisão, e experiências positivas relacionadas à diversidade que previnem a intimidação e o assédio escolar (*bullying*) e outros tipos de violência relacionados à identidade ou opiniões de uma pessoa podem desempenhar papel importante na promoção da cidadania e aspectos relacionados, como empatia e respeito à diversidade.

O clima escolar está intimamente relacionado à cultura escolar, conceito também relevante para este estudo, que pode ser definido como "os pressupostos básicos, normas e valores, e artefatos culturais compartilhados pelos integrantes da escola, e que influenciam seu funcionamento na escola" (Maslowski, 2001, p. 5). De fato, pesquisas sobre as relações entre educação e engajamento social e participação política (Schulz et al., 2016; Mellet, 2022) sugerem que um clima escolar aberto é mais importante do que a instrução convencional em sala de aula para a realização de resultados nestas esferas. Estudos focados na participação eleitoral, por exemplo, atribuem muito menos importância ao conteúdo sobre cidadania ensinado em aulas tradicionais do que às experiências relacionadas aos aspectos de hierarquia e autoridade dentro das escolas (Bruch; Soss, 2018). Ao examinar práticas disciplinares em escolas secundárias, Bruch e Soss (2018) descobriram que estudantes que experimentaram disciplina punitiva e arbitrária demonstraram menor confiança no governo e menor propensão a votar quando adultos. Além disso, pesquisadores/as discutindo o aspecto democrático da educação (por exemplo, Apple; Bean, 2007) sugerem que estudantes que experimentam um clima e cultura escolar participativos e inclusivos são mais propensos a aprender valores e comportamentos democráticos.

Currículo (ampliado e integrado)

Na literatura internacional, uma das variáveis escolares mais investigadas quando se busca compreender os fatores que afetam os resultados sociais da educação é a existência de disciplinas ou tópicos específicos do currículo formal, tais como "educação para a cidadania" e "educação cívica" – termo utilizado na literatura internacional, mas evitado neste trabalho para o contexto brasileiro conforme mencionado anteriormente. O estudo ICCS 2016, que investigou resultados educacionais cívicos e para a cidadania em vários países, observou pelo menos três abordagens principais comumente implementadas. Alguns sistemas educacionais o apresentam como um assunto obrigatório ou opcional (isolado) no currículo nacional; outros países ou regiões o têm em uma abordagem integrada a outras disciplinas; e uma terceira abordagem o inclui como um tópico transversal, chamado de *whole school approach* (abordagem de educação holística ou integral) (Schulz et al., 2018).

As evidências disponíveis sobre estas abordagens revelam que a inclusão do tema no currículo pode apresentar resultados distintos dependendo do aspecto específico sobre o tema da cidadania em questão, bem como do contexto do estudante. Por exemplo, enquanto pesquisas não encontraram muitas evidências sobre a eficácia do ensino convencional de cidadania especificamente em relação ao voto (Campbell, 2022), um impacto positivo relatado pela literatura (Gainous; Martens, 2012) está na ampliação do conhecimento político e do engajamento político, especialmente entre estudantes pertencentes a grupos minoritários.

No Brasil, a diversificação do currículo para incluir aspectos múltiplos da formação humana (como a cultural, a artística, a física e a emocional), bem como sua construção de forma ancorada e dialogada com a realidade social e cultural do território constituem aspectos centrais da perspectiva de uma educação que visa ao desenvolvimento integral dos/as estudantes. Como argumenta Arroyo (2012), o alargamento do currículo relaciona-se com o alargamento da função da escola no sentido de se alcançar um projeto educacional que "articule o direito ao conhecimento, às ciências e tecnologias com o direito às culturas, aos valores, ao universo simbólico, ao corpo e suas linguagens, expressões, ritmos, vivências, emoções, memórias e identidades diversas" (p. 43). Na educação integral, o currículo deve envolver a ressignificação dos tempos, espaços e experiências, a partir do diálogo com as organizações sociais e culturais do território, incluindo aspectos múltiplos da organização educacional, tais como a matriz curricular, a forma de organização da escola e do trabalho docente, as metodologias, os materiais didáticos disponíveis, e a avaliação (São Paulo, 2020).

Atividades diversificadas, projetos sociais e aprendizagem em serviço

A literatura sobre os efeitos mais amplos da educação enfatiza que atividades "extracurriculares", ou "diversificadas", fomentadas pela escola ou criadas no ambiente escolar – como grêmios estudantis, atividades culturais, artísticas, esportivas, grupos e clubes de discussão sobre temas de inclusão e diversidade na escola, e projetos sociais conectados à comunidade – podem exercer uma influência importante no engajamento social e político dos jovens (Campbell, 2006; Mellet, 2022).

Importante ressaltar que o termo "atividade diversificada" e "extracurricular" é empregado na literatura existente, mas, coerentemente com a abordagem de educação integral anteriormente exposta, a análise deste estudo não entende essas atividades como desconectadas do currículo e dos objetivos de aprendizagem e desenvolvimento integral. No escopo deste trabalho, para fins de clareza e correspondência com a realidade atual da organização das escolas, será usado o termo "atividades diversificadas", com a ressalva de que o currículo de uma educação integral também se faz por meio da integração – e não da fragmentação – de conteúdos e de estratégias para o desenvolvimento integral.

Além disso, o desenvolvimento de projetos sociais e a aprendizagem em serviço – que também é referida na literatura como voluntariado comunitário ou serviços sociais – como formas de engajamento que podem resultar em oportunidades de aprendizagem relacionadas ao domínio social. A partir dessa diversificação curricular e de experiências, bem como do desenvolvimento de projetos sociais e da aprendizagem em serviço, os/as estudantes podem desenvolver habilidades relacionadas a aspectos como comunicação, socialização e implementação de projetos coletivos. Além disso, podem desenvolver sensibilidade social para entender melhor as experiências e pontos de vista de outras pessoas (Campbell, 2006; Mellet, 2022).

Professoras/es e relacionamentos

Tanto a qualidade pedagógica e socioemocional dos docentes (Jennings; Greenberg, 2009) quanto os relacionamentos estabelecidos no nível escolar entre os/as diversos/as integrantes da escola e as/os estudantes (Gutman; Brown, 2008) são apontados pela literatura como importantes fatores associados aos resultados sociais da educação.

Além das competências das/os professoras/es no domínio cognitivo, que não devem ser desprezadas como um aspecto relevante da qualidade escolar, também é crucial destacar as competências sociais e emocionais das/os professoras/es para garantir um clima escolar positivo para resultados sociais como bem-estar dos/as estudantes e educação para a cidadania. As características sociais e emocionais das/os professoras/es podem fornecer o apoio de que os/as estudantes precisam para construir relacionamentos positivos e lidar com situações de conflito, promover a motivação intrínseca, incentivar a cooperação, bem como servir como referenciais para cultivar respeito e habilidades comunicativas. Rinnooy Kan e colegas (2021) também enfatizam a relevância das competências das/os professoras/es para lidar com diferenças e promover o respeito à diversidade. Os autores destacam que mais pesquisas são necessárias sobre o treinamento eficaz de professoras/es no domínio social, especialmente para considerar as diferenças contextuais que afetam a eficácia do treinamento para diferentes docentes e grupos de estudantes e contextos.

Pedagogias

Os métodos e práticas pedagógicas adotados por escolas e docentes para alcançar os objetivos de aprendizagem almejados podem afetar profundamente os resultados acadêmicos e sociais da escola. Evidências revelam que características como o nível de hierarquia nas interações entre docentes e estudantes e na construção do conhecimento são ilustrativas de elementos que impactam os resultados sociais das escolas. Por exemplo, Hammond (2004) encontrou diferenças entre os resultados de bem-estar e saúde para as/os estudantes que experienciaram perspectivas pedagógicas mais centradas no estudante em comparação com métodos de ensino tradicionais. Com base em abordagem qualitativa para investigar os resultados de bem-estar e saúde de experiências de aprendizagem de adultos, o autor sugere que as pedagogias escolares devem atender às habilidades, interesses e necessidades dos/as estudantes para serem eficazes e promover resultados sociais. No que diz respeito à promoção do respeito à diversidade e outras questões sociais, Janmaat (2022) afirma que uma abordagem democrática que valorize discussões e interações abertas em sala de aula pode ter um maior impacto nas visões e comportamentos dos/as estudantes.

Diversidade na escola

Este elemento refere-se à diversidade de uma escola em termos das características de seus integrantes, como status socioeconômico, origem étnico-racial e orientação sexual. De fato, a literatura que discute aspectos que promovem a eficácia da educação para a cidadania tem prestado mais atenção à variável de composição escolar e estratégias de aprendizagem para lidar com as diferenças (por exemplo, Preston; Green, 2003; Rinnooy Kan et al., 2021; Janmaat, 2022).

Uma revisão da literatura feita por Janmaat (2022) sobre a associação entre ambientes escolares diversos e atitudes respeitosas em relação a minorias raciais e étnicas encontrou divergências entre os estudos, pois alguns não encontraram relação (por exemplo, Kokkoen et al., 2010) e outros observaram uma associação positiva entre ambientes escolares diversos e atitudes respeitosas em relação a minorias raciais e étnicas (por exemplo, Bubritski et al., 2018). O autor enfatiza o papel de pesquisas futuras em aumentar os esforços rigorosos para observar o efeito da dependência de ambientes diversos em aspectos como frequência, tipo e qualidade de contatos interétnicos.

Atividades e experiências informais

Para elaborar sobre a noção de aprendizagens derivadas de "atividades e experiências informais", Scheerens (2011) identificou três cenários arquetípicos que poderiam produzir incidentes significativos relacionados a esses eventos casuais. A primeira situação envolve aprendizagem derivada de situações de conflito em escolas, que podem surgir entre estudantes ou podem envolver professoras/es e outros integrantes da comunidade escolar. O segundo cenário diz respeito a situações em que os/as estudantes encontram diferenças culturais, o que pode envolver vários integrantes da comunidade escolar. O autor observa que a aprendizagem pode ser alcançada quando estudantes convivem com valores que conflitam ou coincidem com os seus próprios nesses cenários. O terceiro envolve regulação e auto-organização ao participar de trabalhos estudantis colaborativos ou qualquer outra atividade na escola com os colegas. De acordo com Scheerens (2011), os/as estudantes aprendem com atividades e experiências informais por meio de autorreflexão, diálogo e observação de discursos de outros interessados na escola.

Uma perspectiva da teoria crítica também pode agregar a esta noção de atividades e experiências informais com o conceito de "currículo oculto", que se relaciona a valores e normas não oficiais que os/as estudantes experimentam na escola e que acabam aprofundando a reprodução de desigualdades pelas escolas (Apple, 1979). De acordo com Apple, essas normas sociais representam ideologias que restringem a capacidade dos/as estudantes e professoras/es de desafiar formas dominantes de conhecimento e realidades sociais.

Para resumir este capítulo, o quadro representado na Figura 4 representa a interação entre perspectivas teóricas e conceituais-chave para discutir as questões de pesquisa propostas.

Para abordar a questão de pesquisa 1 (estratégias de educação integral cidadã), as estratégias escolares relacionadas aos seis elementos ou pilares da educação integral cidadã serão identificadas em um processo no qual o quadro de fatores escolares também funcionará como ponto de referência para a definição de aspectos a serem examinados. Portanto, será observada uma interseção entre essas duas referências conceituais.

Para abordar a questão de pesquisa 2 (resultados sociais da educação), aspectos como saúde/bem-estar, cidadania e engajamento social e político, e outros resultados relevantes que possam surgir da análise de dados serão examinados. Por fim, será fornecida uma organização sistemática dos principais fatores escolares relacionados às estratégias destinadas a alcançar os resultados sociais identificados nas escolas participantes. É importante notar que o modelo *self-in-context* (sujeito-no-contexto) e a teoria ecológica de Bronfenbrenner, como explorados neste capítulo, fornecem elementos importantes para a consideração de como os fatores ambientais se relacionam com o desenvolvimento humano. Isso parece particularmente valioso em cenários com altos níveis de desigualdade, como no Brasil, e, por extensão, nos contextos em que as escolas participantes estão situadas. De fato, essa perspectiva é útil para informar o processo analítico desenvolvido para responder não apenas às perguntas de pesquisa 1 e 2, mas também para explorar as implicações políticas abordadas no capítulo conclusivo deste estudo.

Figura 4 – Quadro conceitual

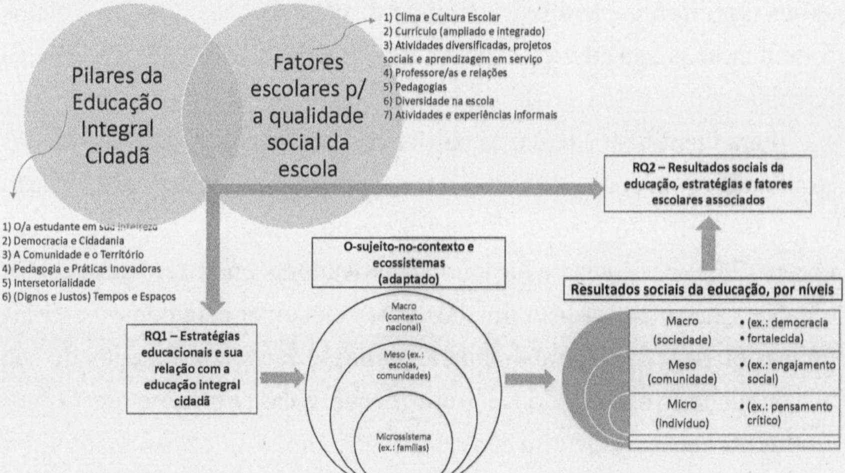

Fonte: Elaboração da autora.

Notas metodológicas

Este estudo emprega abordagem qualitativa exploratória de casos múltiplos, abrangendo três escolas brasileiras que se alinham à perspectiva não tradicional de educação. Para descrever os métodos utilizados, esta seção explica os critérios e o processo envolvido na identificação dos casos que participaram do estudo. Apresenta ainda informações sobre o contexto das escolas em termos de sua localização, características das comunidades circundantes e do funcionamento da escola e da população estudantil. Além disso, esta seção apresenta detalhes sobre o processo de produção e análise de dados, bem como reflexão sobre minha posicionalidade[10].

Seleção dos Casos

A seleção das escolas participantes deste estudo foi desenhada por meio de amostragem intencional não probabilística, com o objetivo de identificar e compreender casos específicos que pudessem fornecer contribuições valiosas para o tema pesquisado (Patton, 2015). As escolas foram selecionadas com base nos seguintes critérios: seu reconhecimento como instituições que implementam uma abordagem não tradicional de educação e potencialmente alinhadas à educação integral cidadã, sua natureza pública ou sem fins lucrativos, o tempo de consolidação de seus projetos não tradicionais e sua diversidade em termos de etapas da educação básica oferecidas.

Para identificar as escolas participantes, consultei a lista de escolas classificadas pela chamada pública Inovação e Criatividade na Educação Básica, de 2015, do Ministério da Educação (Brasil, 2015b), que reconheceu 178 experiências educacionais inovadoras em diferentes regiões do país. A partir dessa lista, inicialmente selecionei cerca de 10 escolas públicas ou sem fins lucrativos para avaliação mais aprofundada de sua aplicabilidade ao estudo. Concentrei-me em escolas públicas e sem fins lucrativos porque o estudo visa construir contribuições que possam informar políticas públicas. Além disso, as turmas dessas escolas são geralmente

[10] O termo “posicionalidade”, do inglês positionality, refere-se a conceito que endereça a forma como a identidade e a perspectiva do/a pesquisador/a (incluindo fatores como raça, classe, gênero, sexualidade, etc.) podem afetar suas interpretações e percepções ao longo de seu processo de trabalho (Merriam; Tisdell, 2016). Tal conceito será explorado à frente nesta seção como exercício de reflexão crítica acerca do processo de produção/coleta e análise de dados.

mais representativas das características gerais da população em termos, por exemplo, de diversidade socioeconômica, racial e cultural.

Outro critério de seleção consistiu no grau de consolidação do projeto, a partir do parâmetro de duração do projeto mínima de cinco anos, para garantir que os casos incluíssem escolas com histórico comprovado de realizações e sustentabilidade. A seleção também buscou atender ao propósito de envolver escolas de diferentes etapas e modalidades, incluindo ensino fundamental, ensino médio e educação de jovens e adultos – a educação infantil não foi incluída devido às limitações do escopo da pesquisa indicadas no capítulo de Apresentação desta publicação e nos parágrafos a seguir, mais especificamente à impossibilidade de incluir mais do que três escolas devido às restrições impostas pelo fechamento no período da pandemia. Tal seleção visou à observação das potencialidades e limitações da implementação da perspectiva da educação integral em diferentes etapas e na educação de jovens e adultos.

Em seguida, revisei a literatura disponível sobre esses casos de escolas não tradicionais pré-selecionadas para verificar sua relação mínima com os elementos de educação integral cidadã discutidos no Capítulo 1 da Parte I. Selecionei então as três escolas a seguir, que autorizaram e apoiaram fortemente o desenvolvimento deste estudo: Escola Municipal de Ensino Fundamental Presidente Campos Salles, uma escola pública de ensino fundamental (do 1º ao 9º ano) em São Paulo; o Centro Integrado de Educação de Jovens e Adultos Campo Limpo (CIEJA-Campo Limpo), uma escola pública de ensino fundamental (do 1º ao 9º ano) para educação de adultos e jovens em São Paulo; e a Escola SESC de Ensino Médio, uma escola de ensino médio sem fins lucrativos e gratuita no Rio de Janeiro (RJ), financiada pelo Serviço Social do Comércio (SESC), instituição que opera no interesse público[11].

---

[11] Para facilitação da comunicação no escopo deste texto, as três escolas serão aqui referidas como EMEF Campos Salles, CIEJA Campo Limpo e Escola SESC de Ensino Médio.

É importante observar que, embora as características administrativas das escolas difiram – com as duas primeiras sendo escolas públicas e a última uma escola privada sem fins lucrativos –, todas são instituições que apresentam finalidade pública e não cobram taxas de mensalidade. Embora a Escola SESC de Ensino Médio faça exame de admissão para seus estudantes, o processo de seleção prioriza estudantes de famílias que trabalham no setor comercial com vagas também reservadas para estudantes de famílias de baixa renda.

Ainda que o plano inicial deste estudo fosse selecionar uma escola de cada uma das cinco regiões brasileiras, a pandemia de Covid-19 e seus impactos no funcionamento das escolas tornaram necessário modificar o planejamento previsto. O fechamento das escolas entre 2020 e 2021 neste contexto impôs mudança no processo de seleção dos casos a participarem do estudo, que precisou focar em escolas localizadas em São Paulo e no Rio de Janeiro, conforme mencionado anteriormente. Embora tal amostra não inclua escolas de diferentes regiões do país, a abordagem qualitativa adotada oferece oportunidade importante para explorar as questões propostas por esta pesquisa, considerando-se ainda que tais escolas consistem em referências nacional e internacionalmente reconhecidas (Brasil, 2015; Movimento de Inovação na Educação, 2022). O foco em três escolas possibilitou análise detalhada de seus projetos, permitindo número significativo de participantes entrevistados, maior duração do trabalho de campo e a possibilidade de obter insumos profundos sobre as experiências dos casos.

Territórios e contextos

Esta seção apresenta o contexto das três escolas participantes deste estudo, fornecendo informações gerais sobre as características do território e da comunidade na qual a escola se situa.

A escola EMEF Campos Sales está localizada na cidade de São Paulo, nos bairros de São João Clímaco e Heliópolis, que é considerada a maior favela daquele município em termos de território (UNAS, 2022). A escola atende principalmente à comunidade de Heliópolis, que apresenta população de 220 mil pessoas, com mais da metade de sua população composta por crianças e adolescentes (UNAS, 2021). Essa região é considerada área periférica, com acesso mais limitado à infraestrutura e serviços em comparação com áreas de mais alta renda cidade. Apesar de avanços alcançados pela região nas últimas décadas, a comunidade ainda é marcada por significativa vulnerabilidade socioeconômica e por violência policial, que afetam desproporcionalmente os moradores negros e pardos da região (UNAS, 2021).

A EMEF Campos Salles é uma das 502 escolas públicas de ensino fundamental/médio do sistema educacional municipal de São Paulo. Também faz parte de um grupo menor de escolas dentro desse sistema, aquelas com projetos experimentais[12], que incluem seis escolas aprovadas pelo Conselho Municipal de Educação[13]. A escola atende estudantes do 1º ao 9º ano em dois turnos distintos durante o dia (do 5º ao 9º ano das 7h às 12h; 1º ano das 11h40 às 18h40; do 2º ao 4º ano das 13h30 às 18h30) e oferece educação para jovens e adultos à noite (das 19h às 23h) (EMEF Campos Salles, 2021). Com base no Censo Escolar no Brasil para o ano de 2022 (INEP, 2023), a matrícula total foi de 848 estudantes, com uma proporção quase igual de estudantes dos sexos feminino (423) e masculino (425) e uma proporção significativa de estudantes negras/os e pardas/os (37% dos que declararam essa informação). A matrícula foi distribuída em diferentes categorias de "cor/raça" (INEP, 2023), com 0,1% classificados como amarelos/as, 5% como pretos/as, 32% como pardos/as, e 42% como brancos/as. Não houve estudantes que se declararam indígenas, e 175 estudantes (21%) não declararam sua "cor/raça".

---

[12] A Secretaria Municipal de Educação definiu diretrizes para o processo de elaboração e aprovação de projetos especiais/experimentais a serem implementados pelas escolas do sistema municipal de educação. As diretrizes podem ser encontradas na Resolução SME/CME nº 3, de 26 de março de 2020, da Secretaria Municipal de Educação/Conselho Municipal de Educação.

[13] O Conselho Municipal de Educação é constituído por um órgão dedicado a apoiar a Secretaria Municipal de Educação na formulação, implementação e avaliação de políticas públicas. Destina-se a ser um espaço participativo, envolvendo a sociedade civil (São Paulo, 2023).

O Centro Integrado de Educação de Jovens e Adultos Campo Limpo – CIEJA Campo Limpo também está localizado em São Paulo, especificamente no bairro Parque Maria Helena, na região do Capão Redondo. Essa área é caracterizada por uma população de baixa renda, que inclui cerca de 296 mil pessoas, das quais 21% residiam em áreas de favela em 2020 (Rede Nossa São Paulo, 2022). A região do Capão Redondo é conhecida por ser o berço do movimento hip-hop em São Paulo e um local onde várias iniciativas político-culturais revelam a força da cultura periférica na cidade (Rocha, 2012). Apesar da complexificação da estrutura urbana que melhorou o acesso dos moradores a serviços básicos e ao consumo, a região ainda enfrenta desafios sociais e econômicos significativos, exacerbados durante a pandemia de Covid-19 e por desafios econômicos enfrentados pelo país.

O CIEJA Campo Limpo é um dos 16 CIEJAs estabelecidos pela Secretaria Municipal de Educação de São Paulo como uma iniciativa educacional para proporcionar acesso à educação a jovens e adultos que perderam a oportunidade de frequentar a escola. A unidade oferece educação nos níveis fundamental para enfrentar os desafios do analfabetismo e das altas taxas de evasão escolar, que afetam desproporcionalmente a população periférica da cidade (São Paulo, 2020). De acordo com o Censo Escolar no Brasil (INEP, 2023), em 2022, a escola tinha 1.081 estudantes matriculados/as, com maioria de mulheres (62%) e estudantes pardos/as e negros/as – 46% pardos/as, 14% pretos/as, 0,6% amarelos/as, 0,1% indígenas, enquanto 30% são brancos/as e cerca de 9% dos/as estudantes não forneceram informações étnico-raciais. Outro aspecto digno de nota da composição do corpo estudantil é o grande número de estudantes com deficiência, os quais representam cerca de 18% do total. A escola também abraça um programa municipal para mulheres transgênero e um projeto para estudantes em medidas socioeducativas.

Por sua vez, a Escola SESC de Ensino Médio está localizada em Jacarepaguá, bairro do município do Rio de Janeiro conhecido por seus grandes centros de convenções e seu complexo esportivo, que abrigou parte da estrutura para os Jogos Olímpicos de 2016. A escola ocupa uma área de 130 mil metros quadrados (SESC, 2010) e está situada ao lado do bairro Cidade de Deus, conhecido internacionalmente pelo filme de 2002 de mesmo nome, que retratou conflitos e violência resultantes da pobreza, tráfico de drogas e exclusão social na área.

Ao contrário das outras escolas participantes deste estudo, que são legalmente orientadas a matricular estudantes residentes dos bairros próximos, a Escola SESC de Ensino Médio realiza exames de admissão abertos a estudantes de todo o país e tradicionalmente apresenta número menor de estudantes do Rio de Janeiro e das comunidades vizinhas. De acordo com dados do Censo Escolar no Brasil para o ano de 2022 (INEP, 2023), um total de 412 estudantes estava matriculado na escola. Destes, 241 (58%) se identificaram como mulheres e 171 (42%) como homens. Em termos étnicos, 38% se identificaram como brancos/as, 28% como pardos/as, 4% como pretos/as e 0,5% como amarelos/as. Nenhum estudante se declarou indígena. Além disso, 29% dos/as estudantes não declararam sua etnia. Como detalhado na próxima subseção, mudanças recentes no projeto original da escola levaram ao aumento do número de estudantes locais, incluindo aqueles de bairros vizinhos como Cidade de Deus e outras comunidades que enfrentam vulnerabilidades sociais na cidade.

Produção de Dados

O estudo adota uma abordagem exploratória que inclui observações de campo, análise de documentos e entrevistas semiestruturadas com diferentes participantes relacionados às três escolas selecionadas ou especialistas e formuladores/as de políticas que trabalham com o tema da educação integral cidadã. O termo "produção" de dados é usado nesta pesquisa de forma intercambiável com "coleta" de dados para enfatizar a perspectiva de que os dados não são apenas coletados passivamente em uma abordagem neutra, mas produzidos em um processo que envolve as decisões da/o pesquisadora/o e as influências de sua formação.

A análise documental está focada no Plano Político Pedagógico (PPP) de cada escola participante, documento obrigatório por lei, que descreve os objetivos políticos e educacionais e os princípios de uma escola específica. Importante notar que o Projeto Pedagógico Proposto (PPP) da Escola SESC de Ensino Médio foi criado em 2014 e, segundo os participantes, não estava totalmente atualizado quando da realização da análise. Por esta razão, também examinei segmentos de seu Catálogo de Cursos de 2020 (SESC, 2019), conforme elaborado na Parte II desta pesquisa. Além disso, para os fins de revisão da literatura e para informar a descrição histórica e contextual das escolas, também acessei outros tipos de documentos, como relatórios produzidos pela Secretaria Municipal de Educação, sites das escolas e parceiros relacionados, relatórios de atividades das escolas, materiais pedagógicos e fotos que registrei das instalações da escola.

As entrevistas para este estudo são semiestruturadas e focadas em explorar as percepções e as experiências dos participantes relacionadas à abordagem educacional de suas escolas e seus resultados sociais. Foram conduzidas, no total, 51 entrevistas, distribuídas de forma proporcional entre as escolas (Tabela 1). A amostra incluiu 13 estudantes, 12 professoras/es, 9 gestoras/es escolares[14], 2 integrantes de famílias, 6 integrantes da equipe escolar, 2 integrantes da comunidade, 4 funcionários/as públicos da Prefeitura de São Paulo, e 3 especialistas reconhecidas/os envolvidas/os na formulação e implementação de experiências de educação integral que se alinham à perspectiva deste estudo.

Para proteger a privacidade das/os entrevistadas/os, cada participante recebeu um pseudônimo, que não apresenta iniciais ou qualquer outra referência ao seu nome original[15]. Durante o recrutamento das/os

[14] Neste estudo, o termo "gestores/as escolares" refere-se a participantes que estão associados a diversos papéis acadêmicos e gerenciais nas escolas, como diretoras/es, vice-diretores/as e coordenadores/as pedagógicos. Para preservar o anonimato das/os entrevistadas/os, atribuí nomes femininos a todas/os as/os gestores/as escolares, independentemente de sua identidade de gênero. Essa medida foi tomada porque o número de gestores/as escolares é relativamente pequeno em comparação com outros perfis de participantes, como estudantes e professoras/es.

[15] As únicas exceções são os especialistas Jaqueline Moll e Tião Rocha, que autorizaram o uso de seus nomes reais em vez de pseudônimos.

entrevistadas/os, reconheci a necessidade de fornecer uma pequena compensação financeira de aproximadamente R$ 150,00 para os/as estudantes adultos/as, de idade superior a 18 anos. Essa ajuda de custo foi destinada a compensar eventual perda de renda resultante do tempo que dedicaram à entrevista. Um total de seis estudantes se beneficiou dessa compensação, incluindo cinco do CIEJA Campo Limpo e um ex-estudante da EMEF Campos Salles.

Os/as participantes das entrevistas foram selecionados/as intencionalmente para garantir amostra representativa de indivíduos que estavam cientes dos projetos escolares e de seus resultados. Para identificar potenciais participantes, pedi aos gestores/as da escola recomendações de pessoas que estivessem familiarizadas com os projetos e demonstrassem engajamento neles. Além disso, solicitei que a indicação considerasse a importância de o recrutamento ocorrer da forma mais proporcional possível em termos de gênero, raça/etnia, nível de série e idade (principalmente no caso de estudantes e professoras/es).

As entrevistas foram conduzidas por formato semiestruturado, com lista preparada de perguntas abertas, para permitir que novas perspectivas e temas surgissem (Merriam; Tisdell, 2016). Elas foram gravadas em áudio com o consentimento dos participantes e tiveram duração média de 1h35 cada uma. Devido ao contexto da pandemia de Covid-19, 44 entrevistas foram conduzidas por ferramentas on-line nesta fase de coleta de dados. Encontrei os outros 7 entrevistados pessoalmente no período de trabalho de campo nas escolas.

Tabela 1 – Quantidade de entrevistado/as por escola

	Estudantes		Docentes	Funcionários/as	Gestores/as		Comunidade	Família	Funcionários do governo	Especialistas	Total
	Atuais	Ex-alunos/as			Atuais	Ex-gestores/as					
Campos Salles	2	2	5	0	1	3	1	1	2		*17*
CIEJA CL	2	3	3	2	2	1	0	0	2		*15*
Escola SESC	2	2	4	4	2	0	1	1	0		*16*
										3	*3*
Total	*6*	*7*	*12*	*6*	*5*	*4*	*2*	*2*	*4*		*51*

Além de documentos e entrevistas, este estudo também incluiu observações de campo realizadas durante aulas ou atividades pedagógicas dos/as estudantes na escola e/ou no território; reuniões participativas como as do Conselho Escolar e as das Associações de Estudantes; reuniões de formação e planejamento de professoras/es e equipe; atividades desenvolvidas em parceria com a comunidade local e outras. Participei de um total de 129,5 horas nas três escolas participantes, o que significa aproximadamente 43 horas de atividades por escola (Tabela 2). As observações de campo foram realizadas entre sete e dez dias por escola, além de eventos específicos aos quais compareci em momentos distintos, como a Caminhada pela Paz em Heliópolis discutida no próximo capítulo. O foco das observações se deu sobre tópicos emergentes e práticas relacionadas às questões de pesquisa deste estudo e aos referenciais teóricos apresentados. Em outras palavras, tópicos conectados aos seis pilares da educação integral cidadã, aos resultados sociais e aos fatores escolares para a qualidade social. Durante as observações, registrei comportamentos, interações, dinâmicas de sala de aula, discursos e percepções das/os participantes, e outros aspectos relacionados ao clima escolar, ao currículo, à composição escolar e outros. Fotos foram registradas como forma de documentar o ambiente.

As observações de campo foram realizadas entre abril e junho de 2022, quando o contexto da pandemia de Covid-19 era considerado mais seguro no Brasil. A maioria das escolas públicas do país reabriu parcialmente por volta de setembro de 2021 e totalmente (para todos os/as estudantes e integrantes da equipe) em fevereiro de 2022.

Tabela 2 – Observações de campo por estudo de caso

	Aulas	Reunião do Conselho Escolar	Reunião do Grêmio Estudantil	Formação de docentes / Reunião de planejamento	Atividades diversificadas na escola	Atividades diversificadas no território	Reunião do Conselho de Classe (docentes)	Total
Campos Salles	25 horas	2,5 horas	2 horas	3 horas	3 horas	8,5 horas		*44 horas*
CIEJA CL	19 horas	2 horas		3.5 horas	6 horas	15 horas		*45,5 horas*
Escola SESC	20 horas		2 horas	1,5 horas	14,5 horas		2 horas	*40 horas*
Total	*64 horas*	*4,5 horas*	*4 horas*	*8 horas*	*23,5 horas*	*23,5 horas*	*2 horas*	*129,5 horas*

Análise de dados

A análise do estudo baseia-se em abordagem indutiva, implementada por meio de processo de codificação *bottom-up* (de baixo para cima) para gerar categorias e temas (Saldaña, 2016). A abordagem analítica para os conjuntos de dados visa identificar as estratégias educacionais predominantes dos três casos participantes e sua relação com a educação integral cidadã (questão de pesquisa 1), bem como os resultados sociais associados a essas estratégias (questão de pesquisa 2). Além disso, o estudo visava identificar lições que poderiam ser extraídas das experiências dos casos e que poderiam ser úteis para outros casos ou políticas.

Guiada pelo trabalho de Saldaña (2016) e Merriam e Tisdell (2016), a análise de dados envolveu várias fases. Para me familiarizar com os dados, primeiro li os conjuntos de dados (transcrições de entrevistas, notas de observação de campo, memorandos de trabalho de campo e documentos) e fiz anotações para referência futura. Então, iniciei a fase de pré-codificação, na qual identifiquei segmentos que poderiam responder às perguntas de pesquisa; em seguida, iniciei a codificação usando uma estratégia de codificação estrutural (Saldaña, 2016), ou seja, a aplicação de "um tópico de investigação a um segmento de dados que se relaciona com uma questão de pesquisa específica" (Saldaña, 2016, p. 84), na qual rotulei os segmentos de dados – como um dispositivo de indexação – relacionados a cada uma das duas perguntas de pesquisa (os rótulos incluíam os seguintes termos: "estratégia educacional", "resultado social" e "desafios").

Para responder à questão de pesquisa 1, abordei os códigos de duas formas principais: uma terceira fase de codificação, que envolveu os esforços de agrupar os códigos nos seis pilares da educação integral cidadã, e uma quarta fase de codificação, que envolveu agrupá-los em várias categorias, então agrupadas em temas principais. Finalmente, para discutir a questão de pesquisa 2, a quinta fase referiu-se à identificação de categorias (de "resultados intermediários", conforme discutido na Parte III), que foram agrupadas em temas (os "resultados sociais principais" da educação identificados).

Posicionalidade e ética na pesquisa

Na pesquisa qualitativa, o/a pesquisador/a é considerado/a o principal instrumento para coleta e análise de dados e a literatura reconhece tanto as vantagens quanto as limitações que derivam de sua subjetividade (Merriam; Tisdell, 2016). Compreende-se, assim, que o exercício de reflexão sobre a posicionalidade se faz importante para a trajetória de uma pesquisadora em formação, no contexto de doutorado e desenvolvimento desta pesquisa qualitativa. Para abordar minha própria posição e promover reflexões éticas a ela relacionadas neste estudo, adotei uma abordagem crítica de discussão da posicionalidade, que destaca três dimensões interconectadas na relação pesquisador/a-participante: dinâmicas de *insider/outsider* ("integrante interno/a ou externo/a"), aspectos de identidade e posicionalidade, e reflexividade do/a pesquisador/a (Merriam; Tisdell, 2016).

O status de "integrante interno/a ou externo/a" de um/a pesquisador/a pode afetar significativamente sua relação com os/as participantes do estudo, o tipo de informação que eles/elas reúnem e sua interpretação dos dados. Ao refletir sobre minha relação com as três escolas participantes deste estudo ou com as escolas públicas de educação básica no Brasil, compreendo que incorporo características de ambos, integrante interno/a e externo/a.

Por um lado, cabe ressaltar que eu não possuía qualquer relação estabelecida ou contato prévio, seja profissional ou de qualquer natureza, com nenhuma das três escolas ou pessoas participantes do estudo. De acordo com a literatura, tal posição pode tanto gerar certo distanciamento e falta de confiança entre os/as participantes e o/a pesquisador/a, como também contribuir para perspectiva mais isenta quanto a eventuais influências advindas de relações com as pessoas já conhecidas, deixando os/as entrevistados/as provavelmente mais à vontade para compartilhar eventuais percepções ou narrativas. No meu caso de "integrante externa" às três escolas participantes, busquei estar atenta à importância de estabelecer confiança com os/as entrevistados/as e demais participantes, por meio de estratégias como a da transparência – com o estabelecimento claro dos objetivos de pesquisa e de suas prerrogativas de não resposta quando assim desejassem –; a demonstração de empatia e respeito pelas pessoas e interesse genuíno por suas experiências compartilhadas; a busca pela utilização de linguagem acessível e não necessariamente acadêmica; a pesquisa prévia para respeitar e dialogar com o contexto cultural e histórico das escolas e seus/suas personagens, entre outras.

Por outro lado, quando se considera o contexto mais amplo de uma escola pública brasileira, carrego a experiência pessoal de ter cursado parte expressiva da educação básica em uma escola pública e trazer lentes interpretativas influenciadas por aquela vivência e seu contexto, bem como também pela experiência de servidora pública que trabalha na área de políticas públicas educacionais no âmbito federal – sempre mais distante do chão da escola do que quem implementa as políticas educacionais cotidianamente. Sabe-se que aspectos como os pressupostos por detrás de uma pergunta ou o tipo de reação à resposta de um/a entrevistado/a exercem influência na construção conjunta do conhecimento no escopo de um estudo. Portanto, ao longo do processo de pesquisa, foi importante refletir criticamente sobre o quanto estes lugares que ocupei e ocupo poderiam impactar a coleta e a análise dos dados, no sentido de minimizar ou reconhecer os efeitos destas posições como "integrante interna e externa".

A posição do/a pesquisador/a em relação a gênero, raça, origem de classe social e outros aspectos constitui outro fator crucial que impacta o desenvolvimento e a análise da pesquisa. Como mulher cisgênero que não experimentou discriminação baseada na orientação sexual ou étnico-racial em meu país, busquei refletir sobre esta condição de quem não passou por muitos dos preconceitos e desvantagens estruturais que alguns/mas dos/as participantes vivenciam. Ao mesmo tempo, ao experienciar e observar os impactos da discriminação de gênero, foi também importante refletir sobre as desvantagens enfrentadas por mulheres educadoras e/ou pesquisadoras em sociedades patriarcais – seja nos EUA ou no Brasil –, em que desafios extras são enfrentados para se alcançarem credibilidade e respeito em seus processos de trabalho, bem como para equilibrar a profissional e a pessoal/maternidade.

Embora originária de família de classe trabalhadora com recursos financeiros limitados, tive o privilégio de acessar recursos educacionais nem sempre disponíveis para crianças de famílias com a mesma renda, especialmente por influência de minha mãe, que me abriu portas com seu capital cultural como educadora e gestora na educação básica, e, mais tarde em sua vida, na educação superior. Tal reflexão se faz importante, pois, em última análise, o acesso desigual a direitos sociais e educacionais, ao capital cultural e social, que priva crianças, jovens e adultos brasileiros desprivilegiados de uma vida digna, é o que motiva meu interesse em compreender o desenvolvimento de perspectivas educacionais como a educação integral cidadã.

Por fim, vale ressaltar que a reflexividade é uma noção complexa que se refere aos impactos recíprocos que existem entre a presença e as interações do/a pesquisador/a com as/os participantes (Merriam; Tisdell, 2016). Assim, ao longo de um estudo, pesquisadores/as e participantes se influenciam mutuamente. Ao buscar elementos para responder às questões de pesquisa colocadas e entender o significado que os participantes atribuem às suas experiências educacionais, certamente também fui impactada pelo comprometimento e pela capacidade de realização de "uma outra educação" de cada um/a dos/as participantes com quem interagi, tendo minha esperança reforçada sobre o papel da educação na promoção de uma sociedade mais justa. Da mesma forma, procurei valorizar o conhecimento e a cultura gerados e experienciados pelas/os participantes, buscando honrar a confiança que demonstraram ao compartilhar suas narrativas no âmbito deste estudo.

PARTE II

OS CONTEXTOS DAS ESCOLAS E SUAS PRÁTICAS RELACIONADAS À EDUCAÇÃO INTEGRAL

Este capítulo apresenta as experiências educacionais das três escolas participantes, revelando seus contextos, trajetórias e as principais perspectivas e práticas educacionais adotadas por elas para construir seus caminhos educacionais. Além disso, analisa como suas perspectivas e práticas se relacionam com o conceito de educação integral cidadã, particularmente em relação aos fatores escolares indicados no Capítulo 4 da Parte I (por exemplo, clima escolar, pedagogias e currículo). Tal trabalho concentra-se na análise de documentos, entrevistas e dados coletados com referência aos seis elementos da educação integral cidadã discutidos na Parte I deste estudo. Ao fazer isso, baseio-me em estudos anteriores sobre o tema da educação integral cidadã para entender até que ponto as escolas participantes estão alinhadas com essa perspectiva e como suas experiências podem contribuir para o debate sobre educação integral no Brasil. A discussão e análise dos resultados neste capítulo abordam a primeira pergunta de pesquisa: Quais são os contextos e estratégias educacionais subjacentes às experiências das escolas participantes e como essas estratégias se relacionam com a educação integral (cidadã)?

1

CONTEXTOS, TRAJETÓRIAS E PRINCIPAIS PRÁTICAS EDUCACIONAIS DAS ESCOLAS SELECIONADAS

Através da perspectiva de gestores/as escolares, professores/as, estudantes, integrantes da comunidade e outros participantes envolvidos nas escolas selecionadas, bem como com base na análise de documentos e notas de campo, esta seção apresenta as histórias e perspectivas educacionais das escolas, destacando os gatilhos que as levaram a adotar perspectivas não tradicionais e enfatizando as principais perspectivas e práticas educacionais implementadas por elas para esse fim. O termo "perspectivas e práticas educacionais" refere-se a práticas pedagógicas, valores, políticas de seus projetos político-pedagógicos, características da gestão, e iniciativas identificadas a partir dos dados relacionados aos fatores escolares discutidos na Parte I (por exemplo, currículo, pedagogias e atividades multidimensionais). Como mencionado anteriormente, as escolas participantes são:

i) Escola Municipal de Ensino Fundamental Presidente Campos Salles, uma escola pública de ensino fundamental (do 1º ao 9º ano) em São Paulo;

ii) Centro Integrado de Educação de Jovens e Adultos Campo Limpo (CIEJA-Campo Limpo), uma escola pública de ensino fundamental (do 1º ao 9º ano) para educação de adultos e jovens em São Paulo; e

iii) Escola SESC de Ensino Médio, uma escola de ensino médio sem fins lucrativos e gratuita no Rio de Janeiro (RJ), financiada pelo Serviço Social do Comércio (SESC), instituição paraestatal que opera no interesse público.

Importante notar que o objetivo desta seção é fornecer uma visão geral das trajetórias e perspectivas educacionais dos casos selecionados, já que a análise mais detalhada da relação dessas perspectivas com a educação integral cidadã será apresentada na seção subsequente.

EMEF Campos Salles

A Escola Municipal de Ensino Fundamental Presidente Campos Salles, ou EMEF Campos Salles, é uma escola fundamental do sistema educacional municipal de São Paulo que opera sob a maioria das regulamentações a que estão sujeitas as demais escolas públicas daquela rede, mas que foi categorizada como um "projeto experimental" pela Secretaria Municipal de Educação, devido às mudanças implementadas em suas perspectivas e práticas educacionais nas últimas décadas. Esta escola também é distinta de outras escolas públicas elementares por ser parte de um dos 58 Centros Educacionais Unificados (CEUs), que consistem em complexos educacionais e culturais criados pela prefeitura de São Paulo para fornecer educação integral a crianças e jovens, integrando educação, cultura, esportes e lazer na região. Localizada perto da comunidade de Heliópolis, a maior favela de São Paulo em termos territoriais, a escola estabeleceu forte conexão com sua comunidade local e transformou seu antigo estigma de "escola de favelados" no título de "Bairro Educador", que cabe a toda Heliópolis, por ter passado, junto com a escola, a abraçar a educação também como sua prioridade. A trajetória do projeto foi inicialmente caracterizada pelo esforço da escola para se integrar com a comunidade e, em seguida, focada na implementação de várias estratégias pedagógicas inovadoras e que vislumbram os sujeitos em suas múltiplas dimensões, como examinado nas subseções a seguir.

A tônica nas relações escola-comunidade

A história da EMEF Campos Salles remonta a 1957. O principal documento da escola analisado neste estudo, seu Plano Político Pedagógico (PPP), delineia a história da escola em três fases distintas, que podem ser assim resumidas:

- Fase 1 (1957-1970): Ano de fundação (1957). Os/as estudantes advinham de famílias de agricultores locais e de trabalhadores das fábricas de tijolos da região.

- Fase 2 (1970-1995): Surgimento da favela de Heliópolis, em contexto em que os/as estudantes e suas famílias eram submetidos/as às consequências de extrema negligência estatal, violência e pobreza.
- Fase 3 (1996 em diante): Implantação de perspectiva educacional inovadora, que integrou a escola e a comunidade e promoveu mudanças pedagógicas, nos espaços e nos tempos da escola, construindo a perspectiva de Heliópolis como Bairro Educador.

Com base nos dados produzidos no âmbito deste estudo, pode-se conceber uma quarta fase a partir de 2020 como relevante para esta análise, pois representa pontos importantes de reflexão relacionados aos potenciais e limitações da sustentabilidade desse tipo de projeto.

Para obter uma compreensão abrangente do contexto do projeto no final da década de 1990, a análise de entrevistas e documentos revela que, durante as décadas de 1970 e 1980, quando crianças da comunidade de Heliópolis começaram a frequentar a EMEF Campos Salles, a área passava por desafios sociais significativos. Esses obstáculos incluíam grilagem de terras, insegurança alimentar e falta de serviços governamentais básicos, bem como impactos significativos da violência relacionada ao tráfico de drogas e à repressão policial. Referindo-se a esse contexto, diferentes entrevistados/as enfatizaram que o principal fator que levou à abordagem inovadora da escola, que incluiu a construção de conexão próxima com a comunidade, foi o cenário de violência e violação dos direitos sociais e humanos afetando a população local, incluindo suas crianças e jovens (Entrevistada Cecília, 2021; Entrevistada Laura, 2021).

Em 1995-1996, um novo diretor, Braz Rodrigues Nogueira, chegou à escola e começou a promover a integração da escola com a comunidade local. Princípios importantes que orientaram a construção das relações escola-comunidade naquele contexto estão intimamente relacionados à perspectiva educacional enfocada por este estudo. De acordo com o Projeto Político-Pedagógico (PPP) da escola e entrevistas feitas no escopo desta pesquisa, o diretor Braz visava disseminar dois princípios-chave que trouxe de suas experiências anteriores como educador: "A escola como centro de liderança" e "Tudo passa pela educação". O primeiro destaca a importância da escola como um ponto focal social e um agente de transformação social na comunidade. O segundo amplia a visão que limita o papel da educação apenas às escolas. Um ex-integrante da administração escolar compartilhou em entrevista:

> *Quando dizemos que tudo passa pela educação, a escola é apenas um dos lugares onde isso pode acontecer. A escola precisa fazer um bom trabalho, mas a educação é algo que deve acontecer para além das paredes da escola, incluindo educação formal, não formal e informal. A escola, juntamente com a comunidade, deve tornar essa educação transformadora e libertadora uma prioridade para todos na comunidade* (Entrevistada Cecília, 2021).

Para alcançar isso, as primeiras iniciativas da nova gestão da escola, como revelado pelo seu PPP e por entrevistas, voltaram-se a promover o curso "Educação e Cidadania" e criar comissões temáticas com envolvimento de pais, integrantes da comunidade, professores/as e funcionários/as da escola. Também enfatizada nos dados coletados é a iniciativa da escola de se aproximar da associação local de moradores, a União de Núcleos, Associações dos Moradores de Heliópolis e Região (UNAS), para estabelecer parcerias e fazer com que a escola conhecesse melhor a comunidade e vice-versa. Segundo o PPP, até 1998, o Conselho Escolar – colegiado no qual são tomadas decisões financeiras, administrativas e pedagógicas em escolas públicas – havia se tornado um corpo participativo ativo, transformando a imagem da escola de "escola de favelados" para "escola da comunidade" (EMEF Presidente Campos Salles, 2021a).

O contexto da escola, incluindo incidentes ocorridos na região de Heliópolis, teve significativo impacto no ímpeto de fortalecer sua integração com a comunidade. Com base em dados de entrevistas e documentos, verificou-se que dois incidentes se destacaram nesse sentido. Primeiro, em 1999, o trágico assassinato da estudante Leonarda, de 15 anos, aluna da EMEF Campos Salles, levou à reação, liderada pela escola, de desafiar a normalização da violência relatada como disseminada na comunidade. Sob a articulação do diretor Braz, a escola propôs a organização de uma manifestação pelas ruas e vielas de Heliópolis em prol da paz e da reivindicação de direitos sociais. Um ex-integrante da gestão da escola afirmou: "*Não podíamos ignorar a morte da Leonarda, porque isso vai contra o tipo de educação que defendemos*" (Entrevistada Cecília, 2021). A iniciativa foi bem recebida por professores/as, integrantes da escola e pela associação de moradores de Heliópolis (UNAS), apesar dos riscos potenciais que poderiam advir de uma eventual oposição por parte dos líderes do tráfico de drogas e da polícia. Naquele mesmo ano, a escola e seus parceiros organizaram a primeira Caminhada pela Paz, reunindo milhares de pessoas nas ruas de Heliópolis, o que passou a ocorrer anualmente desde então.

Outro episódio considerado como desencadeador de ações de transformação na escola ocorreu em 2002, quando de um roubo de 21 computadores do laboratório de informática. Informações de entrevistas e documentos revelam que, de maneira sem precedentes, graças a um esforço cooperativo e de diálogo entre a escola e a comunidade, os itens roubados foram devolvidos pelos ladrões alguns dias depois. Em resposta ao episódio, ainda que em um momento em que as escolas estavam investindo em cercas elétricas e em tecnologia para medidas de segurança, a EMEF Campos Salles fez um movimento audacioso de derrubar todos os seus muros externos, simbolizando sua proximidade com o território e inspirando confiança entre a escola e a comunidade.

Esses acontecimentos foram também previamente abordados por outras pesquisas sobre a EMEF Campos Salles e, especificamente por Mesquita (2018), interpretados à luz dos conceitos de Freire de "situação-limite" e "inédito viável". Ao analisar o caso, a autora apontou tais referências freirianas para a reflexão de que os episódios, embora consistissem em situações desafiadoras (situações-limite), não foram tomados pela escola como fatalidades imutáveis e foram abordados por estratégias previamente não previstas (inédito viável). Nesse sentido, os integrantes da escola e da comunidade encararam aqueles incidentes como oportunidades para impulsionar a transformação, evitando uma visão determinista da história

(Mesquita, 2018). De acordo com as teorias apresentadas neste estudo, como será discutido posteriormente, a perspectiva educacional que não desconsidera que os/as estudantes estão conectados aos seus contextos, bem como enfatiza a colaboração entre a escola e a comunidade para alterar situações-limite e gerar inéditos viáveis, é crucial para o sucesso de experiências educacionais efetivas em seus resultados.

A transformação de pedagogias e práticas

Apesar do reconhecimento quanto à construção de prolífica relação escola-comunidade, alguns entrevistados relataram que a EMEF Campos Salles ainda estava lutando com seus métodos tradicionais de ensino e o baixo engajamento e desempenho acadêmico dos/as estudantes (Entrevistada Laura, 2021; Entrevistada Viviane, 2022). Em resposta, em 2004, um grupo de professoras/es apontou a Escola da Ponte[16], de Portugal, e a escola municipal EMEF Desembargador Amorim Lima, em São Paulo, como referências de transformação. Essas escolas eram conhecidas por romper com a educação tradicional e inspiraram transformações nas perspectivas e nas práticas pedagógicas que passaram a ser adotadas ou desenvolvidas pela EMEF Campos Salles.

Para alcançar a implementação e aceitação das mudanças inovadoras, segundo um entrevistado, foi desenvolvida uma extensiva estratégia de preparação, envolvendo discussões com os docentes da escola e as lideranças da comunidade de Heliópolis. O apoio da comunidade foi essencial para a aprovação do projeto e sua sustentabilidade, como relatado por um ex-integrante da equipe da gestão da EMEF Campos Salles. "*O projeto também estava sendo constituído externamente à escola, já que o ex-diretor juntou-se à comunidade para produzir um projeto educacional com bases sólidas e sustentabilidade para futuras mudanças que fossem*

---

[16] Localizada no distrito do Porto, Portugal, a Escola da Ponte é reconhecida mundialmente como uma das referências mais importantes que rompem com o modelo tradicional de educação, com medidas como abolir a separação de estudantes por séries ou idades, e a ideia de palestras e salas de aula.

necessárias. [...] Dessa união, a comunidade incorporou a escola e a escola, a comunidade" (Entrevistada Laura, 2021).

Além disso, de acordo com outro entrevistado, um dos mais expressivos desafios encontrados na implementação do projeto foi transformar o estilo tradicional de ensino hierárquico dos/as professores/as, no qual os/as estudantes são vistos como aprendizes passivos. Para superar isso, a escola removeu as paredes internas da sala de aula e substituiu as salas de aula tradicionais por "Salas de Estudo" interdisciplinares, com três professoras/es e uma metodologia baseada em pesquisa (Entrevistada Cecília, 2021; Entrevistada Viviane, 2022). Como afirmou Melissa, uma professora entrevistada para o projeto: "*As barreiras físicas foram quebradas para se quebrarem as barreiras internas. Então, as salas foram derrubadas, as paredes foram derrubadas, os muros externos foram derrubados, mas com o objetivo maior de quebrarmos as nossas barreiras internas*". Como discutido posteriormente, isso ilustra como a implementação de uma perspectiva integral de educação pode exigir estratégias transformadoras e práticas pedagógicas inovadoras para serem efetivamente implementadas.

A escola Campos Salles passou por diversas mudanças graduais a partir de 2005, incorporando os princípios de autonomia, responsabilidade e solidariedade em suas práticas. Os/as estudantes começaram a trabalhar de maneira colaborativa em mesas compartilhadas e a usar roteiros de aprendizagem e oficinas para apoiar seus processos de aprendizagem. Aspectos relacionados à educação para a cidadania (como engajamento político e social, respeito à diversidade, questões ambientais e outras) passaram a ser frequentemente abordados nos roteiros de aprendizagem e nas discussões que os/as estudantes unos tinham com os colegas e professoras/es em sua rotina. Para lidar com a resolução de conflitos de maneira não punitiva, a escola estabeleceu uma *comissão de mediação* liderada pelos/as estudantes. Além disso, um apoio mais próximo aos/às estudantes, tanto acadêmico quanto relacionado a aspectos sociais e emocionais, começou a ser oferecido por meio da criação de um grupo de *tutoria*, que envolvia um professor sendo responsável por um grupo menor de estudantes para acompanhamento de seus processos de aprendizagem. As avaliações passaram a ser focadas no *desenvolvimento global do estudante*, incluindo autoavaliação e um *conselho de classe colaborativo*, no qual a *comissão de estudantes* também participa. A escola também investiu na promoção da gestão democrática por meio de *assembleias de estudantes*, onde discutem e decidem temas para os roteiros de aprendizagem. Essas e outras estratégias relatadas por participantes, e que podem ser confirmadas a partir de documentos, consistem em mudanças implementadas na EMEF Campos Salles. Elas podem ser resumidas da seguinte forma:

- **Princípios da escola:** A escola adotou cinco princípios para orientar atitudes e práticas: "autonomia", "responsabilidade", "solidariedade", "a escola como centro de liderança" e "tudo passa pela educação".
- **Mesas compartilhadas:** Os/as estudantes trabalham de forma colaborativa em mesas compartilhadas (4 estudantes por mesa) em vez de sentarem-se em fileiras de forma individual.
- **Salas de estudo com tripla docência e suporte interdisciplinar:** A escola substituiu as salas de aula tradicionais e as aulas tradicionais por salas maiores chamadas *Salões de Estudo*, com cerca de 75 estudantes cada, em que cerca de três professoras/es, de áreas distintas, trabalham de forma interdisciplinar em uma abordagem pedagógica baseada em aprendizagem por pesquisa. Os/as estudantes trabalham de forma colaborativa, com os chamados *roteiros de estudo,* e apoiados por docentes de várias áreas conforme necessário.
- **Roteiros de estudos:** Em vez de utilizar materiais apostilados, às/aos professoras/es da escola preparam materiais chamados *roteiros de estudos*, que consistem em uma sequência de atividades com base nos interesses dos/as estudantes e nos currículos municipais, empregando metodologia ativa que envolve os/as estudantes pesquisando conteúdo em computadores, celulares e livros e discutindo com seus colegas antes de solicitar a ajuda das/os professoras/es.

- **Temas eleitos e educação para a cidadania:** Os temas que orientam a produção dos roteiros de estudos vêm principalmente de sugestões feitas pelos/as estudantes e temas que eles elegem em suas assembleias.
- **Oficinas:** Além dos roteiros de estudos, grupos menores de estudantes (cerca de 1/3 do Salão de Estudo) participam de oficinas focadas em temas como artes, inglês, habilidades em informática, leitura e escrita ou temas interdisciplinares.
- **Comissão de mediação:** Uma comissão liderada pelos/as estudantes para abordar questões como conflitos entre estudantes e com docentes ou funcionários/as, e falta de engajamento acadêmico.
- **Assembleia de estudantes:** Consiste em um fórum participativo usado para discutir várias questões relacionadas ao funcionamento da escola e aprovar temas a serem abordados nos roteiros de estudos.
- **Tutoria:** Cada professor/a, dentro de cada salão de estudo, assume o papel de tutor de um grupo menor de estudantes (aproximadamente 25) para fornecer suporte mais individualizado. O professor-tutor e os/as estudantes desenvolvem laços mais próximos à medida que estes últimos compartilham os desafios específicos que estão enfrentando e recebem apoio do/a professor/a para superar barreiras de aprendizagem, emocionais e sociais.
- **Calendário Temático do CEU:** Consiste em um calendário que inclui eventos culturais e esportivos, atividades e oportunidades de mobilização que buscam conjugar datas importantes para a escola e a comunidade. É desenvolvido pela equipe do CEU com base em contribuições da escola e de integrantes da comunidade.
- **Trabalho Colaborativo de Autoria (TCA)**: Consiste em política criada pela Secretaria Municipal de Educação de São Paulo. Envolve estudantes do 7º ao 9º ano que trabalham em projetos baseados em pesquisa relacionados a tópicos que acham interessantes. Essas questões devem estar conectadas a preocupações do mundo real em

suas comunidades e podem ser abordadas por meio de intervenções sociais na área local.

- **República dos/as estudantes:** Esta iniciativa – que não está em curso no momento deste estudo – envolveu a eleição de representantes estudantis para prefeito/a da escola e outros cargos para promover a aprendizagem democrática por meio da prática.
- **Conselho escolar:** Fóruns colegiados obrigatórios para discussão e tomada de decisões sobre vários aspectos da organização escolar. Na EMEF Campos Salles, eles têm sido ativos em participação e envolvimento na tomada de decisões.
- **Rodas de conversa:** São também chamadas de "rodas culturais" e consistem em espaço para estudantes e professoras/es se ouvirem mutuamente, debaterem e promoverem reflexão visando à educação para a cidadania.
- **Avaliações e Conselho de Classe:** A avaliação do desempenho dos/as estudantes não se concentra apenas no desempenho acadêmico, mas também leva em consideração o desenvolvimento global do estudantes, incluindo seus relacionamentos e adesão aos valores escolares, como autonomia e solidariedade. Em vez de notas individuais por disciplina, os/as estudantes recebem uma nota geral. Esta avaliação inclui uma autoavaliação e um Conselho de Classe colaborativo para definir as notas, no qual integrantes da Comissão de Estudantes também participam.

Também pode ser deduzido, a partir de entrevistas e observações de campo, que desafios significativos estiveram envolvidos no processo de implementação da transformação da escola, particularmente a resistência colocada por professoras/es que não concordavam com o projeto e dificuldades relacionadas à estrutura do sistema público de educação. Ao longo dos anos, avanços foram feitos para abordar essas questões. Por exemplo, em 2015, quando o Conselho Municipal de Educação aprovou a escola como um projeto experimental, os futuros professores/as que se inscreviam para trabalhar nesta escola foram oficialmente informados sobre as características do projeto inovador que ela apresentava, o que ajudou a reduzir a resistência entre docentes. A Secretaria Municipal de Educação também autorizou uma diminuição na relação do quantitativo estudante-professor por sala (significando 75 estudantes em vez de 100 por sala) – o que ainda é considerado insuficiente pelos professores/as entrevistados para este estudo.

Além disso, uma realização notável destacada nas entrevistas diz respeito ao estabelecimento de um Centro Educacional Unificado (CEU) (nomeadamente, CEU Heliópolis Professora Arlete Persoli[17]) como parte de uma iniciativa de política pública municipal, que envolve a construção de um complexo educacional e cultural compreendendo várias instalações públicas (por exemplo, centros de educação infantil, escolas primárias, quadras esportivas, piscinas, teatros artísticos, um Fablab[18] e bibliotecas). O objetivo é integrar educação, cultura, esportes e lazer ao aumentar a acessibilidade aos recursos e instalações e integrar a escola à comunidade, adotando uma perspectiva de educação integral como as primeiras experiências desenvolvidas por Anísio Teixeira na década de 1950. Em colaboração com a associação de moradores UNAS e a Secretaria Municipal de Educação, a escola participou ativamente do processo de convencimento das autoridades municipais quanto à importância da construção do CEU Heliópolis, tendo ainda participado ativamente da elaboração de seu desenho (Entrevistada Cecília, 2021). Tais conquistas sugerem que a abordagem integrada à comunidade, conforme construída

[17] Vale ressaltar que o complexo educacional e cultural CEU recebeu o nome de Arlete Persoli, uma professora e diretora de escola na região de Heliópolis, considerada uma figura essencial na promoção da gestão educacional democrática e participativa na área (UNAS, 2015).

[18] O Fablab faz parte de um programa municipal chamado Fablab Livre SP, que oferece "espaços para criatividade, aprendizado e inovação acessíveis a todos interessados em desenvolver e construir projetos, por meio de processos colaborativos de criação, compartilhamento de conhecimento e uso de ferramentas de fabricação digital" (São Paulo, 2022b, Seção Sobre). Ele disponibiliza ferramentas como impressoras 3D e ferramentas para marcenaria.

pela EMEF Campos Salles, pode gerar benefícios sociais para além dos muros da escola.

De fato, a análise dos dados coletados sugere que o apoio à implementação do projeto inovador da escola veio da comunidade, que respaldou a implementação de medidas que poderiam ser percebidas como controversas pela Secretaria Municipal de Educação. A liderança ousada e democrática do ex-diretor (Braz) também foi reconhecida pelos entrevistados como significativa, assim como o compromisso e o trabalho árduo de numerosos/as professores/as e funcionários/as para "desconstruírem" a si mesmos e suas mentalidades pedagógicas tradicionais (Entrevistada Silmara, 2021). Coordenadores/as pedagógicos/as, que desempenham um papel crucial na gestão e formação pedagógica nas escolas públicas do Brasil, também foram frequentemente citados/as nas entrevistas como peças-chave para a sustentabilidade pedagógica do projeto, na forma de educadoras como Rose Schmidt (que também atuou como diretora de 2015 a 2019) e Amélia Arrabal, ambas apontadas por diversos entrevistados como importantes elementos para o sucesso do projeto da EMEF Campos Salles.

Para contextualizar acerca do desempenho acadêmico dos/as estudantes da escola, vale mencionar que a escola experimentou muitos anos de aumento na taxa do Índice de Desenvolvimento da Educação Básica (IDEB) desde o início do projeto. Relatório elaborado pela escola em 2021 informa que os resultados foram superiores à meta do IDEB entre 2015 e 2018, mas não atingiram a meta em 2019, conforme o documento, devido principalmente aos impactos trazidos pelas novas diretrizes da Base Nacional Comum Curricular (EMEF Presidente Campos Salles, 2021b). Dados extraídos da plataforma IDEB indicam que, para 2021, embora não tenha alcançado a meta estabelecida de 5,5, a taxa do IDEB da escola está ligeiramente acima da média de São Paulo, em 5,2 para os anos finais do ensino fundamental, comparado a 5,1 em São Paulo (INEP, 2022). Como destacado em um relatório produzido pela EMEF Campos Salles em 2021 (EMEF Presidente Campos Salles, 2021b), a escola apresenta resultados que vão além do desempenho acadêmico, que também se referem ao tema explorado por este estudo, particularmente na Parte III.

Por fim, é importante observar que dados recentes obtidos de entrevistas e observações de campo indicam que a EMEF Campos Salles está enfrentando novos desafios a partir de 2020, causados por fatores externos, como a pandemia de Covid-19 e a redução de financiamento e políticas educacionais pelo governo Bolsonaro, bem como questões internas, como mudanças na gestão da escola. Por exemplo, durante minha observação de campo, notei um/a integrante da gestão utilizando uma abordagem disciplinar com os/as estudantes que difere consideravelmente da postura que observei dos professores/as e outros integrantes da escola que estavam lá por mais tempo, desde os momentos iniciais de conformação do projeto inovador. Apesar desses desafios, também foi perceptível a existência de numerosos esforços de todas as partes envolvidas para preservar e aprimorar os benefícios do projeto Bairro Educador.

CIEJA Campo Limpo

O Centro Integrado de Educação de Jovens e Adultos Campo Limpo (CIEJA Campo Limpo) destaca-se dos programas tradicionais de educação noturna oferecidos em escolas públicas para jovens e adultos que não receberam educação na idade apropriada. O CIEJA Campo Limpo opera em um prédio exclusivo e oferece aulas nos turnos da manhã, tarde e noite, com uma jornada escolar reduzida para acomodar as responsabilidades diárias e a jornada de trabalho dos/as estudantes jovens e adultos. Além disso, a escola adota uma abordagem orientada pela pedagogia de Paulo Freire e cria experiências que podem ser vinculadas a uma perspectiva educacional integral. A escola está localizada na região de Capão Redondo, marcada tanto por suas vulnerabilidades sociais quanto por seus movimentos político-culturais vibrantes. Baseia-se em uma integração significativa com organizações locais e seus moradores. O desenvolvimento deste projeto escolar foi fortemente influenciado por um processo de implementação que envolveu a participação direta de educadores, estudantes e comunidade. A trajetória do CIEJA Campo Limpo ajuda a desvelar importantes contribuições para a compreensão da viabilidade de projetos não tradicionais na prática, apresentando conquistas e desafios relacionados à sua institucionalização formal e sustentabilidade.

A necessidade de inovar e integrar

O CIEJA Campo Limpo iniciou seu funcionamento no ano 2000. Como brevemente introduzido na Parte I deste estudo, o CIEJA Campo Limpo é uma das 16 unidades da modalidade CIEJA[19], que consiste em iniciativa da área da educação conduzida pela Prefeitura Municipal de São Paulo para oferecer educação para jovens e adultos. O CIEJA evoluiu da experiência anterior dos Centros Municipais de Ensino Supletivo (CEMES), voltada a reduzir o analfabetismo de adultos em São Paulo. De acordo com dados coletados de entrevistas e documentos, a motivação subjacente à criação dos CIEJAs em substituição aos CEMES pode ser vinculada à perspectiva de educação integral cidadã. De acordo com uma pessoa entrevistada nesta pesquisa que participou da liderança da formulação da iniciativa CIEJA, o objetivo desta modificação era abordar algumas das limitações enfrentadas pela iniciativa antecessora, incluindo a falta de envolvimento da comunidade e uma abordagem de aprendizagem baseada exclusivamente na memorização, desconectada da vida concreta dos/as estudantes (Entrevistada Luana, 2021). Com base em entrevistas com ex-integrantes e profissionais atuais da escola (Entrevistada/os Luana; Theo, 2021), bem como em análise de documentos relevantes, como o Projeto Político Pedagógico (PPP), ao menos dois aspectos-chave da trajetória da escola emergiram, fornecendo elementos acerca da real viabilidade de se construírem projetos inovadores. Em primeiro lugar, a experiência indicou que a legislação educacional do Brasil permite inovação e que, em verdade, mudar a perspectiva tradicional prevalente faz-se essencial para que se

---

[19] A iniciativa dos CIEJAs foi aprovada por legislação no início dos anos 2000. No entanto, do ponto de vista administrativo, eram considerados um "projeto", o que significava que sua continuidade exigia avaliação anual e autorização do Conselho Municipal de Educação (São Paulo, 2020). Somente em 2008 é que a iniciativa foi classificada como "modalidade", proporcionando maior estabilidade para os CIEJAs, pois não precisavam mais passar por autorização anual.

cumpram as obrigações legais requeridas pelo arcabouço normativo e pelos objetivos de aprendizagens nacionais. Em segundo lugar, as aprendizagens de conteúdo e o desenvolvimento integral só podem ser alcançados quando as práticas e perspectivas pedagógicas se alinham com as necessidades, as realidades e a participação dos/as estudantes.

Em relação ao primeiro aspecto, é importante destacar uma frase associada a Eda Luiz, ex-diretora do CIEJA Campo Limpo que atuou como gestora da escola por 20 anos e é apontada por desempenhar papel crucial na introdução de elementos inovadores à modalidade CIEJA (São Paulo, 2020). De acordo com entrevistas com integrantes da escola e um relatório da Secretaria Municipal de Educação sobre a história do CIEJA (São Paulo, 2020), sempre que alguém questionava a legalidade das inovações propostas, Eda respondia com um sorriso e perguntava: “Quem disse que não é permitido?”. Os participantes explicam que essa frase incorpora e materializa sua compreensão, assim como a do CIEJA, de que a Lei de Diretrizes e Bases da Educação Nacional (LDBEN) brasileira permite amplo espaço para as escolas inovarem e exercerem sua autonomia. De fato, as inovações na modalidade CIEJA foram analisadas e aprovadas sem restrição por educadores/as e especialistas do Conselho Municipal de Educação (Entrevistada Luana, 2021). Os participantes entrevistados enfatizaram a importância da existência de apoio político para essas inovações e observaram que a resistência ao projeto trata-se de marca constante que circunda a iniciativa. Em 2007, sob o risco de descontinuação de todas as unidades CIEJA, educadores/as e administradores/as dos CIEJAs se uniram para desenvolver uma proposta para transformá-lo em iniciativa que não exigisse aprovação anual, elemento que acabava por gerar instabilidade à sua continuidade (São Paulo, 2020). Com apoio político e engajamento dos integrantes da escola, conseguiram transformar a categoria administrativa da iniciativa em 2008, que passou de “projeto” para “modalidade”, aprimorando e fortalecendo sua sustentabilidade e continuidade.

As percepções das pessoas entrevistadas – particularmente dos/as integrantes do CIEJA Campo Limpo que participaram dos primeiros anos da implementação do projeto inovador – sugerem que a escola não teve escolha a não ser mudar seu formato educacional tradicional para atender ao requisito constitucional de promover uma educação que, de fato, garantisse o "pleno desenvolvimento da pessoa, seu preparo para o exercício da cidadania e sua qualificação para o trabalho" (Art. 205). O relato de uma entrevistada sobre como as mudanças foram iniciadas ilustra essa necessidade percebida de inovar no modelo escolar e de integrar a escola à comunidade:

> *Quando chegamos ao Capão Redondo e abrimos as inscrições para o CIEJA (Campo Limpo), ninguém apareceu, ninguém queria ir para a escola [...] Então, um dia abrimos os portões do CIEJA e chamamos a comunidade por meio de divulgação em feiras locais, lojas e outros, e eu disse "vamos ouvi-los. Como vocês imaginam uma escola?" [...] Alguns deles – e isso veio principalmente dos adolescentes, que são sempre instigadores – disseram "Tudo bem. Então vocês querem começar uma escola? Queremos uma escola sem estudantes, sem professoras/es e sem disciplina; queremos ver o que vocês vão fazer." E então eu aprendi ao longo de todos esses anos, e ouvi isso em alguns lugares que fui, até mesmo fora do Brasil, que ou você tem medo ou é ousado e confia. Eu disse "Ok então, estamos juntos. Vamos fazer isso."* (Entrevistada Luana, 2021).

O atual quantitativo de matrículas, que ultrapassa mil estudantes, e o reconhecimento de estudiosos/as como Singer (2014) e organizações internacionais como a Organização das Nações Unidas para a Educação, a Ciência e a Cultura (Unesco) (2017) sugerem que as transformações feitas na escola foram reconhecidas como capazes de promover uma experiência educacional mais atraente. Ao longo dos anos, a escola colaborou com diversas organizações da sociedade civil, movimentos sociais, comunitários e culturais, como o forte movimento *hip-hop* na região do Capão Redondo. Pesquisas anteriores também indicaram que a escola desempenhou papel ativo na formação de "redes de proteção social" unindo o CIEJA Campo Limpo e outras organizações públicas e da sociedade civil local (Justo;

Hardagh, 2015). O objetivo dessas iniciativas era facilitar o acesso a serviços sociais para os/as estudantes e fortalecer essas organizações.

Quanto ao segundo aspecto da jornada do CIEJA aqui discutido, o excerto da entrevistada Luana reflete a crença de que as necessidades dos/as estudantes devem ser atendidas e suas experiências de aprendizagens devem estar conectadas a seus interesses e vidas concretas para se fazerem significativas – perspectiva que se alinha com a educação integral cidadã. De acordo com o PPP da escola, quando o CIEJA foi aberto, os/as estudantes expressaram o desejo de relações menos hierárquicas, de experiências e aprendizagens mais relevantes para suas vidas e compartilharam os desafios de seus contextos pessoais que os levaram a abandonar a escola (CIEJA Campo Limpo, 2022). Esses estudantes inspiraram o desenvolvimento de uma escola não tradicional que prioriza as necessidades e os potenciais de seu corpo discente e todos/as os/as demais envolvidos/as. Desde então, a escola adotou uma abordagem democrática que inclui tanto os/as estudantes quanto os/as docentes, os/as funcionários/as, e a comunidade local na formação de uma escola onde todos/as desejam estar.

"Uma escola acolhedora"

A oportunidade de visitar pessoalmente o CIEJA Campo Limpo e frequentá-lo quando do trabalho de campo deste estudo não deixou dúvidas quanto à confirmação de sua reputação como uma "escola acolhedora", como também foi indicado por estudiosos/as como Singer (2014), por documentos oficiais (São Paulo, 2020) e por entrevistas com integrantes da escola. Conjuntamente, os dados produzidos no escopo desta pesquisa ajudam a revelar que a escola prioriza a criação de um ambiente de relacionamentos afetuosos e inclusivos e considera seus espaços físicos um aspecto crucial da educação e dos resultados de aprendizagem. Isso é demonstrado pela abundância de vegetação e plantas, um jardim bem cuidado e intervenções artísticas nas paredes que representam a abordagem educacional transformadora adotada. O impacto no desenvolvimento integral – abordado na Parte III deste trabalho – trazido por essa perspectiva é evidenciado até mesmo nos semblantes, constantemente positivos, dos/as estudantes e integrantes da equipe quando presentes no CIEJA.

O CIEJA Campo Limpo prioriza a construção de forte integração e parcerias com a comunidade. Quando o projeto foi iniciado, a escola se envolveu no mapeamento de organizações locais e lideranças como potenciais parceiras, tendo construído cultura de integração com o território que ainda hoje se faz evidente. Por exemplo, parcerias e pontes com outras instituições e equipamentos públicos são realizadas sempre que professoras/es ou administradoras/es da escola identificam a necessidade de conectar os/as estudantes a esses serviços – como aqueles nos campos da assistência social, da saúde e da cultura. Além disso, sempre que possível, refeições produzidas na escola são servidas também à comunidade local, que possui integrantes enfrentando séria insegurança alimentar. A escola é reconhecida por seu envolvimento ativo em questões comunitárias, incluindo o apoio aos residentes das proximidades durante emergências como enchentes ou incêndios. Também participa do engajamento social por direitos habitacionais e de transporte público e saúde, participando de comissões municipais que defendem tais direitos (Entrevistada Luana, 2021). Essa estratégia não apenas depende do apoio dos integrantes da comunidade para as necessidades da escola, mas também se esforça para estabelecer a escola como uma instituição comunitária bem respeitada que se envolve em colaboração interseccional na região.

As estratégias pedagógicas e de cultura escolar desenvolvidas pela escola ao longo dos anos também refletem seu compromisso em criar um ambiente acolhedor. Para orientar atitudes e comportamentos, a escola estabeleceu valores como respeito, inclusão, felicidade e confiança, que foram escolhidos por meios participativos. As aulas são organizadas em quatro áreas de conhecimento, com os/as estudantes rotacionando por cada área durante quatro semanas e apresentando para toda a escola, mensalmente, suas experiências de aprendizado. A metodologia da aula é baseada em resolução de problemas acerca de temas escolhidos pelos/as estudantes, e inclui exercícios reflexivos como a “Frase do Dia” e os “Diários do Estudante”, detalhados a seguir. Os aspectos da educação para a cidadania (como engajamento político e cidadania, valorização da diversidade e meio ambiente) são frequentemente abordados na discussão baseada em problemas e por meio de outras atividades, como os diversos eventos conduzidos pela escola (como, por exemplo, o Encontro Indígena e Seminário Étnico-Racial), que visam enriquecer a formação cultural dos/as estudantes e o respeito à diversidade. As avaliações são distintas dos modelos tradicionais, incluindo uma avaliação individual abrangente (ou 360 graus) realizada por meio de uma conversa com cada estudante. Dados produzidos por meio de entrevistas, observações de campo e análise do documento do PPP indicam as principais estratégias adotadas pela escola:

- **Redução da jornada escolar:** Para acomodar as necessidades dos/as estudantes jovens e adultos, relacionadas ao trabalho e/ou a obrigações familiares, o tempo na escola foi reduzido para 2 horas e 15 minutos, com atividades complementares desenvolvidas em casa.
- **Agendamento flexível de aulas:** Para evitar evasão devido a conflitos de horários entre a escola e o trabalho ou obrigações familiares, os/as estudantes têm a opção de frequentar as aulas em um dos seis horários diferentes ao longo do dia.
- **Estabelecimento de valores da escola:** Para orientar as atitudes e comportamentos e promover a formação ética e cidadã, os seguintes valores foram estabelecidos por meio de processos decisórios participativos: respeito, inclusão, felicidade, transformação, confiança, liberdade, amor, bem-estar, responsabilidade, ensino, aprendizado e cuidado.
- **Mesas compartilhadas:** Para promover a colaboração e o trabalho em equipe, os/as estudantes sentam-se em mesas compartilhadas com quatro a seis colegas.
- **Grade curricular baseada em áreas do conhecimento:** Em vez de disciplinas acadêmicas tradicionais como Matemática e Língua Portuguesa, a escola organizou as aulas em quatro áreas do conhe-

cimento[20]. Os/as estudantes rotacionam por essas áreas, passando quatro semanas em cada uma.

- **Apresentações mensais de estudantes:** Antes de passar para a próxima área do conhecimento, os/as estudantes fazem apresentações para colegas e professoras/es sobre suas experiências de aprendizado mensais e processos. O propósito relaciona-se à melhoria de suas habilidades de apresentação e expressão de conhecimento por meio de várias formas, como performance, poesia e arte.
- **Assembleias:** Estas servem como plataforma para que os/as estudantes e outros integrantes da escola abordem questões organizacionais e resolvam problemas coletivos que surjam. Elas servem ainda como espaço para os/as estudantes proporem e votarem temas para o próximo ano letivo.
- **Eleição de temas geradores:** Inspirada no conceito de temas geradores de Paulo Freire, a escola realiza um processo democrático para eleger os temas que guiarão o trabalho pedagógico de cada ano letivo. Os/as estudantes discutem e votam em seus temas preferidos dentro de suas salas de aula e depois apresentam essas escolhas à comunidade escolar durante as assembleias.
- **Aprendizagem baseada em resolução de problemas:** O conteúdo das aulas é baseado em temas escolhidos pelos/as estudantes de modo relacionado com o currículo municipal, servindo de base para o desenvolvimento de sequências didáticas organizadas em torno de discussões e investigação baseada na resolução de problemas.
- **Frase do dia:** Trata-se de exercício reflexivo que envolve discutir frases de várias/os autoras/es, com o objetivo de explorar o

---

[20] As áreas de conhecimento são: i) Linguagens e Códigos (LC), envolvendo as disciplinas de Língua Portuguesa e Inglês; ii) Ciências Humanas (CH), que inclui as disciplinas de Geografia e História; iii) Ensaios Lógico e Artístico (ELA), abrangendo as disciplinas de Matemática e Artes; e iv) Ciências da Natureza (CN), que envolve as disciplinas de Ciências e Filosofia (CIEJA Campo Limpo, 2022).

desenvolvimento socioemocional, a empatia e o acolhimento ante experiências desafiadoras ou conquistas de suas rotinas, bem como fortalecer suas habilidades de fazer conexões e abstrações.

- **Diários do estudante e aulas extras:** Os/as estudantes escrevem em casa sobre seus processos de aprendizagem ou experiências diárias, para complementar as 2 horas e 15 minutos de aula presencial e reconhecer a construção de conhecimento e compartilhar suas experiências de vida sempre que desejarem.
- **Conselho Escolar ativo:** Integrantes da comunidade escolar, incluindo estudantes de todas as idades, professoras/es, funcionárias/os e administradoras/es, participam ativamente deste fórum democrático de tomada de decisões para abordar questões relacionadas à escola.
- **Eventos e atividades:** A escola realiza eventos tradicionais que desenvolve ao longo do tempo, como o Encontro Indígena, a Feira Literária do CIEJA Campo Limpo, o Café CIEJA Campo Limpo, o Lanche Comunitário e o Seminário Étnico-Racial. Esses eventos visam proporcionar oportunidades de diálogo entre estudantes, professoras/es, convidadas/os e organizações e formar acerca de relevantes aspectos da diversidade humana e do desenvolvimento integral.
- **Arquitetura e espaços físicos (e políticos):** A escola vê seus espaços físicos como componente vital da educação e reconhece a importância política desses espaços como um ambiente acolhedor e inclusivo. O CIEJA Campo Limpo está localizado em um ambiente semelhante a uma casa e implementa diversas iniciativas, como jardinagem, limpeza e projetos artísticos nas paredes, para incentivar os/as estudantes a se engajarem no desenvolvimento de aprendizagens múltiplas, a promoverem o pensamento crítico e a contribuírem para a manutenção de ambiente escolar acolhedor.
- **Avaliação:** As avaliações dos/as estudantes incluem uma avaliação individual abrangente (ou de 360 graus) na forma de uma conversa

com o/a professor/a. O mapeamento da avaliação é feito por um conselho participativo que avalia a aprendizagem em três áreas: "Reconhecimento e Respeito às Diferenças", "Impacto das Ações no Ambiente" e "Relacionamentos Discriminatórios".

- **Excursões urbanas:** A escola frequentemente aprimora suas oportunidades educacionais para o desenvolvimento integral organizando visitas a vários locais da cidade, como parques, museus, mostras de arte, teatros, bem como para diversificadas experiências culturais, como viagens a comunidades indígenas localizadas na periferia de São Paulo e locais que sediam eventos relacionados à cultura afro-brasileira.

- **Planejamento e formação de professoras/es:** a escola dedica as sextas-feiras integralmente para oportunidades de formação para professoras/es e planejamento pedagógico da semana. O objetivo é garantir tempos para reflexão e integração entre professoras/es, especialmente considerando-se a estratégia da múltipla docência em cada sala de aula. Às sextas-feiras, os/as estudantes são demandadas/os a produzir atividade referida como "extraclasse" de modo remoto.

O modelo dos CIEJAs enfrentou e continua a enfrentar desafios em sua implementação, como o convencimento da classe política quanto à importância da iniciativa, bem como no estabelecimento de parcerias e na atuação intersetorial que garanta os múltiplos direitos e as condições adequadas para os/as estudantes e suas aprendizagens. Uma característica excepcional do projeto é a possibilidade que lhe foi autorizada de realizar processo de seleção próprio entre professoras/es que já sejam da rede municipal de ensino, ampliando as chances de atrair aquelas/es em sintonia com os aspectos inovadores do projeto.

Em 2018, o CIEJA Campo Limpo comemorou seu vigésimo aniversário e a ocasião marcou uma mudança, pois a ex-gestora Eda se aposentou e o professor Diego Elias Santana Duarte tornou-se o novo gestor da escola. Diego, geógrafo que já era professor na escola, expressou seu compromisso em preservar e aprimorar a abordagem inovadora do CIEJA Campo Limpo durante a transição realizada. Integrantes da escola entrevistadas/os acreditam que a competência e o comprometimento de Diego com o projeto do CIEJA, bem como sua perspectiva de morador da região, homem negro, também envolvido em movimentos culturais e sociais locais, consistem em características promissoras para a continuidade dos objetivos originais do CIEJA – o que, conforme análises desenvolvidas neste trabalho, pôde ser constatado pelos dados produzidos no escopo da pesquisa.

Escola SESC de Ensino Médio

A Escola SESC de Ensino Médio no Rio de Janeiro é um projeto robusto da construção de uma escola de ensino médio inovadora projetada para oferecer educação integral em tempo integral. Administrada e mantida pelo Serviço Social do Comércio (SESC), uma organização paraestatal sem fins lucrativos que opera para o interesse público, a Escola SESC de Ensino Médio foi inicialmente projetada como uma escola de residência onde os/as estudantes, alguns/as professores/as e funcionários/as moram no campus. O foco da escola no desenvolvimento humano integral e sua missão de proporcionar acesso gratuito para estudantes de baixa renda a diferenciam das escolas privadas ou públicas tradicionais que apresentam perspectivas educacionais estritamente focadas na preparação dos/as estudantes para exames de ingresso em instituições de ensino superior. Conforme revelado pelos documentos analisados, o projeto foi iniciado pelo desejo de seus patrocinadores de gerar uma experiência inovadora que pudesse contribuir para a discussão em torno das políticas educacionais para a etapa do ensino médio. Este debate continua crucial diante das controvérsias envolvidas na reforma do ensino médio publicada por medida provisória, em 2016, e de sua revisão atualmente em curso como projeto de lei encaminhado ao Congresso Nacional pelo Ministério da Educação. O contexto desta agenda é ainda marcado pelo posicionamento de educadoras/es e instituições que defendem a revogação da reforma em vez de sua revisão, conforme refletido em proposta aprovada pela Conferência Nacional de Educação de 2024 (CONAE, 2024).

Ademais, o crescente número de estados brasileiros expandindo sua oferta de matrículas e escolas em tempo integral, como aposta para melhorar a qualidade da educação, consiste em outro elemento do contexto nacional desta etapa de ensino importante de ser considerado neste estudo. Nesse sentido, entende-se que a experiência da Escola SESC de Ensino Médio pode oferecer contribuições valiosas para a perspectiva de educação integral cidadã na etapa do ensino médio. As variações nas abordagens, contextos e estratégias da Escola SESC de Ensino Médio, o único caso deste estudo que não se trata de escola pública, em relação às outras duas escolas participantes podem fornecer perspectivas sobre seu objetivo comum de endereçar as deficiências ou limitações da educação tradicional.

Desenvolvimento e desenho do projeto

A Escola SESC de Ensino Médio foi estabelecida em 2008 por meio de um projeto idealizado por uma equipe de educadores e executivos do Departamento Nacional do SESC, com o objetivo de criar uma escola modelo com 500 estudantes no Rio de Janeiro que "forneça aos/às estudantes as habilidades necessárias para ter sucesso na sociedade do conhecimento, ao mesmo tempo em que valoriza a educação para a vida" (SESC, 2010, p. 5). Um relatório sobre a história da escola destaca que uma das principais motivações por trás do projeto foi o desejo de introduzir experiências inovadoras destinadas a melhorar a qualidade do ensino médio no Brasil. O documento enfatiza que, embora o acesso ao ensino médio tenha se expandido, o mesmo nível de qualidade não foi alcançado. A proposta visava não apenas melhorar a excelência acadêmica, mas também promover educação que desenvolvesse valores éticos e humanistas (SESC, 2010). A idealização da iniciativa é creditada a Antonio Oliveira Santos, ex-presidente do Departamento Nacional do SESC, que afirmou que o projeto tinha como objetivo criar uma escola que "incluísse os jovens brasileiros na sociedade do conhecimento com ênfase na educação para a vida" (SESC, 2010, p. 3). Além disso, o relatório destaca o propósito da escola de promover a diversidade cultural e educar os/as estudantes tanto para o mercado de trabalho quanto para o exercício da cidadania (SESC,

2010, p. 3). Esses objetivos estão alinhados com aqueles estabelecidos pela Constituição Federal do Brasil e também estão associados à perspectiva de educação integral cidadã.

Para desenvolver o projeto, uma equipe realizou visitas técnicas a escolas de ensino médio no Brasil e no exterior[21]. Além disso, um estudo de viabilidade realizado por uma consultoria privada foi conduzido para analisar os investimentos necessários e os custos operacionais, e uma comissão consultiva desenvolveu o projeto acadêmico da escola, a estrutura curricular e organizacional, o modelo de gestão e os processos de seleção de estudantes e professoras/es (SESC, 2010). O projeto resultou na construção de uma estrutura física e tecnológica que inclui apartamentos para estudantes e parte do corpo docente e funcionários, um teatro com 600 lugares, um refeitório com capacidade para 700 refeições, uma biblioteca multimídia ampla, vários campos esportivos, um laboratório como espaço maker[22] e laboratórios de ciências naturais. A escola foi projetada como um projeto nacional, para selecionar estudantes de todo o país, com critérios de admissão que priorizam estudantes de baixa renda e aqueles de famílias da indústria de bens, serviços e turismo. Os/as estudantes admitidos recebem uma bolsa de estudos integral de três anos, incluindo acomodação, alimentação, assistência médica e materiais. Até 2019, cerca de 500 estudantes e cerca de 50 professoras/es com suas famílias residiam na escola.

---

[21] As escolas visitadas no Brasil incluíram o Colégio Bittencourt, o Instituto de Tecnologia ORT e a Escola Técnica Estadual Juscelino Kubitschek no Rio de Janeiro; o Colégio Militar e a Escola SESC em Brasília; a Escola SESC em Goiânia; e o Instituto de Educação Ivoti no Rio Grande do Sul. A equipe também visitou a Suffield Academy em Connecticut, Williston Northampton School e Deerfield School em Massachusetts, bem como escolas internas em tempo integral em Cuba (SESC, 2010). Essa equipe incluiu Claudia G. Fadel, que atuou como diretora da escola de 2008 a 2018, sendo sucedida por Luiz Fernando de Moraes Barros.

[22] O espaço *maker* é um laboratório de tecnologia associado à cultura *maker*, que enfatiza a aprendizagem por meio da experiência prática e do uso de tecnologia. Ele fornece equipamentos como impressoras 3D, ferramentas robóticas e ferramentas de marcenaria, entre outros (Raabe; Gomes, 2018).

A análise do relatório citado e dos dados de entrevistas e observações de campo sugere pelo menos três características principais da origem e do desenho do projeto da Escola SESC de Ensino Médio que a distinguem das outras duas escolas participantes deste estudo e que podem afetar os resultados sociais observados na perspectiva de educação integral cidadã. Em primeiro lugar, a Escola SESC de Ensino Médio foi estabelecida como um projeto de educação integral em período integral desde o início, com uma infraestrutura bem equipada e apoio interinstitucional. Ter esses recursos permite à Escola SESC de Ensino Médio superar alguns dos desafios enfrentados pelas outras duas escolas, que muitas vezes lutavam com recursos limitados e barreiras formais à inovação. Em segundo lugar, em contraste com as outras escolas que atendem suas comunidades locais, a população estudantil da Escola SESC de Ensino Médio vem de várias regiões do país e, até mudanças recentes, todos os/as estudantes moravam no campus com contato reduzido com barreiras e desafios socioeconômicos e de outras naturezas externos à escola, o que também pode afetar os resultados. Um terceiro aspecto consiste no tipo distinto de relação estabelecida com a comunidade/território circundante. Até recentes modificações no projeto, poucos/as estudantes advinham das comunidades vizinhas, o que influenciou o tipo de conexão possível com o território local. Uma interpretação possível é que o tipo de integração comunitária gerado pela escola está mais relacionado com sua experiência multicultural de integração de estudantes de regiões distintas do que com a comunidade local. Além disso, é importante destacar que o projeto foi formulado por um grupo de especialistas, em contraste com as outras duas escolas, onde o engajamento comunitário determinou as características e estratégias educacionais de seus projetos. Essa diferença não tem a intenção de diminuir a importância do envolvimento de especialistas, mas sim sugerir que a forma como um projeto de educação integral é projetado pode influenciar o tipo de relação produzida e construída com o seu contexto e território.

"Uma escola dos sonhos"

Os participantes entrevistados neste estudo frequentemente se referiram ao projeto como uma "escola dos sonhos" (Entrevistado Rafael, 2021; Entrevistado Estevão, 2022), elogiando aspectos como sua estrutura física, a qualidade de seus professoras/es e funcionários, os serviços oferecidos (como refeições e apoio à saúde) e sua característica de reunir estudantes de diferentes origens territoriais e culturais. De fato, a visita presencial à escola revela uma estrutura potente, incluindo sua bela arquitetura, campus verde exuberante, teatro, ginásio poliesportivo e salas de aula e laboratórios equipados com alta tecnologia. Como mencionado, a escola foi projetada para oferecer uma abordagem de educação integral que inclui tanto educação em período integral (das 8h às 17h aproximadamente) quanto desenvolvimento humano integral, por meio de uma variedade de aulas e atividades que envolvem arte, dança, música, oficinas de teatro, esportes, experiências em laboratórios de ciências e tecnologia e projetos de aprendizado de serviço. Os/as estudantes também têm a oportunidade de participar de cursos profissionalizantes.

A Escola SESC de Ensino Médio é organizada em turmas de cerca de 20 estudantes, contando com professores/as em tempo integral, muitos/as exclusivamente dedicados/as à escola, que recebem melhor remuneração em comparação com os/as professores/as de escolas públicas regulares. De acordo com docentes entrevistados, a formação contínua e os incentivos à pesquisa fornecidos pela escola, bem como o tempo remunerado para planejamento e desenvolvimento de atividades pedagógicas fora da sala de aula, são cruciais para garantir a qualidade da educação na escola (Entrevistado Guilherme, 2022; Entrevistada Lidiane, 2022). Como os/as estudantes da escola têm principalmente entre 14 e 17 anos, regras rígidas quanto à sua mobilidade estão em vigor. Eles não têm permissão para sair do campus sem autorização dos pais. Além disso, aqueles que entram na escola são submetidos a procedimentos de segurança rigorosos.

A escola inclui aspectos relacionados à formação cidadã tanto durante as discussões em aula quanto em atividades multidisciplinares eletivas. Seu programa de Iniciação Científica (no qual os/as estudantes aprendem os primeiros passos da pesquisa) e o Projeto de Compromisso Social (no qual os/as estudantes desenvolvem iniciativas sociais com a comunidade local) também foram destacados em entrevistas como iniciativas importantes para promover a educação integral (Entrevistado Felipe, 2022). A escola incentiva metodologias de aprendizagem ativa, mas permite que os/as professores/as escolham a abordagem que consideram mais eficaz. "*Acreditamos no modelo de aprendizagem ativa, reflexão-ação e ação novamente, mas isso não significa que necessariamente eliminaremos episódios de aula expositiva, mesmo que sejam seguidos por debates e promoção de pensamento crítico*" (Entrevistada Virgínia, 2022). Além disso, dados da escola revelam a forte conexão entre cultura, artes e educação na Escola SESC de Ensino Médio, evidenciada na estrutura robusta de teatro, com uma agenda ativa de shows e espetáculos que também envolve os/as estudantes e o currículo. Um ponto crucial destacado nas entrevistas com vários participantes é a ideia de que a Escola SESC de Ensino Médio é uma "comunidade de aprendizes", em que não apenas os/as professores/as, mas também os/as estudantes, gestores/as e integrantes da equipe são considerados/as educadores/as (Entrevistados Samuel; Virgínia, 2022). As principais estratégias educacionais da Escola SESC de Ensino Médio, conforme extraídas de entrevistas e análise de documentos, incluem:

- **Jornada escolar integral:** A jornada inclui atividades das 8h às 17h, incluindo disciplinas comuns pela manhã e itinerários formativos no período da tarde.
- **Projeto Pedagógico Cultural (PPC):** A escola renomeou seu Projeto Político Pedagógico (PPP) para Projeto Pedagógico Cultural (PPC) para enfatizar que reconhece a cultura como um aspecto fundamental do processo educacional. O PPC incorpora artes, conhecimento, cultura e pensamento crítico em seu currículo. A escola também possui um espaço cultural bem equipado, incluindo um teatro, sala de dança, camarim e laboratórios artísticos. A agenda cultural oferece shows artísticos a cada duas semanas.

- **Pedagogias de aprendizagem ativa:** A escola utiliza vários métodos alinhados com uma abordagem de aprendizagem ativa.
- **Itinerários formativos:** Em 2022, a escola adaptou seu currículo às novas diretrizes estabelecidas pela Base Nacional Comum Curricular brasileira e pela Reforma do Ensino Médio mencionada. A escola oferece mais de 100 unidades curriculares dentro de cinco itinerários formativos, quais sejam: Matemática, Linguagens, Ciências da Natureza, Ciências Humanas e Formação Profissional.
- **Equipe e estrutura de apoio à saúde:** A escola fornece uma equipe e estrutura de apoio à saúde, incluindo uma cozinha industrial que produz refeições nutritivas para os/as estudantes e um projeto de monitoramento de peso conduzido por uma nutricionista em colaboração com outros profissionais de saúde. Os/as estudantes também têm acesso a uma unidade de saúde local no campus e plano de saúde privado enquanto matriculados/as.
- **Tutoria:** Cada professor/a residente e integrante da equipe é designado/a para um grupo de 10 estudantes por meio de um programa chamado Tutoria. Este programa fornece apoio e orientação para o bem-estar social e emocional, e para o desempenho acadêmico dos/as estudantes.
- **Aprendizagem em serviço – projetos sociais:** A escola tem tradição de fomentar projetos sociais nas comunidades próximas, que assumiram várias formas ao longo dos anos. Recentemente, esses projetos se tornaram itinerários formativos opcionais por meio de uma abordagem de aprendizagem em serviço. O/a professor/a atua como orientador/a, mas os/as estudantes têm um papel central no desenvolvimento do projeto, incluindo o diagnóstico, planejamento e execução.
- **Assembleias estudantis:** Oportunidades para os/as estudantes discutirem aspectos diversos relacionados à organização da escola, sem agenda preestabelecida.

- **Reuniões estudante-professor:** Essas reuniões permitem que os/as estudantes deem contribuições para o planejamento dos/as professores/as.
- **Coletivos de estudantes:** A escola tem promovido a formação de grupos para envolver em discussões e trabalhar como espaços seguros para estudantes minoritários se apoiarem mutuamente e organizarem iniciativas relacionadas a temas como racismo, homofobia e sexismo. Exemplos de coletivos estudantis atuais são o "Se-lo Negro", um coletivo para estudantes negros/as e pardos/as para abordar questões de discriminação étnica e racial, e "Três Marias", que aborda discriminação de gênero.
- **Programa LEVE (Programa Leve):** LEVE significa "Lazer, experiência, vivência e emoção". Este programa promove atividades culturais e de lazer tanto no campus quanto fora dele, com foco em promover oportunidades de descanso e diversão para os/as estudantes. Isso inclui eventos culinários, passeios culturais pelo Rio de Janeiro e uma sala de lazer equipada com jogos para os/as estudantes relaxarem e se divertirem.
- **"Torneio das Casas":** Esta é uma competição esportiva organizada pelos/as estudantes com o apoio de professoras/es de educação física. É inspirado no "Torneio das Casas" de Harry Potter.
- **Avaliação:** Não há um formato único para as avaliações e os professores/as podem ter flexibilidade no uso de abordagens distintas, como os exames escritos tradicionais, mas também seminários, trabalhos, exercícios orais e outros. A escola também evita a tradicional "Semana de Provas" adotada por muitas escolas de ensino médio brasileiras.

Para contextualizar acerca dos resultados de desempenho acadêmico ante os indicadores nacionais, vale ressaltar que a Escola SESC de Ensino Médio não possui uma taxa específica do IDEB (Índice de Desenvolvimento da Educação Básica), porque essa taxa é calculada por meio de amostragem no caso de escolas privadas no Brasil. No entanto, a escola participa do Programa Internacional de Avaliação de Estudantes (PISA), da Organização para a Cooperação e Desenvolvimento Econômico (OCDE), para escolas, que fornece pistas sobre o desempenho acadêmico em comparação com os padrões internacionais, bem como resultados do PISA do Brasil em relação a aspectos acadêmicos e socioemocionais. O relatório PISA de 2020 para a Escola SESC de Ensino Médio (OECD, 2020b) revelou que a escola teve um desempenho significativamente melhor em Leitura, Matemática e Ciências que o Brasil e os países da OCDE[23]. O relatório também indicou descobertas correspondentes às avaliações dos aspectos socioemocionais dos/as estudantes. Por exemplo, identificou que as percepções dos/as estudantes sobre motivação para aprender na Escola SESC de Ensino Médio eram mais altas do que as médias nacionais e da OCDE, assim como os incidentes relatados de *bullying* eram muito menores (OECD, 2020b). Além disso, dados da Escola SESC de Ensino Médio informam que 100% dos/as estudantes que se formaram no SESC ingressaram no ensino superior, com 72% tendo já concluído a graduação e 28% em andamento, de acordo com uma pesquisa realizada com estudantes formados entre 2008 e 2018 (SESC, 2018).

A partir de 2020, a Escola SESC de Ensino Médio passou por mudanças administrativas e modificações de formato em seu projeto original. A principal alteração relatada em entrevistas refere-se à descontinuação de seu formato residencial, o que também implica que o perfil dos/as estudantes agora será principalmente local, uma vez que se locomoverão diariamente de suas casas para o campus. De acordo com uma nota publicada pelo Departamento Nacional do SESC, essa mudança começou no processo

---

[23] A amostra de estudantes para o Ensino Médio do SESC foi composta por 80 estudantes, que alcançaram uma média de pontuação de 547 em Leitura, 539 em Matemática e 546 em Ciências. Em comparação, as pontuações do Brasil foram de 413 em Leitura, 384 em Matemática e 404 em Ciências, enquanto as pontuações da OCDE foram de 485 em Leitura, 478 em Matemática e 486 em Ciências (OECD, 2020b).

de admissão de estudantes de 2019 e será implementada gradualmente até 2024 (SESC, 2021). A principal preocupação expressa pelos entrevistados é a possibilidade de os/as professores/as e funcionários não conseguirem se relacionar e apoiar os/as estudantes mais de perto, bem como a perda de oportunidades educacionais e culturais resultantes da diversidade multicultural do campus, que incluía uma variedade de sotaques, práticas culturais e outras características de estudantes de todo o país. As mudanças foram criticadas em um artigo de jornal por ex-estudantes que experimentaram o formato residencial e valorizaram sua relevância (Marques, 2021). Por outro lado, muitos/as entrevistados/as destacaram que esta mudança possibilitará expansão significativa de vagas na escola e incluirá estudantes de baixa renda do Rio de Janeiro, inclusive das comunidades em vulnerabilidade social que circundam a escola. A instituição pretende dobrar sua capacidade de matrícula, com o objetivo de alcançar 1.020 estudantes até 2025 (SESC, 2021).

2

REFERÊNCIAS E PERCEPÇÕES DAS ESCOLAS QUANTO À EDUCAÇÃO INTEGRAL (CIDADÃ)

Diante dos diferentes modos de compreender o conceito e as formas de implementação da educação integral no Brasil, conforme discutido na Parte I deste estudo, sentiu-se a necessidade, para responder à primeira pergunta de pesquisa, de primeiramente analisar como as escolas invocam, compreendem e valoram a perspectiva da educação integral. Assim, para iniciar a análise referente à primeira pergunta levantada pelo estudo, no sentido de compreender como as experiências das escolas participantes se relacionam com a educação integral, esta seção examina o uso desse termo em documentos que refletem as perspectivas educacionais das escolas e explora as percepções dos professoras/es e gestoras/es entrevistados/as sobre a relação do conceito de educação integral cidadã com suas respectivas escolas.

Vale ressaltar que as três escolas participantes deste estudo servem a etapas e modalidades distintas da educação básica e apresentam diferenças significativas em suas trajetórias, organização escolar e curricular, entre outras. Todavia, conforme discutido a seguir, foi possível identificar que elas também compartilham importantes semelhanças, que são reveladoras de suas estreitas conexões com a perspectiva da educação integral cidadã.

Referência à educação integral em documentos

O termo "educação integral" está presente nos documentos analisados das escolas participantes[24], bem como nas entrevistas realizadas.

[24] Os documentos analisados são o Plano Político-Pedagógico (PPP) da EMEF Campos Salles e o do CIEJA Campo Limpo, bem como a seção de abertura do Catálogo de Cursos da Escola SESC de Ensino Médio. No último caso, optei por não utilizar o PPP, pois este estava menos atualizado do que o referido catálogo, conforme informado pela gestão da escola.

Quando alinhado com o conceito de educação integral cidadã, discutido anteriormente, o termo aparece com frequência no Projeto Político Pedagógico (PPP) da EMEF Campos Salles (mais de dez vezes), três vezes no PPP do CIEJA Campo Limpo, e três vezes na seção de apresentação do Catálogo de Cursos da Escola SESC de Ensino Médio.

Os trechos a seguir demonstram as referências ao conceito de educação integral nesses documentos:

Trecho do PPP da EMEF Campos Salles:

> *[Justificativa do projeto]* Cria uma nova cultura do educar, que transcende a escola, mas se associa a ela para buscar, explorar e desenvolver todos os potenciais educativos da comunidade, visando à educação integral das suas crianças e jovens, dos adultos e dos idosos. [...] buscando alternativas de comunicação, conscientização, acolhimento, pensando no estudante como um ser integral (cognitivo, físico, social e emocional) (EMEF P. Campos Salles, 2021, p. 5, 40).

Trecho do PPP do CIEJA Campo Limpo:

> A questão chave que se coloca é como potencializar uma educação que de fato atenda a pessoa em sua integralidade, envolvendo aspectos mentais, afetivos, intelectuais, corporais, existenciais, além de oferecer elementos e subsídios para o enfrentamento de desafios na sua comunidade e no mercado de trabalho. [...] Esse caminho, pouco a pouco, rumava para a discussão e compreensão do conceito da Educação Integral, para mobilizar espaços da comunidade fortalecendo o processo de ensino-aprendizagem (CIEJA Campo Limpo, 2021, p. 6).

Catálogo de Cursos do Escola SESC de Ensino Médio:

> A Escola Sesc de Ensino Médio, fundada em 2008, oferece uma educação efetivamente integral para uma comunidade de estudantes e alunas que representa a vasta diversidade

> cultural brasileira. [...] Nosso compromisso, já expresso na missão institucional, é com a realização de uma educação integral, ancorada na excelência acadêmica, na ética do trabalho, na curiosidade intelectual e investigativa, no desenvolvimento físico e emocional, na criatividade, na responsabilidade social, no diálogo e no respeito às diferenças, sejam elas de qualquer ordem, individuais ou coletivas (SESC, 2019, p. 3).

A análise dos documentos das três escolas ajuda a evidenciar que a noção de "educação integral" foi tratada como a perspectiva que compreende os/as estudantes em sua inteireza, levando em conta suas várias dimensões, mas também como uma abordagem que envolve outros elementos, tais como a educação para e na cidadania, para o pensamento crítico e para a integração com o território. Por exemplo, os PPPs da EMEF Campos Salles e do CIEJA Campo Limpo, bem como o documento da Escola SESC ressaltam, quando se referem à educação integral, aspectos proximamente ligados à noção de cidadania adotada neste estudo e à formação do pensamento autônomo e crítico, quando, em seus textos, relacionam a educação integral à promoção da conscientização e do acolhimento, à preocupação que a escola se engaje também nos desafios enfrentados pela comunidade e na preparação para o mundo do trabalho, ao fomento à responsabilidade social e ao respeito à diversidade. Esses aspectos podem ser notados nos seguintes trechos dos excertos apresentados: "buscando alternativas de comunicação, conscientização, acolhimento" (EMEF Campos Salles), "além de oferecer elementos e subsídios para o enfrentamento de desafios na sua comunidade e no mercado de trabalho" (CIEJA Campo Limpo) e "ancorada na excelência acadêmica, na ética do trabalho, na curiosidade intelectual e investigativa, no desenvolvimento físico e emocional, na criatividade, na responsabilidade social, no diálogo e no respeito às diferenças, sejam elas de qualquer ordem, individuais ou coletivas" (Escola SESC de Ensino Médio).

Acerca da integração com o território, os PPPs da EMEF Campos Salles e do CIEJA Campo Limpo conectaram explicitamente a educação integral às suas comunidades e territórios (como nos trechos dos excertos citados, "cultura do educar, que transcende a escola, mas se associa a ela" e "compreensão do conceito da Educação Integral, para mobilizar espaços da comunidade fortalecendo o processo de ensino-aprendizagem"). Respondendo às especificidades de seu contexto de escola-residência composta por estudantes de diversas regiões do país, o documento do Escola SESC de Ensino Médio enfatizou a importância de sua comunidade interna, marcada pela diversidade (como neste trecho: "efetivamente integral para uma comunidade de estudantes e alunas que representa a vasta diversidade cultural brasileira"), embora também tenha destacado a responsabilidade social como elemento-chave quando da explicitação do conceito de educação integral.

Além disso, nota-se que a presença de referências explícitas à educação integral nos documentos destas escolas inovadoras indica que o conceito parece estar cada vez mais consolidado no debate educacional brasileiro. Essa tendência corresponde à interpretação oferecida na literatura, que sugere que a abordagem da educação integral cidadã recuperou um lugar no debate educacional nos últimos anos, especialmente após a implementação de políticas nacionais como o Programa Mais Educação ter fomentado práticas e disseminado o conceito Brasil afora (Menezes; Diniz Junior, 2018).

Referência à educação integral em entrevistas

No que diz respeito às percepções dos participantes entrevistados[25], observa-se que os integrantes da Escola SESC de Ensino Médio reconhecem prontamente o termo "educação integral" como parte da perspectiva educacional da escola, dado que ela foi concebida especificamente como uma instituição de educação integral e em jornada ampliada. Entrevistadas/os da EMEF Campos Salles e do CIEJA Campo Limpo também

[25] A respeito da adequação do uso do conceito de educação integral para caracterizar a escola, é importante esclarecer que esta questão foi tratada especificamente com o perfil de entrevistado gestoras/es escolares e professoras/es, porque elas/eles geralmente estão mais diretamente envolvidas/os em discussões e formação acerca da abordagem pedagógica da escola.

confirmaram essa compreensão, fornecendo justificativas relacionadas à conceituação da educação integral cidadã adotada nesta pesquisa. Apenas um entrevistado do CIEJA Campo Limpo expressou que o termo não era necessariamente ideal para se referir à escola, pois o conceito "*foi cooptado por uma perspectiva mais neoliberal da educação*" e que "*muitas escolas em tempo integral tiveram experiências problemáticas, pois não oferecem estrutura e recursos humanos, apenas expandem o tempo*" (Entrevistada Helen, 2022). Isso sugere que o conceito de educação integral está em disputa e que o debate requer aprofundamento, como mencionado na Parte I. Todavia, ressalta-se que, para a maioria dos participantes, o conceito de educação integral pode ser aplicado e é alinhado à perspectiva educacional adotada em suas escolas. Essa evidência pode indicar a importância de se ressaltar que os aspectos de formação para e na cidadania, que estimulam o pensamento autônomo e crítico, que se engajam na promoção de direitos sociais dos estudantes e dos demais integrantes da comunidade escolar e no fortalecimento da agenda educacional junto da comunidade e no território, são importantes para a composição do conceito de educação integral.

Em sintonia com os documentos das escolas, os participantes entrevistados também associaram comumente o conceito de educação integral à ideia de considerar os/as estudantes em suas múltiplas dimensões e adicionaram elementos a este conceito. Participantes de todas as três escolas enfatizaram a necessidade de uma educação alinhada aos interesses dos/as estudantes e a seu protagonismo, ajudando-os a se preparar para a cidadania e promovendo seus direitos cidadãos. Vários entrevistados também destacaram a importância de abordar o bem-estar social e emocional dos/as estudantes. Os trechos a seguir constituem exemplos representativos de suas respostas à pergunta sobre a pertinência do uso do conceito de educação integral em relação às suas escolas:

EMEF Campos Salles:

> *Sim, o projeto desenvolve todo o potencial dos/as estudantes, porque vê o estudante como um todo, até por causa do Tutoria que os professoras/es desenvolvem, então cada*

professor tem seus estudantes e fará essa análise como um todo do estudante. Eu vejo isso como uma educação integral (Entrevistada Liz, 2022).

[Nós buscamos desenvolver] *o mais importante na vida de um educador, que é entender que o estudante é um ser integral, o estudante é um ser competente, que é capaz de se organizar individual e coletivamente para aprender e viver* (Entrevistada Cecília, 2021).

CIEJA Campo Limpo:

Não exatamente a chamamos [de escola de educação integral], mas devemos ser vistos como parte dessa discussão de educação integral porque acolhemos tudo o que o estudante precisa [...] O CIEJA integra esse indivíduo e sua vida também. Pessoal, profissional, social [...] Então, sim, considero que é uma educação integral (Entrevistada Luana, 2021).

Sim. Até temos algumas diretrizes oficiais que relatam a abordagem de educação integral como um objetivo [...] Já é uma prática muito comum no CIEJA. É justamente quando você olha para esse estudante como um todo [...] em uma perspectiva educacional que vai além das questões pedagógicas, em direção a uma educação muito mais cidadã (Entrevistada Milena, 2021).

Escola SESC de Ensino Médio:

Dizemos que nossa escola apresenta uma proposta de ensino de educação integral não apenas porque é em tempo integral. Nossa proposta é de educação integral porque trabalhamos com todas as disciplinas, apresentamos uma visão muito abrangente do que está sendo trabalhado em sala de aula [...] É integral por causa dos recursos culturais que temos disponíveis [...] Refere-se à formação de um ser humano integral. Com a visão menos limitada possível, com uma visão expandida da vida e do mundo (Entrevistada Patrícia, 2022).

> *Algo essencial para uma educação de qualidade é estar focado na formação integral do estudante e na formação globalizada desse estudante. Assim, ele se forma, para que possa ser um cidadão ativo na sociedade e observar o que está acontecendo no mundo* (Entrevistada Lidiane, 2022).

Entrevistados da EMEF Campos Salles e do CIEJA Campo Limpo destacaram com mais frequência a importância do aspecto socioemocional e dos desafios relacionados ao apoio necessário aos/às estudantes para lidar com diferentes tipos de violência que enfrentam diariamente, embora isso também tenha sido uma preocupação frequente dos integrantes da Escola SESC de Ensino Médio. Um aspecto mencionado apenas pelas/os professoras/es da Escola SESC de Ensino Médio foi a percepção de que a educação integral também está conectada a uma educação mais "globalizada", no sentido de se expandirem as fronteiras nacionais, de forma a expandir o conhecimento, o envolvimento e as oportunidades dos/as estudantes além do contexto local. De fato, seria um tema interessante para futuras pesquisas examinar o alinhamento da Escola SESC de Ensino Médio com uma perspectiva de "educação para a cidadania global", conforme mencionado na Parte I deste estudo. De fato, dados da Escola SESC de Ensino Médio sugerem que a escola incorpora esses temas em seu currículo por meio de discussões em sala de aula, promovendo o engajamento dos/as estudantes com valores de cidadania que extrapolam a dimensão local em uma visão multicultural e socialmente engajada. Isso está provavelmente relacionado às possibilidades da Escola SESC de Ensino Médio de promover uma perspectiva de educação mais internacionalizada, que oferece incentivos como oportunidades de intercâmbio acadêmico internacional, palestras com convidados externos sobre perspectivas multiculturais e recursos para informar os/as estudantes sobre a busca de ensino superior no exterior.

A maioria dos participantes com quem conversei sobre o conceito de educação integral estava suficientemente familiarizada com o conceito para relacioná-lo às suas escolas. Apenas um professor expressou desconforto, afirmando que precisaria aprender mais sobre o tópico antes de discuti-lo. Um entrevistado que atua como técnico em uma Secretaria Municipal de Educação disse em nossa entrevista que tem observado uma crescente familiaridade entre as/os professoras/es com a ideia de educação integral "*como uma maneira de transformar a educação tradicional*", pois está sendo abordada com mais frequência em documentos oficiais como o currículo municipal e em iniciativas de formação de professoras/es (Entrevistado Lauro, 2022).

3

ESTRATÉGIAS ASSOCIADAS AOS SEIS PILARES DA EDUCAÇÃO INTEGRAL CIDADÃ

Esta seção examina a relação entre as estratégias educacionais implementadas pelas escolas e os seis pilares da educação integral cidadã apresentados na Parte I. As estratégias educacionais foram identificadas por meio de um processo de codificação estruturada (Saldaña, 2016), para se buscarem padrões e interpretar temas nos dados relacionados às "estratégias educacionais", conforme definição apresentada no capítulo de metodologia. Para identificar tais estratégias nos dados produzidos no escopo deste estudo, foram examinadas as percepções dos participantes das entrevistas, documentos das escolas e minhas próprias notas de campo – focadas em aspectos como atividades, aulas, eventos e comportamentos – sobre diversos fatores escolares, como pedagogias, currículo e clima escolar. Essa análise gerou 60 códigos representando estratégias educacionais, que foram manejadas de duas maneiras principais. Primeiro, os códigos (estratégias) foram organizados em relação aos seis pilares da educação integral cidadã, conforme apresentado na Tabela 3. Em segundo lugar, eles foram classificados em oito categorias, posteriormente agrupadas em três temas principais, a partir de uma análise temática dos dados que fornecesse um resumo dos principais enfoques das escolas em suas perspectivas e práticas educacionais. Estes temas gerados são: "O estudante em suas múltiplas dimensões (e seus múltiplos direitos)", "Educação ética, democrática e cidadã" e "Contaminação escola-comunidade". Os temas e suas respectivas subcategorias serão desenvolvidos mais detalhadamente nas próximas subseções. O objetivo não é classificar essas escolas como "escolas de educação integral (cidadã)" ou não, mas, sim, obter uma compreensão aprofundada de suas abordagens, no sentido de indicar lições que possam ser úteis para a formulação e implementação de outras experiências e políticas relacionadas à educação integral.

Vale esclarecer que, enquanto o Capítulo 1 desta Parte II ofereceu uma introdução ampla às trajetórias, contextos e estratégias adotadas pelas escolas participantes, este Capítulo 3 considera as estratégias educacionais com mais profundidade e inclui fatores escolares não detalhados anteriormente, como aqueles referentes ao clima escolar, ao perfil dos integrantes da escola e a atividades e experiências informais.

A análise dos dados revelou que todas as três escolas participantes apresentam estratégias específicas para cada um dos seis pilares da educação integral cidadã listados neste trabalho, embora algumas estratégias possam variar de uma escola para outra, como delineado na tabela a seguir. Por exemplo, a Comissão de Mediação de Estudantes e a Tutoria são estratégias essenciais para se abordarem aspectos socioemocionais dos/as estudantes nas EMEF Campos Salles e na Escola SESC de Ensino Médio, respectivamente. Para o CIEJA Campo Limpo, é o uso de recursos em sala de aula pelas/os professoras/es no dia a dia, como a Frase do Dia e o Diário de Bordo dos/as estudantes, que oferece oportunidades para os/as estudantes discutirem suas realidades de maneira que garantam que sejam ouvidos/as e apoiados/as, em suas múltiplas dimensões, pela escola. Para manter claros esses aspectos na tabela, sempre que uma determinada estratégia não foi adotada por todas as três escolas, indiquei entre parênteses os nomes das escolas que incorporam tais estratégias como parte de suas perspectivas e práticas educacionais. Desse modo, os itens da tabela que não apresentam indicação da escola entre parênteses se referem àqueles adotados pelas três escolas. Além disso, vale ressaltar que a tabela constitui um esforço de sistematização, mas não negligencia o fato de que múltiplos pilares e estratégias são fortemente inter-relacionados e interdependentes para alcançarem a educação integral cidadã.

Tabela 3 – Estratégias das escolas participantes relacionadas à educação integral cidadã

Pilares da educação integral cidadã	Estratégias adotadas pelas escolas participantes para implementar suas perspectivas educacionais
(1) O/a estudante em sua inteireza	• Relações afetivas e empáticas entre professores e estudantes • Professores conhecem individualmente seus/suas estudantes e seus contextos de vida • Todos/as os/as funcionários/as são considerados/as educadores/as • Conexão com recursos de assistência social para estudantes em situação de vulnerabilidade socioeconômica • Respeito ao ritmo de aprendizado dos/as estudantes • Alimentação escolar • Escolas e educadoras/es que ressignifiquem a mentalidade educacional baseada em valores (pseudo) meritocráticos e de classe média • Atividades/aulas e projetos integrados ao currículo para diversos aspectos do desenvolvimento humano • Escolas e professores/as fortemente comprometidos/as com o processo de aprendizagem de cada aluno • Tutoria (Campos Salles e Escola SESC de Ensino Médio) • Comissão de mediação liderada por estudantes (EMEF Campos Salles) • Diários de Bordo dos/as estudantes e atividades extraclasse de redação (CIEJA Campo Limpo)

(2) Democracia e Cidadania	• Educação para e na cidadania em uma abordagem interdisciplinar e transversal • Estímulo ao pensamento crítico • Centralidade dos valores definidos como parte da cultura escolar (por exemplo, autonomia, solidariedade, respeito) • Promoção do empoderamento estudantil, ao respeito e à valorização da diversidade, da autoestima e da empatia • Relações horizontais entre educadoras/es e estudantes • Crença na competência dos estudantes para participar dos processos de tomada de decisão • Solução coletiva de problemas e realização de Assembleias • Acesso aberto à administração escolar • Lideranças democráticas e socialmente comprometidas • Aprendizagem colaborativa entre estudantes • Aprendizagem baseada em temas eleitos pelos estudantes (EMEF Campos Salles e CIEJA Campo Limpo) • Grêmio Estudantil ativo (EMEF Campos Salles e Escola SESC de Ensino Médio) • Conselho Escolar ativo (EMEF Campos Salles e CIEJA Campo Limpo) • República dos Estudantes (EMEF Campos Salles) • Coletivos liderados por estudantes para discussões relacionadas à identidade e apoio mútuo (Escola SESC de Ensino Médio)

(3) A comunidade e o território	• Relações orgânicas com a comunidade local (EMEF Campos Salles e CIEJA Campo Limpo) • Projetos sociais comunitários e abordagem da aprendizagem em serviço (Escola SESC de Ensino Médio) • Parcerias com movimentos sociais, indivíduos e organizações da sociedade civil • Atividades culturais como teatro e exposições de arte • Comunicação aberta com as famílias • Parceria com associações de moradores locais • Reconhecimento de que a educação não está desconectada da cultura, das questões sociais e do ambiente da comunidade • Reconhecimento da educação como uma questão comunitária (EMEF Campos Salles) • Redução de medidas de segurança (EMEF Campos Salles e CIEJA Campo Limpo) • Construção de um "Bairro Educador"/Caminhada pela Paz (EMEF Campos Salles) • Promoção ou envolvimento com direitos sociais coletivos (por exemplo, Caminhada pela Paz) (EMEF Campos Salles e CIEJA Campo Limpo) • Construção de uma comunidade de aprendizes (Escola SESC de Ensino Médio)

(4) Pedagogias e práticas inovadoras	• Emprego de metodologias ativas • Processo de aprendizagem baseado em pesquisa • Trabalho colaborativo entre estudantes e mesas compartilhadas • Professores/as trabalham de forma colaborativa • Docência compartilhada – mais de um/uma educador/a por sala/salão de estudo (EMEF Campos Salles e CIEJA Campo Limpo) • Salões de estudo em vez de salas de aula tradicionais (EMEF Campos Salles) • Oficinas (EMEF Campos Salles) • Currículo rotativo por áreas de conhecimento (CIEJA Campo Limpo) • Equipe gestora inovadora • Formação e tempo para planejamento remunerados para professores/as • Formação continuada para professores/as e incentivos à pesquisa
(5) Intersetorialidade	• Integração com outras equipes, recursos e espaços do complexo educacional CEU (EMEF Campos Salles) • Integração com outras equipes, recursos e espaços do polo educacional (Escola SESC de Ensino Médio) • Parcerias com órgãos públicos de saúde, moradia e transporte (EMEF Campos Salles e CIEJA Campo Limpo) • Colaboração com organizações da comunidade local • Parcerias com organizações da sociedade civil

(6) (Dignos e justos) Tempos e espaços	• Infraestrutura escolar para laboratórios de ciências, esportes, atividades culturais e artísticas • Estrutura física e tecnológica para a promoção da diversificação de experiências e saberes • Cozinha e instalações de refeitório • Arquitetura representativa das propostas pedagógicas e características da escola, áreas verdes e ambiente acolhedor • Uso flexível do tempo e dos espaços para atender às necessidades das/os estudantes

Embora a Tabela 3 forneça uma lista de estratégias que podem ser discernidas como associadas às experiências das escolas, isso não implica que elas não tenham enfrentado ou não continuem a enfrentar desafios na implementação de tais estratégias. Por exemplo, o acesso à infraestrutura necessária ou a falta de engajamento por parte dos/as educadores/as e famílias e resistência à mudança são uma realidade constante em suas trajetórias, assim como os fatores de natureza socioeconômica que constituem barreiras estruturais para o desenvolvimento integral dos/as estudantes. Nesse sentido, a discussão a seguir também inclui a reflexão sobre a importância da promoção de outros direitos e acesso a serviços para que as estratégias de educação integral cidadã possam ser implementadas, e busca analisar como as diferenças entre os casos indicam caminhos e condições necessárias para sua implementação. Relacionada a isso, uma discussão sobre os fatores escolares referentes às estratégias será explorada mais detalhadamente na Parte III deste estudo.

As seções a seguir discutem os três temas achados neste estudo, que representam as estratégias mais enfatizadas nas práticas educacionais e crenças das escolas participantes, a saber: (i) o estudante em suas múltiplas dimensões (e múltiplos direitos); (ii) educação ética, democrática e cidadã; e (iii) "contaminação escola-comunidade". Para cada tema, também é apresentada uma análise de suas respectivas subcategorias, também identificadas na análise de dados.

O/a estudante em suas múltiplas dimensões (e seus múltiplos direitos)

Este primeiro tema relaciona-se às estratégias das escolas associadas à promoção de uma perspectiva educacional comprometida com o estudante em suas múltiplas dimensões, ou seja, em sua inteireza, o que pode ser considerado pilar fundamental da perspectiva da educação integral cidadã conforme já discutido. A análise dos dados de entrevistas, documentos e observação de campo indica que as escolas participantes enfatizaram dois aspectos-chave relacionados a este tema que traduzem o entendimento desse compromisso com o estudante em suas múltiplas dimensões: um se concentra no "desenvolvimento de múltiplas aprendizagens" (artísticas, físicas, culturais, políticas, etc.); e o outro refere-se ao papel da escola em endereçar os "múltiplos direitos" dos/as estudantes, que atendam às suas necessidades para um desenvolvimento integral. Como mencionado anteriormente, o tópico da promoção aos múltiplos direitos, incluindo os de assistência social e de saúde, é permeado por recorrente controvérsia na literatura – particularmente devido ao questionamento do papel da escola em assumir essas funções –, mas os dados claramente sugerem que as três escolas demonstram forte compromisso com ambos os aspectos.

O primeiro aspecto-chave deste tema reflete o compromisso com o desenvolvimento humano em suas múltiplas dimensões, no sentido de expandir os saberes trabalhados e promover múltiplas aprendizagens, tais como aquelas relativas à cultura, às artes, aos esportes, à ética, ao meio ambiente, aos direitos humanos, entre outras. Isso é feito pelas escolas principalmente por meio da ênfase na promoção de disciplinas de um currículo diversificado, atividades que extrapolam os muros da escola e projetos ou cursos interdisciplinares – principalmente integrados ao currículo – que permitem a exploração dessas várias dimensões. Por exemplo, na EMEF Campos Salles, dados de entrevistas revelaram que a diversificação das experiências educacionais e do currículo deve muito à integração da escola com o Centro Educacional Unificado (CEU), o complexo educacional e cultural mencionado anteriormente, tendo em vista que se ampliaram significativamente as oportunidades de integrar o currículo escolar com atividades e eventos culturais, artísticos e esportivos (Entrevistada Viviane, 2022). No entanto, participantes dessa escola também destacaram a necessidade de mais tempo como um recurso precioso para implementar efetivamente o desenvolvimento humano integral (Entrevistada Silmara, 2021; Entrevistada Viviane, 2022). A Escola SESC de Ensino Médio oferece um contraste interessante nestes aspectos, pois a escola sempre teve um tempo estendido e uma infraestrutura completa, que tem sido utilizada para oferecer aos/às estudantes variedade significativa de atividades artísticas, esportivas, culturais e de engajamento social. Tempo e estrutura foram relatados pelos entrevistados dessa escola, incluindo ex-estudantes, como essenciais para seu desenvolvimento integral (Entrevistados Alice; Felipe, 2022). Este é um ponto importante de atenção, relacionado ao pilar da educação integral cidadã de tempos e espaços dignos e justos. Especificamente, ele apoia o argumento na literatura de que a ampliação da jornada escolar no Brasil e de promoção da melhoria da infraestrutura escolar são aspectos essenciais para a educação integral cidadã (Moll, 2012).

Sem prejuízos para este entendimento, a mesma literatura enfatiza a importância de que os muros da escola sejam extrapolados como estratégia de diversificação das experiências educacionais (Moll, 2012). Nesse sentido, a vivência do potencial educativo de outros equipamentos públicos e o estabelecimento de parcerias com organizações da sociedade civil para aprimorar as oportunidades educacionais dos/as estudantes foram citados pelos entrevistados da EMEF Campos Salles e do CIEJA Campo Limpo como importantes estratégias para que suas escolas ampliem os horizontes formativos de seus estudantes. Importante observar que as parcerias desenvolvidas por essas escolas são formadas com movimentos de base ou organizações da sociedade civil que estão conectados ou fazem esforços para entender e integrar-se com a comunidade local. Elas não estabelecem parcerias com organizações ligadas a interesses privados que estejam desconectadas das experiências e necessidades concretas da comunidade.

Também vale ressaltar que as escolas participantes deste estudo implementam estratégias de avaliação dos/as estudantes alinhadas a uma perspectiva de educação integral cidadã. Essas estratégias de avaliação buscam minimizar testes padronizados tradicionais que acabam por desconsiderar os ritmos e características dos/as estudantes e das escolas em seus contextos (Entrevistadas Joice; Paula, 2022). Práticas inovadoras como o sistema de nota global da EMEF Campos Salles e a abordagem de mapeamento de avaliação do CIEJA Campo Limpo ajudam a avaliar o progresso dos/as estudantes em várias áreas, para além do domínio cognitivo, sem desconsiderar também a importância de se avaliarem as aprendizagens de conteúdos de modo individualizado. A Escola SESC de Ensino Médio, ao evitar a tradicional "Semana de Provas" frequentemente vista em escolas de ensino médio e usar diversas formas de avaliação, parece proporcionar uma compreensão mais abrangente dos processos de aprendizagem de seus estudantes, apesar da pressão dos exames de admissão ao ensino superior, como relatado pelos/as estudantes entrevistados (Entrevistados Samia; Felipe, 2022). De fato, estudantes entrevistados em todas as três escolas relataram que essas abordagens distintas de avaliação contribuem para sua percepção de que as escolas não estão apenas preocupadas com sua performance intelectual nas disciplinas tradicionais, mas com seu desenvolvimento como um todo, incluindo as múltiplas aprendizagens referidas (Entrevistadas Celina; Kátia, 2021; Entrevistados Maíra; Miguel; Samia, 2022). Ressalta-se uma vez mais que o desenvolvimento acadêmico e cognitivo também é prioridade das escolas participantes, como evidenciado pelos/as entrevistados/as que enfatizaram a estratégia relacionada ao forte compromisso dos docentes com o processo de aprendizagem dos conteúdos tradicionais por parte de cada estudante.

O outro aspecto-chave deste tema refere-se ao reconhecimento da importância dos "múltiplos direitos" dos/as estudantes. Refere-se à ênfase dada pelos participantes de todas as escolas em estratégias que garantam direitos sociais relacionados a áreas como saúde (física e mental) e assistência social, para que se criem as condições necessárias ao direito à educação. Este aspecto-chave está ligado a estratégias diversas da Tabela 3, tais como estabelecer conexões com recursos de assistência social e saúde para estudantes em situação de vulnerabilidade socioeconômica, conhecer seus/suas estudantes individualmente para reconhecer os desafios e pontos fortes de cada um/a, e respeitar seus ritmos de aprendizagem. Esta categoria também está intimamente ligada ao estabelecimento de relacionamentos afetivos e empáticos entre os integrantes da escola, especialmente entre professoras/es e estudantes, onde as/os professoras/es são capazes de se colocar no lugar de seus estudantes e criar um espaço seguro onde os/as estudantes se sintam valorizados/as e ouvidos/as. De fato, professoras/es e integrantes da escola entrevistados frequentemente enfatizaram que os aspectos sociais e emocionais dos/as estudantes devem vir em primeiro lugar para que a aprendizagem aconteça. Ex-integrante da administração da EMEF Campos Salles afirmou:

> *Os/as estudantes não vêm para a escola apenas com a cabeça, mas elas/eles vêm com o corpo todo, e, quando vêm com o corpo todo, trazem todas as emoções, todas as histórias, seu conhecimento, pois são um ser integral, em todas as suas dimensões. Então, não é possível que nós educadores/as digamos "Bem, eu vou ensinar apenas minha aula de matemática" e esquecer essa complexidade. Não é possível, porque não há aprendizado se a criança está passando fome, sofrendo violência, sendo reprimida, não sendo ouvida e sem oportunidade de manifestar suas ideias [...] Devemos olhar para eles como cidadãos integrais, seres completos, em sua totalidade, que não vão à escola apenas para aprender português e matemática. É para muito mais* (Entrevistada Laura, 2021).

Essa perspectiva está alinhada com a literatura sobre educação integral cidadã que destaca a importância de não reduzir a aprendizagem a um "intelectualismo pedagógico" que desconsidera a complexidade dos seres humanos, incluindo seus corpos e mentes (Arroyo, 2012). As experiências das três escolas participantes sugerem que pedagogias e práticas inovadoras são importantes para criar as condições para a consideração do estudante integral, incluindo a reorganização de tempos e espaços, como as mudanças no modelo tradicional de aula de 50 minutos com um/a único/a professor/a. Por exemplo, a EMEF Campos Salles e o CIEJA Campo Limpo implementaram um modelo de docência compartilhada (com 2 ou 3 professoras/es por salão de estudo) que permite que as/os professoras/es passem mais tempo com seus estudantes, conhecendo-os como indivíduos em um certo contexto. Na Escola SESC de Ensino Médio, embora as aulas sigam um formato mais convencional com um único professor em um período de tempo reduzido, o programa de tutoria foi considerado efetivo por permitir que as/os professoras/es entendam as famílias, os contextos e as necessidades de seus estudantes.

As estratégias adotadas pelas três escolas incluem estrutura e articulação intersetorial para conseguirem endereçar as necessidades dos/as estudantes, especialmente aquelas relacionadas à saúde e assistência social. Entrevistados/as da Escola SESC de Ensino Médio valorizaram a existência de uma robusta rede de apoio para que tutores/as sejam capazes de conectar os/as estudantes com os serviços necessários. Experiências da EMEF Campos Salles e do CIEJA Campo Limpo também destacam que professoras/es e funcionários da escola adotam a estratégia de estabelecer parcerias com outras instituições públicas ou da sociedade civil organizada para obter o apoio necessário em áreas de saúde e assistência social. A comparação entre as escolas participantes evidencia as vantagens da Escola SESC de Ensino Médio em contar com recursos e estrutura intersetorial para tais serviços, sugerindo que uma abordagem intersetorial estruturada na escola para apoio à saúde social, mental e física seria extremamente benéfica. Isso chama a atenção para a importância dos pilares da educação integral cidadã destacados na Parte I referentes à Intersetorialidade e (Dignos e Justos) Tempos e Espaços, cruciais para que se considerem as múltiplas dimensões do desenvolvimento humano.

Ao conduzir observações de campo em todas as três escolas, foi possível identificar outra estratégia, também destacada por entrevistados/as da EMEF Campos Salles como essencial para a perspectiva de contribuir para a garantia dos múltiplos direitos dos estudantes: "Não se deve impor valores da classe média aos/às estudantes das favelas ou periferias" (Entrevistada Cecília, 2021). Isso significa evitar discursos e práticas ancoradas na perspectiva meritocrática que desconsideram os contextos dos/as estudantes e as barreiras estruturais que enfrentam, como também enfatizado pelo professor Davi da EMEF Campos Salles (Entrevista, 2022). O framework do *self-in-context (*"o sujeito-no-contexto") introduzido na Parte I deste estudo reforça essa perspectiva, enfatizando que o poder de agência dos indivíduos é influenciado pelas estruturas e os contextos que os cercam (Feinstein et al., 2006). Portanto, quando as/os professoras/es e outros funcionários da escola olham para os/as estudantes através das lentes da classe média e da meritocracia, eles/elas podem não entender completamente as atitudes de seus estudantes e podem não ser capazes de identificar corretamente seus potenciais já desenvolvidos e a serem trabalhados.

Em resumo, as escolas participantes demonstraram um forte compromisso em abordar o estudante em sua inteireza, enfatizando i) a necessidade de ampliação do currículo e das experiências educacionais para a construção de múltiplas aprendizagens; ii) o reconhecimento e a busca pelo endereçamento de direitos sociais e de saúde que dialoguem com as múltiplas dimensões dos sujeitos. As estratégias citadas utilizadas para esses fins reforçam o argumento de estudiosos anteriores de que as escolas devem se envolver em estratégias que alarguem o currículo e as práticas educacionais visando à formação integral e que abordem as necessidades sociais e emocionais dos/as estudantes (Moll, 2012; Arroyo, 2012; Ferreira; Bernardo; Menezes, 2018). As estratégias estavam conectadas não apenas ao pilar "Estudante em sua Inteireza" da educação integral cidadã, mas também podem estar ligadas a outros pilares distintos, a saber, "Pedagogia e práticas inovadoras", "Intersetorialidade" e "(Dignos e Justos) Tempos e Espaços". Essas estratégias envolveram, por exemplo, o desenvolvimento de relacionamentos empáticos e mais próximos entre professoras/es e estudantes, o fornecimento de recursos e conexões com serviços de saúde e sociais, a reorganização de horários e espaços físicos para atender melhor às necessidades dos/as estudantes e a incorporação de atividades curriculares integradas e abordagens de avaliação que também promovem o desenvolvimento cultural, artístico e físico.

Educação ética, democrática e cidadã

O segundo tema principal identificado nos dados das três escolas, "Educação ética, democrática e cidadã", relaciona-se principalmente com o pilar da educação integral cidadã "Democracia e Cidadania". Os aspectos-chave deste segundo tema e que compõem a experiência das escolas participantes são: "o estabelecimento de um sistema ético", "a implementação de estratégias e práticas democráticas" e "educação para a cidadania e o pensamento crítico".

O aspecto do "estabelecimento de um sistema ético" baseia-se na observação de que as escolas participantes atribuem grande importância à definição dos valores e princípios a guiarem sua cultura escolar. Isso foi denominado como um "sistema ético" por uma participante entrevistada da EMEF Campos Salles (Entrevistada Cecília, 2021). De fato, os cinco princípios da EMEF Campos Salles mencionados anteriormente foram citados espontaneamente por quase todos os participantes entrevistados daquela escola, sendo reconhecidos inclusive por integrantes da comunidade de Heliópolis com os/as quais conversei. Durante minha visita à biblioteca comunitária em Heliópolis, observei os valores da escola pintados nas paredes e uma entrevistada relatou que as lideranças locais constantemente se referem a esses valores em seus discursos (Entrevistada Cecília, 2021). Da mesma forma, os valores do CIEJA Campo Limpo foram recorrentemente citados por diferentes participantes entrevistados da escola. Em ambos os casos, os valores foram escolhidos democraticamente com a participação dos diferentes integrantes da comunidade escolar. Vale ressaltar que essa estratégia de estabelecer um sistema claro de valores não é comumente destacada na literatura sobre educação integral cidadã, mas essas escolas têm demonstrado importantes resultados sociais associados a essa estratégia, como será discutido no próximo capítulo.

A Escola SESC de Ensino Médio revela outro aspecto quanto aos valores subjacentes a uma cultura escolar relacionada à perspectiva da educação integral cidadã. Professoras/es entrevistadas/os reconheceram que seus próprios valores e comportamentos, nas mais simples ações cotidianas, acabam servindo como referenciais e modelos para seus estudantes. Essa influência foi apontada como algo comum na relação estudante-professor/a e como ainda mais reforçada no caso de uma escola-residência como é a do SESC. Como afirmou um professor: "Passamos muito tempo com os/as estudantes, então há um aspecto pedagógico significativo em relação à sua postura, ao que você diz e ao que faz. Um colega nosso costumava dizer que até mesmo andar pelos corredores da escola é um ato pedagógico" (Entrevistado Guilherme, 2022). Isso nos lembra que as/os professoras/es e outros profissionais que trabalham nas escolas também são partes integrantes dos processos de aprendizagem, e que seus valores impactam o processo. Por extensão, o próprio bem-estar deles importa para os resultados educacionais. Nesse sentido, as condições de trabalho nas escolas e a valorização salarial foram apontados e podem ser considerados aspectos essenciais de uma perspectiva de educação integral cidadã. Além disso, este aspecto lança luz sobre a ideia de que esse "sistema ético" pode estar relacionado às chamadas "atividades e experiências informais" discutidas na Parte I deste estudo. Essas atividades envolvem situações inesperadas ou não planejadas tanto dentro quanto fora da sala de aula, o que reforça a perspectiva de que a aprendizagem ocorre por meio de múltiplos espaços e interações dentro da escola.

Um segundo aspecto-chave do tema "Educação ética, democrática e cidadã" é a "implementação de estratégias e práticas democráticas". Este aspecto envolve o cultivo de relações horizontais entre os integrantes da escola, especialmente entre professoras/es e estudantes, e a crença de que os/as estudantes são competentes, devem ter suas vozes elevadas e serem estimulados a desenvolver suas habilidades para a participação ativa na gestão da escola e em seus processos de aprendizagem. Participantes das três escolas enfatizaram que os valores democráticos são aprendidos principalmente por meio da prática. As escolas têm uma cultura de incentivar a participação dos/as estudantes na tomada de decisões e estimulá-los/as a se envolverem ativamente em atividades dentro e fora da sala de aula. Estratégias comumente usadas nessas escolas incluem assembleias, grêmios escolares ativos e valorização da participação estudantil no Conselho Escolar, bem como estratégias inovadoras como a "República dos/as estudantes" na EMEF Campos Salles. No caso do CIEJA Campo Limpo, uma cultura de horizontalidade é refletida na abordagem das/os professoras/es na sala de aula, onde elas/eles estimulam os/as estudantes a falar e compartilhar seus conhecimentos em vez de se posicionarem como a única fonte de conhecimento. Essas estratégias estão incorporadas na cultura da escola e refletem as atitudes das/os professoras/es, gestoras/es e funcionários/as, não apenas durante a assembleia, mas também em seus relacionamentos e respostas a situações cotidianas na escola.

Nesse sentido, vale ressaltar que as estratégias democráticas implementadas pelas três escolas são diferentes das experiências de gestão democrática que se limitam à tomada de decisões de questões *pro forma* que não necessariamente são significativas para os/as estudantes (Zero; Soares, 2020). Em contraste, essas estratégias são usadas como oportunidades educacionais para promover valores democráticos e educação para e na cidadania. Uma entrevista com uma estudante mulher transgênero revelou que a assembleia escolar serviu como um espaço para ela abordar e a escola trabalhar a conscientização contra práticas discriminatórias que ela sentia no ambiente escolar. Segundo ela, a assembleia foi uma ferramenta importante para educar toda a escola sobre a inclusão e erradicar preconceitos contra a comunidade LGBTQI+ (Entrevistada Marília, 2021). Para o caso da Escola SESC de Ensino Médio, é dada forte ênfase em incentivar a liderança estudantil, conforme demonstrado por seu ativo Grêmio Estudantil, envolvido tanto em suas próprias agendas quanto no movimento nacional de estudantes secundaristas.

Um terceiro aspecto-chave do tema "educação ética, democrática e cidadã" é a "educação para a cidadania e o pensamento crítico", materializado em diversas estratégias desenvolvidas pelas escolas com o objetivo de alcançar esses resultados e tendo sido enfatizado como compromisso importante de seus esforços. Uma estratégia comum empregada por essas escolas é o uso de abordagem interdisciplinar e transversal para a educação para a cidadania durante as discussões em sala de aula, em vez de oferecer uma disciplina específica de "educação para a cidadania". Atividades acadêmicas, aulas e projetos multidisciplinares nas escolas participantes abordam temas transversais como discriminação de gênero, violência e discriminação racial e étnica, questões ambientais, questões sociais, mudanças climáticas, direitos das populações indígenas, a importância de votação informada e da participação política, e saúde. Os projetos e a cultura escolar que promovem o engajamento político e social dentro da comunidade e do território da cidade também enfatizaram um aspecto importante da aprendizagem dos/as estudantes relacionado ao engajamento democrático e socialmente comprometido.

A perspectiva de educação para a cidadania adotada pelas escolas participantes não envolve apenas a inclusão de temas relacionados nas aulas e outras atividades, mas também abrange esforços para criar um ambiente inclusivo que abrace a diversidade e forme para a empatia e o empoderamento de estudantes de grupos que são comumente alvos de discriminação. Embora esse aspecto não seja ignorado na literatura sobre educação integral cidadã, as experiências exploradas neste estudo sugerem que mais atenção deve ser dada ao papel "decolonial" da educação, que se refere a uma forma de construção de conhecimento "com e a partir de sujeitos subordinados pela colonialidade", como povos indígenas e afrodescendentes, quilombolas e indivíduos com identidades sexuais e de gênero diversas, em oposição às lógicas educacionais hegemônicas (Walsh et al., 2018, p. 6). No CIEJA Campo Limpo, o compromisso de promover a diversidade é evidente em sua composição de integrantes da escola e estudantes. A escola acolheu um projeto para mulheres trans do governo municipal e tem um alto número de matrículas deste grupo de estudantes, além de possuir o maior número de estudantes com deficiência do país. Na escola, não há banheiros privativos para professoras/es ou outros funcionários e todos os banheiros são de gênero neutro. Essa reconfiguração de espaços foi citada por diferentes entrevistados/as como importante para promover o respeito e valorizar a diversidade. Outra maneira importante de promover o respeito à diversidade, conforme relatado por ex-gestoras/es escolares da EMEF Campos Salles e do CIEJA Campo Limpo, é aderir a uma regra de cultura escolar que exige que os indivíduos sejam tratados por seus nomes, em vez de se aceitar que sejam, por qualquer integrante daquela comunidade escolar, referidos por características de sua orientação sexual, cor da pele ou classe social (Entrevistada Luana, 2021; Entrevistada Viviane, 2022).

De acordo tanto com os/as entrevistados quanto com minhas notas de campo para o caso da Escola SESC de Ensino Médio, a cultura da escola é caracterizada por iniciativas que promovem a diversidade e a empatia, seja por meio do conteúdo explorado nas aulas ou por estratégias que vão além do currículo acadêmico tradicional. Por exemplo, um ex-estudante entrevistado demonstrou sua admiração pela reação da escola em resposta a um incidente de homofobia ocorrido há alguns anos, apoiando os/as estudantes e fazendo deste caso uma oportunidade educativa sobre o assunto. Isso foi feito por meio da criação de grupos de debate para discutir este e outros tópicos importantes no contexto do Brasil – como discriminação étnico-racial e discriminação de gênero (Entrevistado Rafael, 2022). Além disso, os/as entrevistados/as mencionaram esforços da escola para criar grupos liderados pelos/as estudantes com o objetivo de promover a aprendizagem multicultural e cultivar o empoderamento de distintas identidades, bem como valores de empatia e respeito. Como explicou um professor (Entrevistado Estevão, 2022), "Sempre que possível, reuniremos um estudante da região Nordeste, outro do Sul e Sudeste na mesma sala. Se possível, misturaremos um estudante evangélico com um católico e outro de uma religião de base africana". Esses exemplos ilustram estratégias que representam um papel ativo da escola em fomentar a cidadania, primeiro quando reagiu prontamente a um episódio de homofobia e, segundo, quando se preocupa proativamente com o fator escolar de "composição escolar", garantindo que os/as estudantes vivam em ambientes diversos. Estes são outros aspectos importantes relacionados ao pilar da educação integral cidadã "Democracia e Cidadania".

Em conclusão, a análise dos dados indica que as três escolas participantes enfatizam fortemente a promoção da democracia e da cidadania, reconhecendo que os/as estudantes são seres sociais e políticos (Ferreira; Pinheiro, 2018). As escolas priorizam suas estratégias em três categorias principais: "o estabelecimento de um sistema ético", "a implementação de estratégias e práticas democráticas" e "educação para a cidadania e o pensamento crítico". As estratégias das escolas envolvem a promoção de um sistema de valores estabelecidos que estão conectados à democracia e à cidadania, abordando a educação para a cidadania de forma interdisciplinar e transversal, promovendo o pensamento crítico por meio de discussões em sala de aula e desenvolvendo estratégias proativas para promover a diversidade e o empoderamento. Além disso, essas estratégias estão relacionadas a outros pilares da educação integral cidadã, como a "Comunidade e o território" e "Pedagogia e práticas inovadoras" em seus objetivos de defender valores democráticos, promover o pensamento crítico e fomentar o engajamento político e social.

"Contaminação escola-comunidade"

O terceiro tema sugerido pela análise dos dados pode ser chamado de "Contaminação escola-comunidade", que se refere às estratégias de integração das escolas com suas comunidades e a cidade/território. Este tema está mais claramente conectado ao pilar da educação integral cidadã "Comunidade e Território", que enfatiza a importância de as escolas reconhecerem que a educação não está desconectada da cultura, das questões sociais e do ambiente onde está situada. O termo deriva de uma palavra de codificação *in-vivo* – ou seja, que preserva as próprias palavras do participante – usada por uma ex-integrante da gestão da EMEF Campos Salles em nossa entrevista para explicar as relações entre a escola e a comunidade local (Entrevistada Cecília, 2021). Como mencionado anteriormente neste Capítulo, as três escolas desenvolvem diferentes estratégias ligadas ao tema, refletindo a especificidade de seus distintos contextos influenciando este pilar. Todas podem ser consideradas formas valiosas de engajamento com a comunidade e o território sob a perspectiva da educação integral cidadã. Suas estratégias podem ser agrupadas em três aspectos-chave principais: "relações orgânicas com a comunidade", "oportunidades de aprendizagem expandidas no território" e "aprendizagem em serviço".

Quanto às "relações orgânicas com a comunidade", os dados analisados sugerem que o termo "contaminação" é particularmente apropriado para descrever as relações estabelecidas entre a EMEF Campos Salles e a comunidade de Heliópolis. Essa relação é rara e reflete um exemplo altamente orgânico da integração de uma escola de ensino fundamental com sua comunidade local. Ao contrário de criar uma relação unidirecional e superficial com a área, que muitas vezes resulta em projetos que se limitam a obter apoio das famílias para algumas necessidades da escola, a EMEF Campos Salles implementou uma relação muito mais profunda e sinérgica com a comunidade. A escola optou por reconhecer o fato de que está localizada em um território específico que, como argumentou Milton Santos, representa culturas, identidades, valores e outros aspectos produzidos pelas interações sociais nesse local (Santos, 2000).

A remoção dos muros externos da escola simboliza essa intenção de não negar, mas, sim, enfatizar, que a escola é influenciada pela dinâmica social de Heliópolis, tanto em termos de suas vulnerabilidades quanto de suas forças, as quais são inevitavelmente trazidas para dentro da escola por meio de seus estudantes, famílias e outros integrantes da comunidade escolar. Como observado por ex-integrante da gestão da escola, "*Os espaços educativos da comunidade, incluindo particularmente (a associação de moradores) UNAS, (o complexo educacional) CEU e (EMEF) Campos Salles foram tratados como um único espaço, o Bairro Educador. Organizamos as Caminhadas pela Paz e uma série de eventos culturais juntos, com foco em temas relevantes para a comunidade*" (Entrevistada Viviane, 2022). A Caminhada pela Paz é um exemplo de estratégia promovida pela escola, abraçada pelos moradores de Heliópolis e por outras instituições educacionais na área, incluindo escolas de educação infantil, ensino fundamental e médio. De acordo com a professora Joice (Entrevista, 2022), a preparação para a Caminhada pela Paz começa muitas semanas antes nos próprios salões de estudo, quando temas distintos relacionados à promoção da cidadania, em sintonia com a realidade local, são explorados com os/as estudantes. Isso revela a conexão entre essas estratégias e outros pilares da educação integral cidadã, como "Democracia e cidadania". Da mesma forma, os/as participantes entrevistados/as valorizaram as visitas organizadas pela escola à comunidade de Heliópolis, em que professoras/es e outros integrantes da escola circulam pela comunidade para que possam conhecer e aprender com as realidades de seus estudantes. Tais visitas têm como objetivos tanto "dissolver os medos do desconhecido" quanto "humanizar as relações", como explicou um pai de estudante e integrante da comunidade entrevistado (Entrevistado Alberto, 2021).

O CIEJA Campo Limpo também apresenta história importante de conexões orgânicas com a comunidade local, envolvendo-se ativamente em questões sociais cruciais e em movimentos culturais vibrantes e organizações da sociedade civil da região de Capão Redondo. Além disso, uma entrevistada observou que a escola havia se tornado um ponto de referência para apoio durante eventos que demandaram ações coletivas de suporte à comunidade, como um incêndio e uma inundação que afetaram a favela próxima (Entrevistada Luana, 2021). Nesse caso, as ações da escola incluíram mobilizar e atuar como ponto de referência para doações para as famílias afetadas. A escola participa ainda de comitês municipais relacionados a direitos de moradia, transporte e outros direitos sociais exigidos pela comunidade, incluindo seus próprios/as estudantes. Uma ex-integrante da gestão da escola explicou: "*A escola tem que fazer parte desta comunidade, não estar separada dela. Para entender, melhorar, ser respeitada, ajudar e transformar esta comunidade*" (Entrevistada Luana, 2021). Sua percepção está relacionada ao aspecto destacado na literatura por estudiosos como Costa (2012), que enfatiza que a conexão com a comunidade local torna a escola um espaço mais significativo para estudantes, famílias e integrantes da equipe – o que também é uma forma de abordar o pilar de educação integral cidadã do "Estudante em sua Inteireza".

O segundo aspecto-chave, "oportunidades de aprendizagem expandidas no território", refere-se a várias estratégias implementadas pelas escolas ligadas a parcerias com organizações culturais locais ou visitas a eventos em toda a cidade/território. Como ilustrado por um professor do CIEJA Campo Limpo, "*A escola nunca está sozinha. É realmente uma rede, está integrada a uma rede de apoio. Existem muitos projetos sociais, culturais, artísticos nesta região, que é muito rica em termos de coletivos independentes. Há muitas coisas acontecendo nesta área*" (Entrevistada Milena, 2021). A escola também organiza passeios para os/as estudantes visitarem exposições culturais e de arte na cidade de São Paulo, que muitas vezes estão distantes das casas dos/as estudantes e podem não ser facilmente acessíveis para eles/elas. Durante meu período de trabalho de campo na escola, tive a oportunidade de experienciar uma atividade de formação de professores/as e passar um dia em uma comunidade indígena localizada nos arredores de São Paulo, o que reforçou minha compreensão de como as escolas e os/as estudantes podem se beneficiar da expansão de sua relação com o território e suas diversas culturas. À luz dessas experiências, os dados da escola CIEJA também revelaram as possibilidades das escolas de expandirem as oportunidades de aprendizagem dos/as estudantes explorando os recursos da cidade e assumindo um papel como uma instituição onde políticas intersetoriais podem ocorrer (Leite; Carvalho, 2016).

O terceiro aspecto-chave refere-se à "aprendizagem em serviço" e está principalmente relacionado a projetos que integram o currículo com ações sociais desenvolvidas pelos/as estudantes na comunidade local. A Escola SESC de Ensino Médio apresenta estratégias alinhadas ao conceito de aprendizagem de serviço (Entrevistada Nádia, 2022), que é definido pelos documentos da escola como relacionado ao propósito de promover os aspectos educacionais da "responsabilidade social inerente à produção de conhecimento, apoiando iniciativas desenvolvidas nas comunidades, implementando parcerias entre juventude e sociedade e promovendo a integração da própria comunidade escolar com outras instituições do entorno" (SESC, 2019, p. 63). A escola desenvolve principalmente projetos em colaboração com instituições existentes em comunidades próximas como Cidade de Deus e Gardênia, tais como organizações da sociedade civil, associações de moradores, abrigos e instituições religiosas. Entre os projetos desenvolvidos estão o de alfabetização de adultos com troca de conhecimento intergeracional (Entrevistada Isabella, 2022) e ações para promover recursos para a saúde das mulheres (Entrevistado Samuel, 2022). Apesar da importância dessas iniciativas, entrevistas e conversas informais destacaram o desejo de alguns integrantes da escola de que as relações entre a escola e a comunidade sejam fortalecidas, expressando a crença de que a infraestrutura de alta qualidade da escola deveria ser ainda mais utilizada pelos bairros próximos. Outros entrevistados também vincularam mudanças recentes no desenho do projeto da escola, como a interrupção do requisito de residência e o consequente aumento de suas matrículas, à necessidade de incluir mais estudantes das comunidades locais (Entrevistada Virgínia, 2022). Embora esta pesquisa tenha limitações em fornecer uma análise detalhada deste aspecto específico, os dados obtidos de entrevistas, análise de documentos e observações de campo relacionados ao pilar "Comunidade e Território" sugerem que há potencial para que seja estabelecida conexão mais forte com o território local, apesar dos significativos projetos da Escola SESC de Ensino Médio que já estão em curso com a comunidade.

Em síntese, as experiências das três escolas participantes deste estudo dedicam importância significativa para as estratégias desenvolvidas para se integrar com a comunidade local e a cidade. Essas estratégias estão relacionadas com o pilar da educação integral cidadã "Comunidade e Território", mas também estão interligadas a outros pilares, como "Democracia e Cidadania" e "Estudantes em sua Inteireza". Os principais aspectos-chave de "relações orgânicas com a comunidade", "oportunidades de aprendizagem no território" e "aprendizagem em serviço" representam estratégias distintas que as escolas implementam para alcançar o propósito de integração escola-comunidade. Exemplos dessas estratégias são a construção de um Bairro Educador pela EMEF Campos Salles, as parcerias com movimentos culturais locais desenvolvidas pelo CIEJA e os projetos de aprendizagem em serviço e engajamento social promovidos pela Escola SESC de Ensino Médio.

****

Esta Parte II apresentou as escolas que participam deste estudo e examinou sua perspectiva educacional em relação ao conceito de educação integral cidadã. O objetivo principal foi discutir os contextos, trajetórias e estratégias educacionais das três escolas participantes – EMEF Campos Salles, CIEJA Campo Limpo e Escola SESC de Ensino Médio – e investigar em que medida suas estratégias educacionais se alinham com os seis pilares da educação integral cidadã apresentados na Parte I deste estudo. Ao analisar entrevistas, documentos e notas de campo, o capítulo explorou as motivações por trás da implementação de projetos inovadores pelas escolas. Isso revelou a existência de características que também são comuns a outras escolas e contextos brasileiros, como múltiplas formas de vulnerabilidades sociais e aspectos emocionais que afetam as experiências educacionais dos/as estudantes, além de experiências educacionais desconectadas dos contextos, culturas e vidas dos/as estudantes. No caso das três escolas, várias estratégias alinhadas à perspectiva de educação integral cidadã foram adotadas para romper com modelos educacionais tradicionais que não atendem às necessidades acadêmicas e sociais dos/as estudantes. A discussão e análise das principais estratégias educacionais adotadas pelas três escolas participantes ajudaram a revelar que cada escola desenvolveu estratégias relacionadas a todos os seis pilares da educação integral cidadã apresentados na Parte I.

Apesar das diferenças de contexto, etapas da educação básica e populações estudantis, as escolas compartilham muitas estratégias educacionais semelhantes e necessárias para se promover a educação integral cidadã, como a construção de relacionamentos afetivos e empáticos entre professoras/es e estudantes, o uso de metodologias de aprendizagem ativa, a exploração do engajamento democrático e cidadão através da práxis e a adoção de métodos de avaliação que se afastam da exclusiva medição de performance nas disciplinas tradicionais. Além disso, também as diferenças entre os casos forneceram lições valiosas, incluindo a importância da infraestrutura e de iniciativas intersetoriais que viabilizem os/as estudantes o apoio de que precisam para prosperar. Em conclusão, as três escolas compartilham a crença em uma educação que expande o desenvolvimento humano em todas as dimensões e promove a democracia e a cidadania de forma integrada com as comunidades.

PARTE III

OS RESULTADOS SOCIAIS RELACIONADOS ÀS ESCOLAS PARTICIPANTES

1

RESULTADOS SOCIAIS RELACIONADOS ÀS ESTRATÉGIAS EDUCACIONAIS DAS ESCOLAS

Esta terceira Parte do estudo aborda a segunda questão de pesquisa ao discutir e analisar os resultados sociais gerados pelas escolas e como eles se relacionam às estratégias educacionais adotadas por elas. O texto busca explorar de que modo as experiências educacionais desenvolvidas pelas três escolas participantes afetam as dimensões sociais dos estudantes, incluindo saúde, bem-estar, cidadania e engajamento social e político. Discute também a interação entre estratégias de educação integral cidadã e o modelo conceitual dos fatores escolares apresentado na Parte I deste estudo. Por fim, analisa dados qualitativos relativos às escolas e aqueles produzidos a partir de entrevistas com especialistas para pontuar os desafios associados às experiências das escolas participantes e à implementação de políticas de educação integral cidadã de forma geral.

Neste primeiro capítulo especificamente, apresento e discuto os principais resultados sociais relacionados às estratégias educacionais adotadas pelas três escolas que participaram do estudo. Referem-se a resultados relacionados a aspectos como saúde, bem-estar, cidadania e engajamento social e político, como proposto na Parte I, mas também a vários outros identificados a partir da análise dos dados. Os resultados sociais mapeados no escopo deste estudo consistem, principalmente, naqueles de níveis micro (individual) e meso (escola, comunidade) – embora reflexões no nível macro (social) sejam propostas para outras pesquisas futuras.

Para a identificação dos resultados sociais, foi utilizada a abordagem indutiva de codificação dos dados, com o objetivo da identificação daqueles relacionados ao rótulo de "resultados sociais da educação". Os conjuntos de dados analisados compreendem entrevistas, notas de campo e documentos das escolas, incluindo dados relativos às percepções, crenças e atitudes dos participantes observadas durante o trabalho de campo, bem como dados triangulados dos documentos e entrevistas analisadas. A codificação foi agrupada em 19 categorias de resultados intermediários, que foram categorizadas com base em sua relação com resultados sociais mais amplos, levando a seis temas de resultados sociais, conforme explicitado na Tabela 4.

Esses temas podem ser considerados como seis distintos tipos de resultados sociais: 1) Melhoria da saúde e do bem-estar; 2) Cidadãs/ãos autônomas/os, democráticas/os e engajadas/os; 3) Indivíduos éticos, empáticos e empoderados; 4) Desenvolvimento humano integral e múltiplas aprendizagens; 5) Redução da violência local e acesso a direitos sociais; e 6) Garantia do direito à educação. Como pode ser visto na Tabela 3, esses temas podem estar ligados a vários *resultados sociais intermediários* que servem ou como *mediadores* para os resultados principais (por exemplo, o senso de pertencimento como mediador psicossocial para a melhoria da saúde emocional) ou como um *item* que compõe a conformação de um resultado amplo (como a lista de resultados intermediários relacionados à redução dos níveis de violência local). Baseando-se no modelo *self-in-context* (o sujeito-no-contexto) (Feinstein et al., 2006) e na Teoria dos Sistemas Ecológicos (Bronfenbrenner, 1979) mencionados anteriormente, a abordagem adotada aqui é a de que os resultados intermediários refletem a interação entre os/as estudantes (*self*) e seu ambiente – ou seja, as escolas como um mesossistema de influência –, reconhecendo também que outros sistemas influenciam a ecologia de um indivíduo e que a educação deve considerar a integração do estudante com a sociedade mais ampla. Consequentemente, a análise concentra-se em revelar os resultados sociais intermediários que resultam da interação entre as estratégias escolares e os resultados sociais principais. Tal reflexão é construída por meio da identificação de relações diretas ou indiretas entre as estratégias e os resultados sociais, com base na triangulação de dados de entrevistas, observações de campo e análise de documentos.

Embora a maioria dos resultados intermediários e principais discutidos tenha sido observada em todas as três escolas, algumas das experiências escolares foram identificadas como mais diretamente relacionadas a certos resultados intermediários. Por exemplo, o resultado da redução da violência na comunidade local é mais diretamente ligado ao projeto da EMEF Campos Salles. Além disso, com base nas relações *self-in-context* (o sujeito-no-contexto) esperadas, bem como nos dados de entrevistas e observação de campo, os resultados intermediários e principais listados na tabela não se aplicam necessariamente a todos/as os/as estudantes, pois os indivíduos são influenciados por múltiplos fatores específicos de seus contextos e trajetórias. No entanto, apesar dessa ressalva, os dados fundamentam solidamente a interpretação de que esses resultados representam os efeitos gerais das experiências escolares marcadas pelas estratégias educacionais apresentadas na Parte I.

Tabela 4 – Resultados sociais da educação – intermediários e principais – nas escolas participantes

Resultados sociais intermediários (Níveis micro e meso – indivíduos, escolas, comunidades)	**Resultados sociais principais** (Níveis micro e meso – indivíduos, escolas, comunidades)
• Senso de pertencimento • Autoestima • Hábitos saudáveis • Atendimento das necessidades humanas básicas	**Melhoria da saúde e do bem-estar**
• Pensamento crítico e autônomo • Atitudes participativas, colaborativas e dialógicas • Senso de responsabilidade social e engajamento político	**Cidadãs/ãos autônomas/os, democráticas/os e engajadas/os**

• Indivíduos solidários, empáticos e ativos contra a discriminação • Empoderamento de grupos das (maiorias-)minorias • Senso de propósito e futuro	**Indivíduos éticos, empáticos e empoderados**
• Múltiplas aprendizagens (artes, esportes, cultura, tecnologia) • Educação ligada à vida real • Aumento da satisfação e das oportunidades no mundo do trabalho	**Desenvolvimento humano integral e múltiplas aprendizagens**
• Redução da violência entre estudantes • Redução da violência na comunidade local • Maior acesso a direitos sociais pela comunidade	**Redução da violência e acesso a direitos sociais**
• Espaços e tempos mais dignos e justos na escola • Maior confiança na escola e em sua equipe • Aumento do engajamento acadêmico das/os estudantes e do interesse pelo conhecimento	**Garantia do direito à educação**

1) Melhoria da saúde e do bem-estar

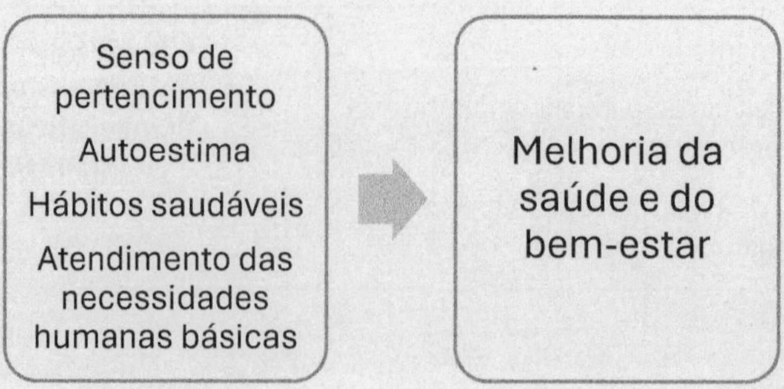

O modelo conceitual *self-in-context* (o sujeito-no-contexto) pode ser útil para revelar como estratégias educacionais que vislumbram os sujeitos em suas inteirezas podem beneficiar a saúde e o bem-estar por meio do desenvolvimento de habilidades e características como autonomia e resiliência, que podem nos proteger e empoderar contra impactos à saúde em contextos hostis e pouco inclusivos (Feinstein et al., 2006). Os achados de entrevistas, trabalho de campo e análise de documentos indicam que as escolas participantes promovem saúde e bem-estar ao construir ao menos dois resultados intermediários relacionados a aspectos do *self* (ou seja, dos sujeitos), a saber, o "senso de pertencimento" e a "autoestima". Além disso, os dados revelam evidências de outros dois resultados intermediários: o desenvolvimento de "hábitos saudáveis" e o "atendimento de necessidades humanas básicas" (tais como segurança alimentar e assistência médica), que são promovidos por cultura escolar que considera os sujeitos em suas inteirezas e, portanto, cidadãos possuidores de múltiplos direitos sociais e humanos. Esses quatro resultados intermediários estão interconectados e se reforçam mutuamente, levando, em última instância, à melhoria da saúde e do bem-estar emocional e físico entre os integrantes da escola.

O conceito de senso de pertencimento é definido na literatura como o sentimento de ser aceito, respeitado, incluído e apoiado por outros (Goodenow; Grady, 1993). No escopo deste estudo, as/os entrevistadas/os mencionam frequentemente esses aspectos ao descreverem suas experiências nas escolas, associando-os a estratégias como o estabelecimento de relacionamentos afetivos e empáticos entre os integrantes da escola, a promoção ativa da inclusão e do respeito à diversidade, bem como a oportunidade de compartilhar seus desafios e sentirem-se ouvidos/as e apoiados/as. Por exemplo, professoras/es, funcionários e gestores/as do CIEJA Campo Limpo foram sempre citados por tratarem a todos/as com gentileza e respeito, valorizando as origens dos/as estudantes e fornecendo apoio quando necessário.

Essa abordagem levou os/as estudantes a considerarem a escola como sua "segunda casa" e até mesmo a se referirem a ela como um "local de cura" devido ao aumento do bem-estar e à melhoria da saúde física que experimentaram (Entrevistada Noemi, 2021; Entrevistada Milena, 2021). Estudantes apontaram que, durante as discussões sobre as situações-problema exploradas em sala de aula, por serem tais problemas relacionados aos seus desafios cotidianos, era possível compartilhar suas experiências de vida – incluindo suas dores e alegrias – com colegas e professores/as, o que foi associado pelos estudantes a um sentimento de conexão, aceitação e apoio mútuo, fundamentais para a construção de uma autoimagem positiva e para o bem-estar emocional.

Além disso, é importante ressaltar que o compromisso da escola em estabelecer um ambiente acolhedor para os estudantes – como se estivessem "em casa", termo que utilizaram muitas vezes nas entrevistas – pode estar ainda relacionado a aspectos das instalações físicas. Este ponto inclui a promoção do envolvimento dos/as estudantes em atividades criativas, como a manutenção do jardim da escola e as intervenções artísticas nas paredes do prédio escolar. Essas iniciativas ajudam a cultivar um senso de pertencimento entre os alunos que não se sentiam confortáveis com o modelo escolar tradicional (Entrevistada Helen, 2022).

Fomentar um senso de pertencimento entre os estudantes mostrou ter um impacto positivo também na redução de comportamentos de risco que podem afetar sua saúde física, como o uso de drogas, envolvimento em crimes e exposição à violência. Nesse sentido, um ex-integrante da gestão da EMEF Campos Salles afirmou: "*Embora a escola tenha infelizmente perdido alguns estudantes (que perderam suas vidas por conta do uso de drogas ou homicídios pelo tráfico de drogas ou pela polícia), muitos outros se empoderaram, frequentaram a faculdade ou começaram a trabalhar e estão prosperando*" (Viviane, entrevista on-line, 2022).

É importante notar que as estratégias relacionadas ao elemento da educação integral "o estudante em sua inteireza" desenvolvidas pelas escolas participantes, conforme discutido na Parte I, não apenas proporcionam a eles/elas o senso de pertencimento, mas também o acesso a recursos e serviços públicos relativos a outros direitos sociais. Por exemplo, entrevistados/as do CIEJA Campo Limpo enfatizaram que docentes e outros/as integrantes do corpo de funcionários/as da escola os apoiam em questões relacionadas à sua inserção no mundo do trabalho por meio de ações que podem parecer simples para outros públicos, mas nem sempre o são para os/as estudantes da EJA, tais como escrever currículos ou preencher fichas de processos seletivos (Entrevistada Helen, 2022). No mesmo sentido, entrevistados/as da EMEF Campos Salles relataram que estudantes identificados/as com necessidades emocionais ou de saúde são encaminhados/as a profissionais de assistência à saúde e social da unidade básica de saúde próxima à escola com a qual a EMEF Campos Salles possui contato (Entrevistada Flávia, 2022). A associação entre um ambiente mais acolhedor e a diminuição na incidência de comportamentos de risco, conforme relatado pelos/as participantes, está em sintonia com pesquisas anteriores sobre o tema. Outros estudos já apontaram que comportamentos de risco tendem a ser mais comuns em escolas que não cultivam o senso de pertencimento entre seus/suas estudantes (Bonnel et al., 2019).

O segundo resultado intermediário das estratégias educacionais implementadas pelas escolas participantes é o aumento da autoestima dos/as estudantes. Autoestima refere-se à forma como os indivíduos se percebem e se valorizam. Pesquisas anteriores indicaram que a autoestima desempenha papel crucial na promoção da saúde mental (Mann et al., 2004) e na melhoria da saúde física (Reitzes; Mutran, 2006). Observações de campo e entrevistas realizadas nas escolas participantes sugerem que estratégias que respeitam os ritmos de aprendizado únicos dos/as estudantes, assim como aquelas que incentivam sua participação ativa nas atividades e no ambiente escolar, podem aumentar sua autoestima. Além disso, projetos liderados por estudantes podem estar relacionados à promoção de sua autoestima. Por exemplo, Samia, uma aluna da Escola SESC de Ensino Médio, relatou que participar de um projeto de mídia e jornalismo liderado por estudantes a ajudou a se sentir integrada e competente, fortalecendo-a emocionalmente durante os desafios de saúde mental impostos pela pandemia de Covid-19 (Entrevista, 2022).

No contexto da EMEF Campos Salles, a forte conexão da escola com a comunidade teve impacto positivo na autoestima dos/as estudantes. De fato, esforços para superar estigmas negativos e criar um "Bairro

Educador" em Heliópolis foram associados ao aumento da autoestima da comunidade como um todo. Entrevistas e dados de trabalho de campo indicam que tanto os aspectos simbólicos quanto os concretos desses esforços contribuíram para melhorar as percepções dos/as estudantes e suas famílias sobre seu próprio valor e potencial. Além da reputação positiva construída em torno da noção de Bairro Educador, a prestação de serviços públicos pela associação de moradores (UNAS) e a construção do complexo educacional (CEU) renderam aos/às estudantes a confiança de que agora têm acesso a oportunidades que anteriormente estavam fora de alcance – como o Instituto Baccarelli, um instituto de música reconhecido na área que também oferece atividades para os/as estudantes da EMEF Campos Salles, e o acesso à ETEC de Heliópolis (Escola Técnica Estadual), que faz parte do CEU e destino de muitos/as egressos/as da EMEF Campos Salles lá aprovados/as quando concluem o Ensino Fundamental. Quando perguntada sobre os principais benefícios que o projeto trouxe aos/às estudantes, a professora afirmou: "*Se antes era muito mais difícil pensar em ingressar em uma escola técnica, por exemplo, agora, eles/elas (estudantes) acreditam em si mesmos, e poucas coisas são mais importantes do que isso*" (Entrevistada Joice, 2022).

O terceiro resultado intermediário refere-se à adoção de hábitos mais saudáveis entre os/as estudantes, incluindo hábitos alimentares e prática de esportes. Relatos de estudantes referem-se ao aumento da conscientização sobre a importância de hábitos saudáveis, o que pode ser visto em mudanças de atitudes relatadas por eles e seus/suas professores/as. Os dados analisados lançam luz sobre a importância de uma cultura escolar que valoriza tanto a saúde emocional quanto a física, em vez de se concentrar exclusivamente em seu desenvolvimento cognitivo, para que eles/elas próprios/as incorporem essa ideia em seus valores e atitudes. Além disso, os resultados da adoção de comportamentos mais saudáveis também foram associados ao aumento do conhecimento sobre hábitos mais saudáveis nas rotinas diárias dos/as estudantes. No CIEJA Campo Limpo, temas relacionados à saúde são frequentemente escolhidos pelos/as estudantes como tópicos de estudo. Como resultado, não é incomum os/as estudantes relatarem a seus/suas professores/as que sua saúde melhorou. "*Eles me dizem que começaram a caminhar e sua pressão arterial melhorou, depois de um projeto na escola sobre o poder da atividade física*", disse a professora Milena em uma entrevista (2021). Isso é coerente com o que estudos longitudinais têm sugerido, ou seja, que experiências de aprendizagem podem estar associadas à cessação do tabagismo, atividades físicas, satisfação e melhoria na nutrição (Schuller, 2017).

Por fim, os resultados intermediários relativos às necessidades humanas básicas de saúde, como segurança alimentar e cuidados de saúde, estão alinhados com a proposição da literatura de educação integral cidadã de que as escolas devem ser espaços justos e dignos que contribuam para o desenvolvimento integral de uma pessoa (Arroyo, 2012). A infraestrutura e as políticas da Escola SESC de Ensino Médio demonstram claramente que o acesso a recursos de áreas como saúde e assistência social pode atender efetivamente às necessidades básicas dos/as estudantes, incluindo refeições nutritivas e atenção de saúde primária e psicológica.

Embora as escolas públicas brasileiras comumente enfrentem desafios ao adotar uma perspectiva integral que reconheça os/as estudantes em sua inteireza – devido a limitações de infraestrutura e profissionais – tanto o CIEJA Campo Limpo quanto a EMEF Campos Salles buscam alternativas para fornecer serviços que atendam às necessidades básicas dos/as estudantes. Participantes de ambas as escolas compartilharam que frequentemente conectam os/as estudantes a serviços de psicologia no sistema de saúde pública para lidar com questões emocionais e de saúde mental. Sonia, que sofria de depressão quando começou a frequentar o CIEJA Campo Limpo e sentiu acolhimento tanto por parte da escola quanto de um serviço de apoio psicológico para o qual foi direcionada pela escola, afirmou: "*O CIEJA mudou minha vida. Tenho uma história de vida melhor por causa do CIEJA, e não sei se estaria aqui para contar minha história sem o apoio deles/as*" (Entrevistada Sonia, 2021).

2) Cidadãs/ãos autônomas/os, democráticas/os e engajadas/os

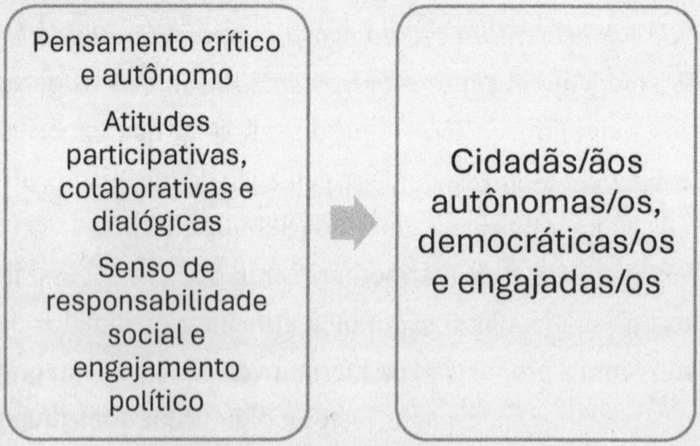

Ao serem questionados sobre os principais resultados sociais associados às suas instituições, participantes das três escolas enfatizaram prontamente a importância da "educação para a cidadania", uma preocupação recorrente no discurso de educadores e nos estudos sobre educação no Brasil, como discutido na Parte I. Essa perspectiva tem sido associada a vários resultados intermediários, incluindo "pensamento crítico e autônomo", "atitudes participativas, colaborativas e dialógicas" e "senso de responsabilidade social e engajamento político". Embora as escolas tenham empregado estratégias diferentes para promover esses resultados, elas têm dado ênfase significativa a aspectos essenciais da educação para a e na cidadania encontrados na literatura de educação integral cidadã, nomeadamente aprender a cidadania por meio da *práxis* e *acessar direitos* de cidadania básicos dentro do ambiente escolar ou por políticas e ações intersetoriais.

O primeiro resultado intermediário refere-se a ganhos em termos de aumento do pensamento crítico e autônomo, bem como atitudes a ele relacionadas. O desenvolvimento de pensamento crítico e autônomo foi frequentemente mencionado por participantes entrevistadas/os como um meio de melhorar as habilidades dos/as estudantes para questionar e pensar de forma independente. Isso está relacionado à ideia de pensamento crítico, que, como argumentado por Vincent-Lancrin e colegas (2019), abrange o reconhecimento de que existem múltiplas perspectivas e que elas são baseadas em pressupostos (e podem ter limitações), mesmo quando aparentemente superiores a outras perspectivas. Isso também foi mencionado por professoras/es entrevistadas/es das escolas participantes, que reforçaram sua crença na importância de fornecer múltiplos ângulos e oportunidades para reflexão (Entrevistadas Virgínia; Joice, 2022).

Um relato interessante vem da experiência da EMEF Campos Salles. Mais de um/a entrevistado/a citou a reação que docentes de escolas de ensino médio da região próxima de Heliópolis têm quando conhecem os/as estudantes egressos/as da EMEF Campos Salles em suas salas de aula após eles/elas se formarem no ensino fundamental:

> *Os professores das escolas de ensino médio do bairro costumam dizer "Ah, lá vêm os/as estudantes do Campos Salles!", porque eles sabem que esses estudantes do Campos Sales são os mais questionadores, são aqueles que não aceitam tudo e ficam calados, são aqueles que vão falar: "mas por que é assim?" [...] e querem compartilhar as suas opiniões [...] E a gente fica super orgulhoso porque é exatamente isso que esses estudantes têm de fazer. A gente quer que eles sejam bem inquietos mesmo, que sejam críticos, e não que aceitem tudo e abaixem a cabeça. A gente quer que eles desenvolvam o próprio pensamento crítico, a própria visão da sociedade* (Entrevistada Melissa, 2021).

De fato, participantes da EMEF Campos Salles frequentemente enfatizaram a importância do pensamento autônomo no desenvolvimento de habilidades de pensamento crítico e na capacidade de construir conhecimento por meio da aprendizagem baseada em pesquisa, em vez de simplesmente reproduzir informações para fins de avaliação. Os/as estudantes destacaram o valor do trabalho colaborativo em mesas compartilhadas (Entrevistadas/os Maíra; Alexandre; Miguel, 2022). Maíra compartilhou que "*trocar conhecimento com os colegas ensina muito mais do que simplesmente copiar conteúdo do quadro dos professores ou memorizar lições*" (Entrevista, 2022). Durante o trabalho de campo, uma situação que presenciei foi sugestiva de que os/as estudantes daquela escola de fato experienciam práticas e metodologias pedagógicas ativas voltadas à autonomia. Em uma reunião do Grêmio Estudantil, durante um trecho de um filme que retratava um professor ditando frases para seus estudantes escreverem em seus cadernos em sala de aula, uma estudante da EMEF Campos Salles se assustou com aquela cena e espontaneamente perguntou: "Eles estão sendo punidos?" Uma professora presente na sala comentou que fazer ditados de conteúdos não é uma prática incomum em muitas outras escolas e a estudante pareceu ter ficado surpresa. O episódio remete às lições da perspectiva freiriana, em sintonia com a educação integral cidadã, de que o desenvolvimento da cidadania depende do estímulo ao pensamento autônomo e não passivo, e que as pedagogias importam para a construção desses resultados.

Vale ressaltar que o desenvolvimento da autonomia dos/as estudantes se reflete também em suas atitudes. No CIEJA Campo Limpo, a promoção da autonomia entre os/as estudantes com deficiência é particularmente inspiradora. Ouvi relatos de vários/as estudantes com deficiência que conquistaram autonomia significativa na execução de tarefas cotidianas sobre as quais antes precisavam contar com a ajuda de outras pessoas para realizar (Entrevistada Milena, 2021; Entrevistado Fábio, 2022). Tal autonomia impacta positivamente nos potenciais dos/as estudantes para o exercício da cidadania também no ambiente escolar, promovendo experiências de espaços e tempos dignos durante sua permanência na escola.

Uma estratégia importante mencionada por entrevistados/as de várias escolas de modo relacionado com a construção do pensamento crítico e de atitudes autônomas é a existência de gestores/as escolares democráticos e socialmente responsáveis, incluindo os/as diretores/as e coordenadores/as pedagógicos/as, que priorizam o envolvimento em questões pedagógicas e sociais, em vez de se concentrar apenas em questões burocráticas e administrativas (Entrevistadas Viviane; Virgínia, 2022). Essa visão também é apoiada pela literatura sobre gestão escolar, que destaca o papel crucial dos/as gestores/as em garantir que as escolas cumpram suas responsabilidades sociais e promovam a educação para a cidadania (Zero, 2006).

O segundo resultado intermediário está relacionado ao desenvolvimento de atitudes participativas, colaborativas e dialógicas. Referem-se a aspectos ligados à promoção da cidadania democrática, considerada como um dos principais objetivos da educação por educadores como Dewey, Teixeira e Freire, como mencionado na Parte I. Entrevistas e observações de campo indicaram que esses resultados estavam associados ao estabelecimento de uma cultura escolar democrática por meio de várias estratégias, incluindo relacionamentos horizontais entre os/as integrantes da escola e iniciativas que renderam aos/às estudantes um papel central na tomada de decisões e na resolução de problemas.

Um resultado comumente relatado em entrevistas das três escolas foi o de que os/as estudantes aprenderam a rejeitar comportamentos e medidas autoritários e passaram a valorizar a oportunidade de participar e influenciar aspectos da organização escolar e da esfera acadêmica. Ao longo desse processo, os dados destacaram o desenvolvimento dos/as estudantes como indivíduos que aprendem a cooperar e negociar por meio do diálogo. Por exemplo, Alexandre, um estudante da 9ª série da EMEF Campos Salles, afirmou que a principal vantagem de sua escola em relação às outras era que os/as estudantes aprendiam a trabalhar em conjunto com seus colegas (Entrevista, 2022). Isso está alinhado com a observação da professora Flávia de que os/as estudantes da EMEF Campos Salles desenvolvem habilidades únicas de socialização e negociação por meio de mesas compartilhadas e estratégias pedagógicas que promovem a colaboração entre os pares. Segundo Flávia, "*Eles aprendem a lidar uns com os outros [...] Eles aprendem que têm sua própria vontade, mas que também há a vontade de outra pessoa. Então, como você negocia isso? Eles vão ter que procurar uma perspectiva coletiva*" (Entrevista, 2022).

Os resultados sociais relacionados a habilidades participativas, colaborativas e dialógicas também foram considerados especialmente significativos no sentido de capacitar os/as estudantes que enfrentam invisibilidade ou não são autorizados a falar em outros ambientes devido à discriminação baseada em fatores tais como étnico-raciais, de gênero, de local de origem e de classe social. Professoras/es do CIEJA Campo Limpo compartilharam essa perspectiva, enfatizando que a cultura escolar aberta para ouvir e elevar as vozes e identidades dos/as estudantes contribuiu para que se sentissem à vontade para manifestar suas opiniões, melhorando sua autoconfiança como sujeitos políticos e se envolvendo em oportunidades participativas na escola e para muito além dela.

> *Percebemos que, muitas vezes, os/as estudantes chegam sem autoestima. Eles/elas têm medo, medo de falar, medo de errar, e têm uma sensação de insegurança. E os/as estudantes que passam pelo CIEJA saem com autonomia. Eles/elas saem com essa questão de se olhar e se enxergar como indivíduos que têm direitos e deveres. E que podem falar, que merecem ser ouvidos* (Entrevistada Milena, 2021).

O terceiro resultado intermediário da educação para a cidadania é o desenvolvimento do senso de responsabilidade social e engajamento político dos/as estudantes, que ajuda na compreensão de seus papéis como cidadãos nos domínios social e político. Professoras/es e ex-estudantes que entrevistei das três escolas perceberam que os ex-estudantes se envolvem mais em projetos sociais como resultado de sua educação. Entrevistados/as mencionaram o envolvimento em projetos sociais pré-existentes relacionados a diversos temas, que vão desde iniciativas de desenvolvimento sustentável local na Amazônia até mutirões para construir casas para populações vulneráveis, além da criação de iniciativas próprias, como uma cooperativa de costura e uma organização da sociedade civil que capacita jovens para o voluntariado enquanto arrecada fundos e recursos para diversas organizações (Entrevistadas Helen; Alice, 2022).

Além da conscientização aumentada por meio de discussões em sala de aula e várias estratégias de sensibilização para aspectos sociais na escola, outra explicação possível para esses resultados em termos de engajamento social é o desenvolvimento de habilidades de mobilização e organização prática de engajamento da sociedade civil. Verba, Schlozman e Brady (1995) enfatizaram essa ideia em relação a competências relacionadas a tarefas rotineiras exigidas por muitas iniciativas de engajamento, "como conduzir reuniões, fazer discursos e escrever comunicações", como detalhado por Campbell (2006, p. 58). De fato, minhas observações de campo mostraram os muitos tipos de experiências de aprendizagem que os/as estudantes das escolas participantes desenvolvem, como por meio de projetos de aprendizado de serviço na Escola SESC de Ensino Médio, dos quais os/as estudantes adquirem ativos valiosos relacionados à execução prática de projetos e articulação coletiva.

O engajamento político foi demonstrado por meio de várias iniciativas. Por exemplo, na Escola SESC de Ensino Médio, o Grêmio Estudantil incentiva os/as estudantes a se registrarem para votar nas eleições municipais, estaduais e federais. No CIEJA Campo Limpo, os/as estudantes se tornaram mais conscientes da importância de considerar o engajamento dos candidatos com populações desfavorecidas. Na EMEF Campos Salles, as experiências participativas parecem ter contribuído ao escolher representantes, se envolver em vários projetos e organizações, como as associações de moradores de Heliópolis e o movimento hip hop, e fortalecer seu senso de consciência e agência comunitárias (Entrevistada Cecília, 2021; Entrevistado Davi, 2022). Vale ressaltar que algum grau de desconfiança em relação ao sistema político também foi observado, embora não tenha sido explorado minuciosamente.

Por fim, o caso da EMEF Campos Salles fornece exemplos de aumento do engajamento social e político por toda a comunidade de Heliópolis. Um exemplo citado por entrevistadas/os é o próprio fortalecimento da associação de moradores (UNAS), por meio de sua participação no projeto Bairro Educador, que aumenta o potencial da comunidade para o engajamento cidadão e sua capacidade de prover serviços à população local. Quando milhares de moradores de Heliópolis e estudantes de diferentes escolas da região participam da Caminhada pela Paz, eles aumentam sua motivação para o engajamento social e político e sua "consciência comunitária", nos termos de um ex-integrante da gestão da escola (Entrevistada Cecília, 2021). Essa maior consciência do poder comunitário inspirou esperança entre muitos integrantes da comunidade quanto ao potencial da educação para promover a justiça social e fortaleceu seu engajamento na escola ou em projetos locais. Isso está em sintonia com estudos anteriores que encontraram a consciência em nível comunitário como um relevante resultado da promoção do engajamento social e político (Flanagan, 2020).

3) Indivíduos éticos, empáticos e empoderados

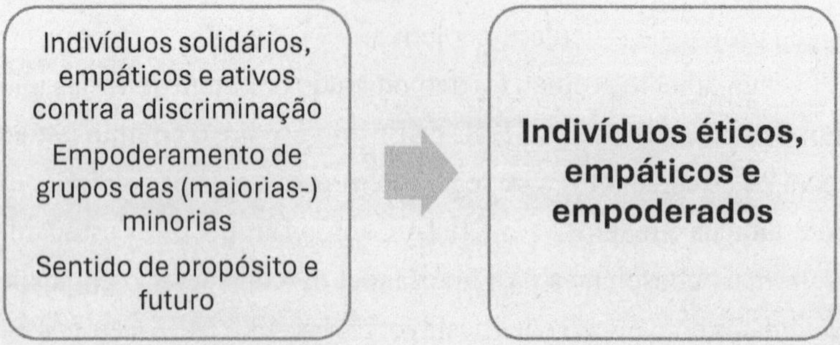

Esta seção apresenta resultados intermediários relacionados à educação de "indivíduos éticos, empáticos e empoderados", que também são considerados atributos relacionados ao desenvolvimento integral dos/as estudantes. Os resultados intermediários aqui discutidos, em sua maioria, referem-se à formação de valores e atitudes éticas (ou seja, "indivíduos solidários, empáticos e ativos contra a discriminação") ou a resultados influenciados por esses valores (como o "empoderamento de grupos das (maiorias)-minorias"[26] e aumento do "sentido de propósito e futuro". Esses resultados se inter-relacionam com os aspectos da formação para e na cidadania discutidos na seção anterior, mas, devido à sua relevância e frequência nos dados, foram interpretados como tipos específicos de resultados intermediários associados às estratégias educacionais propostas pelas escolas participantes.

De acordo com os dados, o primeiro resultado intermediário listado, nomeadamente "indivíduos solidários, empáticos e ativos contra a discri-

---

[26] O termo "maioria" na descrição desse resultado intermediário é usado para se referir a grupos que, apesar de enfrentarem discriminação, não se referem à minoria, mas à maior parte da população ou de um grupo específico em algumas escolas, como mulheres e pessoas negras e pardas.

minação", está associado às estratégias baseadas no estabelecimento de um conjunto de valores a nortear o sistema ético das escolas participantes, como discutido na Parte I. Esse achado de pesquisa é relevante no contexto da promoção da educação integral cidadã, porque o desenvolvimento de certos valores é considerado crucial para que os indivíduos pratiquem a cidadania (Lodi; Araújo, 2007, p. 69).

Documentos oficiais e programas do Ministério da Educação do Brasil (Lodi; Araújo, 2007), bem como experiências concretas, como a Escola da Ponte (Pacheco, 2012), exploraram a inter-relação entre ética e cidadania e sugeriram que as escolas devem ser um lugar onde valores éticos importantes são desenvolvidos. Entre os valores que fazem parte do sistema ético da escola, os dados indicam que solidariedade, empatia e atitudes antidiscriminatórias são enfatizadas, e os seguintes tipos de discriminação apareceram principalmente nos discursos dos participantes: racismo, sexismo, homofobia, transfobia, discriminação da pessoa com deficiência, discriminação com base na classe social ou local de origem e gordofobia.

A promoção da solidariedade, da empatia e de uma postura ativa contra os diversos tipos de discriminação foi observada em várias das estratégias educacionais adotadas pelas escolas, de forma inter-relacionada e complementar. Entre essas estratégias, três se destacam. A primeira envolve cultivar uma cultura escolar que encarna esses valores e os reflete em atividades informais cotidianas e situações. Por exemplo, os/as estudantes podem aprender com as atitudes ou omissões de professoras/es e outros integrantes da escola ao lidar com episódios de discriminação. Nas entrevistas, ouvi diversos comentários de estudantes atestando o impacto positivo de testemunhar atos de solidariedade ou empatia exibidos por seus/suas professores/as e outros integrantes da escola, tanto em reagir contra qualquer forma de discriminação quanto em nutrir posturas que promovam e apoiem a pluralidade e diversidade de todos os tipos. Tais experiências inspiram os/as estudantes a ficar mais atentos à importância desses valores (Entrevistado Rafael, 2022; Entrevistada Clarisse, 2021). A disseminação desses valores é evidente não apenas nas escolas, mas também se manifesta pelos/as estudantes em seus relacionamentos com integrantes da família e outros ambientes que frequentam, como observado por professoras/es de todas as três escolas (Entrevistadas Melissa; Laura, 2021; Entrevistada Lidiane, 2022).

Vale ressaltar que muitos professoras/es e funcionárias/os entrevistadas/os expressaram que as abordagens educacionais de suas escolas também os/as impactaram e os/as transformaram significativamente em indivíduos mais empáticos (Entrevistada Patrícia, 2022; Entrevistada/os Fábio; Sonia, 2021). Fábio, um integrante da equipe do CIEJA Campo Limpo, compartilhou que costumava ter preconceitos contra estudantes que eram dependentes de drogas, mas as atitudes compreensivas e de apoio por parte de professoras/es e gestores/as da escola em relação a esse problema, e os resultados positivos que ele testemunhou a partir dessas atitudes, mudaram sua perspectiva. Ele afirmou: "*Como sou da periferia, costumava ser mais rígido na superfície e esconder emoções. Mas essa escola me ensinou a amar as pessoas ainda mais, a ser mais compreensivo e a respeitar as diferenças*" (Entrevistado Fábio, 2021). Este tipo de relato feito por professoras/es e outros integrantes da escola mostra que seu bem-estar e a contínua formação para novas formas de atuação profissional também devem constituir aspecto importante a ser considerado dentro da perspectiva da educação integral cidadã.

A segunda estratégia relacionada ao resultado intermediário da formação de "indivíduos solidários, empáticos e ativos contra a discriminação" envolve a promoção de situações ou iniciativas que fomentem a empatia, encorajando os/as estudantes a se colocarem no lugar do outro. A Comissão de Mediação de estudantes da EMEF Campos Salles consiste em excelente exemplo dessa estratégia. Nessa abordagem, os/as estudantes são incentivados a discutir diferentes perspectivas da mesma situação, reconhecendo a complexidade das emoções e condições humanas, o que promove empatia e solidariedade entre as pessoas participantes. Um exercício inspirador proposto pela comissão é o de que, após a conversa acerca dos pontos problemáticos entre as partes envolvidas, todos/as os/as presentes compartilhem aspectos positivos sobre as pessoas envolvidas na situação em discussão, dizendo "o que gostamos em você e o que você faz muito bem". Uma entrevistada que compunha a equipe gestora da escola relatou ter presenciado impactos transformadores tanto em educadores quanto em estudantes por meio das experiências da Comissão de Mediação (Entrevistada Viviane, 2022).

A terceira estratégia refere-se à convivência com a diversidade (tais como étnico-racial, de gênero e de classe) na composição escolar, tema que tem sido explorado por outros estudos, principalmente na literatura internacional (por exemplo, Preston; Green, 2003; Rinnooy Kan et al., 2021; Janmaat, 2022), e incluído no quadro conceitual apresentado na Parte I. Apesar de ainda haver divergências na literatura em relação aos efeitos da diversidade na composição escolar, os dados analisados neste estudo permitem interpretar que a composição escolar diversa e plural pode gerar atitudes positivas expressivas em relação à promoção da empatia e do empoderamento. Na Escola SESC de Ensino Médio, a diversidade cultural em termos de local de origem foi destacada pelos/as estudantes como uma oportunidade para quebrar os preconceitos em relação a regiões do país que são historicamente marcadas por discriminação de outras, como a região Nordeste, de onde imigrantes pobres e pardos/as ou negros/as migraram para outros estados. No CIEJA Campo Limpo, a convivência com as estudantes mulheres trans levou muitas/os entrevistadas/os a relatarem que mudaram de ideia sobre preconceitos que tinham em relação à identidade de gênero de pessoas trans (Entrevistadas Sonia; Tatiana, 2021). Um relato de um estudante do CIEJA Campo Limpo sobre o processo de mudança de suas opiniões em relação às pessoas com deficiências também ilustra como esse tipo de aprendizado pode ocorrer por meio da convivência com a diversidade:

> *Durante meu primeiro almoço no CIEJA, eu estava sentada à mesa com um homem cego. Inicialmente, eu tinha essa noção preconcebida de que ele poderia colocar a mão no meu prato ou algo assim. Eu até considerei me levantar da mesa, mas então tomei a decisão consciente de esperar para comer até que ele começasse. Mas ele me surpreendeu! Ele comeu elegantemente, usando o garfo*

habilmente, limpou a boca com um guardanapo, levantou-se da mesa e até pediu permissão para sair. Eu estava tão envergonhada de mim mesma... Eu estava realmente envergonhada, e não consegui parar de pensar nisso naquela noite (Entrevistada Clarissa, 2021).

Esse tipo de experiência, especialmente quando combinada com uma cultura escolar que fomenta o respeito e valoriza a diversidade, é capaz de produzir resultados positivos expressivos. Baseando-se no argumento de Pacheco (2012), o relato mencionado serve para enfatizar a importância de as escolas reconhecerem que os valores permeiam as relações humanas e a educação, podendo ser ativamente promovidos pelas escolas.

O segundo resultado intermediário identificado refere-se ao "empoderamento de grupos das (maiorias-)minorias", que pode ser relacionado às estratégias para se promoverem atitudes e valores discutidos antes, pois também empoderam grupos historicamente marginalizados e sub-representados em posições de prestígio na sociedade. Esses grupos incluem pessoas pretas e pardas, migrantes entre regiões, mulheres, integrantes da comunidade LGBTQIA+ e também crianças e jovens, que muitas vezes enfrentam adultocentrismo em escolas tradicionais.

Várias evidências observadas neste estudo deixam claro como as experiências no contexto escolar podem promover o empoderamento desses grupos. Entrevistados/as do CIEJA Campo Limpo compartilharam que, como muitas mulheres matriculadas na escola sofrem violência doméstica e outras consequências do sexismo, a escola aborda ativamente essas questões de maneiras variadas. "*O CIEJA já foi referido como uma escola 'desmancha casamento'*", disse o professor Theo (Transcrição de Entrevista), mencionando que muitas mulheres identificam as violências que sofrem e se fortalecem para não se submeter mais a elas. Outra professora que entrevistei também compartilhou que, depois de discutir tópicos relacionados ao tema do sexismo com os/as estudantes, começou a questionar o seu próprio relacionamento e, sem passar incólume pelo processo de construção de conhecimento, acabou decidindo pelo divórcio de seu companheiro.

Outro exemplo citado por entrevistadas/os de escolas participantes é a percepção de que os/as estudantes passam por um processo de reconhecimento e orgulho de sua herança negra e africana, o que muda a maneira como se vestem e os/as faz orgulhosos/as de seus traços, passando a valorizar, em vez de mudar, por exemplo, seus cabelos. No geral, os dados mostraram resultados de empoderamento relacionados a mudanças em situações de opressão e de empoderamento estético, que também foram identificados pela pedagogia decolonial e pelas práticas educacionais culturalmente responsivas já mencionadas.

O terceiro resultado intermediário, o "sentido de propósito e futuro", diz respeito ao aumento da percepção do indivíduo quanto à sua capacidade de alcançar seus objetivos pessoais e profissionais futuros. Esse resultado consiste em ativo interno relevante tratado pelo modelo conceitual *self-in-context* (o "sujeito-no-contexto"). Segundo Hammond (2004), o "sentido de propósito e futuro" está relacionado às aspirações e orientações futuras de um indivíduo, que estão conectadas a atributos significativos como autoestima e autoconfiança. No escopo deste estudo, o resultado de empoderamento que foi descrito antes – relacionado ao aumento do bem-estar, saúde emocional e física e pensamento autônomo – parece estar significativamente relacionado à manutenção ou melhoria das aspirações e orientações futuras dos/as estudantes.

Importante ressaltar que este estudo compreende que este tipo de resultado apenas faz sentido se amparado pelas estratégias ligadas à educação integral cidadã que considerem os potenciais e os limites dos contextos sociais, culturais e familiares dos indivíduos, no sentido de prover-lhes as condições para que, de fato, suas aspirações de futuro estejam embasadas em oportunidades concretas e para que eles/elas não sejam responsabilizados/as individualmente por seus futuros sem as eventuais oportunidades necessárias. Ainda assim, deve-se ressaltar que, durante as entrevistas, estudantes das três escolas demonstraram forte compromisso com suas trajetórias educacionais e vislumbravam positivamente as chances de melhorarem suas condições de vida socioeconômicas. Por exemplo, conversas informais com muitos/as estudantes da EMEF Campos Salles revelaram suas intenções de fazer o vestibulinho para a escola técnica ETEC, e os/as estudantes do CIEJA Campo Limpo expressaram seu desejo de concluir o ensino médio após se formarem na instituição. Além disso, os dados da Escola SESC de Ensino Médio mostraram que 100% de seus estudantes estavam frequentando ou haviam frequentado o nível superior após concluírem a educação básica (SESC, 2018).

4) Desenvolvimento humano integral e múltiplas aprendizagens

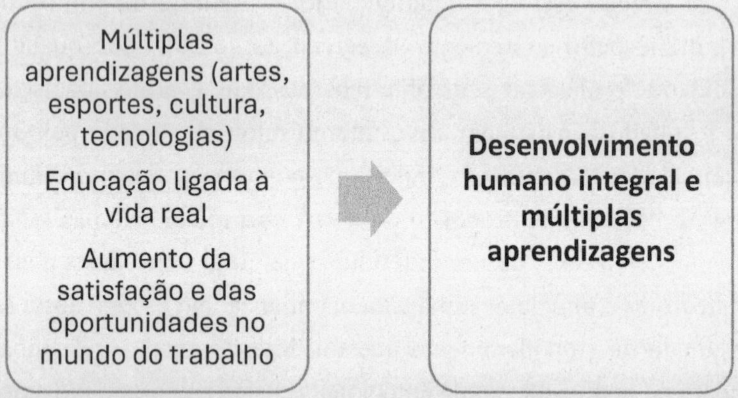

O resultado "desenvolvimento humano integral e múltiplas aprendizagens" está relacionado ao aspecto da educação integral cidadã que reconhece as limitações dos conteúdos e das metodologias pedagógicas tradicionais para o alcance da promoção do desenvolvimento dos/as estudantes em suas múltiplas dimensões. As experiências das três escolas participantes revelaram que a educação que abrange aspectos mais amplos do desenvolvimento humano se relacionou a três resultados intermediários: "múltiplas aprendizagens (por exemplo, aquelas relacionadas às artes, aos esportes, à cultura, e às tecnologias)", "educação ligada à vida real" e "aumento da satisfação e das oportunidades no mundo do trabalho".

O resultado intermediário "Múltiplas aprendizagens" é respaldado por evidências de que as escolas participantes possuem currículo diversificado que inclui tópicos e atividades relacionadas às artes, aos esportes, à cultura, à tecnologia e a idiomas estrangeiros, por exemplo. De acordo com as entrevistas, esse tipo de educação revelou vocações e preferências que, de outra forma, poderiam passar despercebidas e levou muitos/as estudantes a seguir profissões artísticas ou tecnológicas geralmente subvalorizadas nas escolas tradicionais.

Além disso, os/as estudantes desenvolveram conexões com o mundo dos esportes, aumentando seus hábitos de atividade física. Samuel, um estudante da Escola SESC de Ensino Médio, compartilhou que as diversas atividades em que os/as estudantes se envolvem permitiram que eles desenvolvessem diferentes formas e linguagens de expressão, levando a um aumento do bem-estar. Por meio da exposição a atividades artísticas e culturais, os/as estudantes também se formaram para e na cidadania, para a empatia e o empoderamento e para a construção do senso de pertencimento, inclusive em relação a espaços anteriormente inacessíveis na cidade.

Uma variedade de estratégias adotadas pelas três escolas contribuiu para alcançarem a ampliação e diversificação de seus currículos e práticas pedagógicas. Entre elas estão aulas de artes e esportes diversos, oficinas, atividades e eventos em colaboração com organizações da sociedade civil locais ou outras organizações públicas, acesso a espetáculos artísticos e a outros equipamentos culturais do território, bem como a atividades implementadas pelos complexos culturais e educacionais como o CEU, no caso da EMEF Campos Salles, e os equipamentos disponíveis na Escola SESC de Ensino Médio.

Os dados mostraram que os/as estudantes se beneficiam tanto com as aprendizagens relacionadas à própria proficiência nas artes quanto com aquelas relativas a conhecimento, repertório cultural e desenvolvimento criativo e de sensibilidades quando assistem ou participam de eventos culturais. Heitor, um integrante da equipe do Escola SESC de Ensino Médio que trabalha no campo cultural, ilustrou o primeiro aspecto ao compartilhar sua percepção sobre o desenvolvimento da expressividade e sociabilidade de um estudante tímido após um curso de circo de um ano na escola (Entrevista, 2022). Da mesma forma, os espetáculos culturais e artísticos têm se mostrado efetivos para explorar temas do currículo e promover a cidadania. Heitor explicou que tais estratégias despertam sensibilidades mais profundas para o aprendizado dos conteúdos do que simples discussões teóricas na sala de aula:

> *Discutir a questão da migração devido à guerra pode parecer distante para aqueles que não a vivenciaram em primeira mão. No entanto, quando os/as estudantes assistem a uma apresentação de um grupo musical da Síria, eles são expostos a uma nova dimensão de estética e elementos culturais desconhecidos. Essa experiência leva a uma compreensão mais profunda e empatia em relação à questão, ao contrário de aprender sobre ela com alguém que não tem experiência pessoal ou simplesmente lendo sobre ela em um livro. Acreditamos firmemente na eficácia de tais estratégias culturais e artísticas* (Entrevistado Heitor, 2022).

Entrevistadas/os da EMEF Campos Salles e do CIEJA Campo Limpo também concordaram que expor os/as estudantes a diversas expressões culturais e artísticas resulta no desenvolvimento de maior sensibilidade em relação à riqueza da experiência humana, o que é uma parte essencial de uma perspectiva de educação integral cidadã que vai além da instrução acadêmica tradicional.

O segundo resultado intermediário, "educação ligada à vida real", refere-se ao desenvolvimento de habilidades práticas para a vida cotidiana e à aprendizagem de temas que são significativos e conectados à vida dos/as estudantes. Estratégias que envolvem a participação estudantil na escolha de temas e o desenvolvimento de pedagogias baseadas em investigação e situações-problema conectadas aos interesses dos/as estudantes foram identificadas como promotoras de experiências de aprendizagem relevantes e atrativas. Essa sintonia com os interesses dos/as estudantes, por sua vez, aumenta seu engajamento na construção de conhecimento e fornece-lhes informações importantes para navegarem em situações do mundo real.

A integração com a comunidade também foi enfatizada por entrevistadas/os e ficou evidente por meio das observações de campo que identificaram estratégias conectadas à cultura e ao contexto da comunidade. Por exemplo, durante a preparação em sala de aula para a Caminhada pela Paz na EMEF Campos Salles e na edição mais recente desse evento, foi possível perceber ênfase na exploração de temas relacionados ao contexto social e econômico do país, que afetam profundamente a vida dos/as estudantes e suas famílias em Heliópolis.

Além disso, o resultado intermediário da "educação ligada à vida real" abrange uma dimensão relacionada à noção freiriana do aprender a ler o mundo. Essa abordagem reconhece que o processo educacional se estende além da mera aquisição de linguagem escrita e conhecimento acadêmico. Noemi, integrante da administração escolar do CIEJA Campo Limpo, destaca que a capacidade de ler e escrever não se limita a grafemas e fonemas, mas envolve um processo complexo no qual os/as estudantes se apropriam e reelaboram os elementos de suas experiências e contextos, com a ajuda de atividades pedagógicas e discussões em sala de aula que ocorrem na escola. Tal processo permite que os/as estudantes transformem suas interações sociais com esses elementos. Como resultado, ela diz: "*Esse processo tem um impacto significativo na experiência subjetiva e social de cada estudante. É fascinante ouvir os relatos deles na cerimônia de formatura expressando sua reflexão sobre seu desenvolvimento*" (Entrevistada Noemi, 2021).

O terceiro resultado intermediário relacionado ao desenvolvimento humano integral e suas múltiplas aprendizagens refere-se ao "aumento da satisfação e das oportunidades no mundo do trabalho". Esse resultado foi identificado principalmente na Escola SESC de Ensino Médio e no CIEJA Campo Limpo devido à faixa etária de seus estudantes e, consequentemente, à maior proximidade com o mundo do trabalho.

As/os entrevistadas/os da Escola SESC de Ensino Médio associaram sua educação por um currículo diversificado que abrangeu várias áreas, como artes, esportes e cultura, à expansão de seus cursos pretendidos para a faculdade e a uma escolha de carreira mais informada, o que melhorou suas chances de sucesso e satisfação no trabalho. Alice, uma ex-aluna do Escola SESC de Ensino Médio, compartilhou que, embora quisesse uma profissão na área da saúde, ela também pôde fazer um curso de robótica, por exemplo, já que a escola "*te dá a oportunidade de se descobrir*" (Entrevista, 2022). Segundo Alice, muitos de seus colegas mudaram seus objetivos iniciais para áreas mais alinhadas com suas personalidades e trajetórias, e "*o mais incrível para mim é que todo estudante do SESC é muito bem-sucedido no que faz, sabe? Porque acho que aprendemos tanto sobre fazer o que gostamos que acabamos fazendo bem naturalmente*" (Entrevistada Alice, 2022).

O relato de Tatiana, uma ex-aluna do CIEJA Campo Limpo, serve como um exemplo poderoso do potencial de uma abordagem integral para a educação que explora as diversas dimensões dos/as estudantes. Tatiana enfrentou numerosos obstáculos estruturais ao longo de sua vida, incluindo trabalho infantil, abuso sexual e a trágica perda de seu marido e seu filho. Apesar de tais desafios, ela já havia demonstrado notável resiliência ao fundar uma organização da sociedade civil em seu bairro, Capão Redondo, localizado na periferia de São Paulo, que oferece atividades esportivas, especialmente a corrida, para ajudar centenas de mulheres e crianças. Tatiana enfatiza que a educação que recebeu no CIEJA desempenhou um papel fundamental em seu empoderamento e em sua trajetória de superação e de construção de seu projeto social.

> *Através do meu envolvimento nas artes, praticando oratória e fazendo teatro no CIEJA, tive uma experiência que nunca tive antes. Antes do CIEJA, eu já era ativista, mas depois de sair da escola, minha confiança aumentou. O mundo parecia pequeno para mim naquela época. [risos] [...] Veja bem, por muitos anos, ninguém me deu uma plataforma para falar. As pessoas nunca me ouviam e achavam que eu não tinha nada importante para compartilhar. Agora, não consigo falar com todos e não tenho tempo para responder a todos os pedidos de quem quer ouvir minha história. É por isso que as pessoas têm me chamado de Tatiana Forrest, uma contadora de histórias [risos]* (Entrevistada Tatiana, 2021).

Profissionalmente, Tatiana agora é capaz de se dedicar à administração da organização que fundou, e não tem tempo nem necessidade de se dedicar à sua profissão original de costureira para se sustentar financeiramente. Ela é convidada a dar palestras em várias outras organizações nacionais e internacionais. Na verdade, muitos ex-estudantes do CIEJA Campo Limpo relataram melhorias em suas oportunidades profissionais após se formarem na escola, como serem promovidos a cargos mais bem remunerados no trabalho, serem admitidos em concursos públicos e até mesmo se formarem no ensino superior, o que aumenta suas chances de mobilidade social (Entrevistada Sandra, 2021).

A integração com a educação profissionalizante, que permeia a realidade de ambas as escolas, também foi citada como estratégia que aumenta as oportunidades de emprego dos/as estudantes. No caso do CIEJA Campo Limpo, embora este estudo não forneça uma análise detalhada da relação com a educação profissionalizante, os dados indicam que, apesar das iniciativas já existentes, a escola se beneficiaria com mais oportunidades de integração com a educação profissional, por meio de cursos técnicos e profissionalizantes, conforme consta do próprio Plano Nacional de Educação em sua meta 10 – “Oferecer, no mínimo, 25% das matrículas de educação de jovens e adultos (EJA), nos ensinos fundamental e médio, na forma integrada à educação profissional”. No caso do Escola SESC de Ensino Médio, destacam-se parcerias robustas já vigentes para oferecer cursos profissionalizantes.

5) Redução da violência local e acesso a direitos sociais

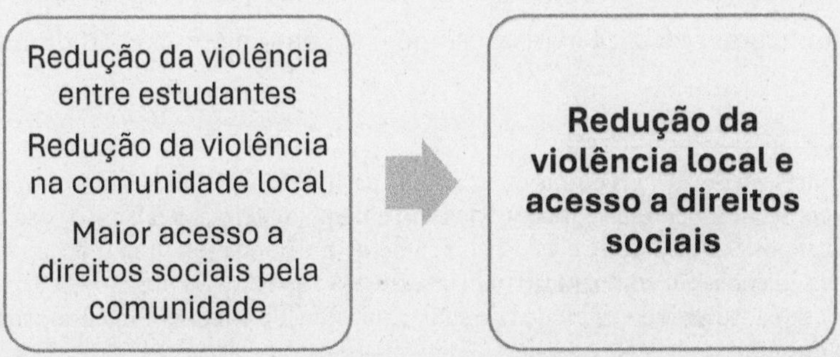

O resultado "redução da violência local e acesso a direitos sociais" está intimamente ligado às situações que levaram a EMEF Campos Salles e o CIEJA Campo Limpo a iniciarem seus projetos inovadores, incluindo os altos níveis de violência na escola e na comunidade e a desconexão entre as escolas e as culturas e os contextos locais. Resultados intermediários como "redução da violência entre estudantes", "redução da violência na comunidade local" e "maior acesso a direitos sociais pela comunidade" demonstram que uma perspectiva educacional desenvolvida de forma integrada com as comunidades locais pode contribuir para a transformação social no território em que a escola se localiza. Importante notar que os dois últimos resultados intermediários citados estão relacionados à identificação de resultados no nível comunitário (meso).

O primeiro resultado intermediário, "redução da violência entre estudantes", refere-se principalmente ao caso da EMEF Campos Salles, cujos dados indicaram diminuição expressiva nos níveis de conflito entre os/as estudantes e outros integrantes da escola quando comparados ao seu passado[27]. Entrevistadas/os daquela escola que vivenciaram o projeto desde o início relataram história de conflitos violentos rotineiros entre os/as estudantes naquela época. Um pai de um estudante que administrava uma loja localizada em frente à escola mencionou testemunhar brigas diárias naquele período que hoje não ocorrem mais (Entrevistada/os Cecília; Alberto, 2021). Observações de campo e entrevistas sugerem que vários aspectos inter-relacionados podem ter contribuído para a redução do comportamento agressivo, e as estratégias da escola podem ter desempenhado um papel nessa mudança.

A perspectiva do "estudante em sua inteireza", relacionada à educação integral cidadã, envolve estratégias como a construção de relaciona-

[27] Entrevistados/as das outras duas escolas participantes também relataram baixos níveis de violência em seus contextos. No entanto, optei por destacar o caso da EMEF Campos Salles porque eles especificamente mencionaram uma redução nos níveis de violência em comparação com sua situação anterior ao projeto que transformou a escola, sugerindo os efeitos de sua perspectiva de educação integral cidadã sobre a questão.

mentos empáticos entre professoras/es e estudantes e pedagogias e práticas ativas (como mesas compartilhadas onde os/as estudantes desenvolvem habilidades dialógicas e em colaboração) que podem ter ajudado os/as estudantes a desenvolver habilidades relacionadas ao controle emocional e à resolução de conflitos, as quais contribuíram para o alcance de níveis reduzidos de violência. Estratégias que promovem valores de solidariedade, empatia e atitudes antidiscriminatórias, como a Comissão de Mediação de estudantes, foram associadas à percepção da existência de maior nível de compreensão entre os pares quando comparadas às escolas tradicionais, como observado por um novo integrante da gestão da escola (Entrevistada Liz, 2022). Portanto, com base nas estratégias e resultados mencionados, as evidências indicam que a implementação de estratégias que englobam múltiplos elementos da educação integral cidadã (como "estudante em sua inteireza", "democracia e cidadania" e "intersetorialidade") contribuiu para reduzir a violência dentro da escola.

O segundo resultado intermediário apresentado nesta seção, "redução da violência na comunidade local", também está intimamente relacionado à experiência da EMEF Campos Salles, que desempenhou papel crucial na promoção de uma cultura de paz e dos direitos humanos em Heliópolis, conforme manifestado por participantes entrevistadas/os (Entrevistadas Cecília; Laura, 2021). Há aproximadamente duas décadas, Heliópolis era considerada uma das regiões mais violentas de São Paulo. Dados recentes indicam que as taxas de violência atuais da comunidade são mais baixas do que a média da cidade, sendo que a violência policial é a predominante. De acordo com um estudo conduzido pela associação de moradores UNAS, a taxa de vítimas de homicídios intencionais é de 8 por mil habitantes em Heliópolis, o que é menor do que a taxa de 14 na cidade de São Paulo (UNAS, 2021). O estudo também descobriu que 52% das mortes entre 2019 e 2021 foram causadas pela polícia, e 92% das vítimas estavam desarmadas (UNAS, 2021), sugerindo uma relação com o que a literatura tem denominado de *genocídio* da juventude negra pobre e de baixa renda no Brasil, perpetrado pelo estado (Lemos et al., 2017).

Apesar dos desafios persistentes, muitos/as entrevistados/as vincularam explicitamente suas percepções de melhoria nos níveis de violência à perspectiva educacional adotada pela EMEF Campos Salles, incluindo a construção do Bairro Educador e a mobilização para a Caminhada pela Paz anual. Regina, mãe de estudante que integra a escola desde o início do projeto inovador por meio do Conselho Escolar e de ações voluntárias, elogiou a integração entre a escola e a associação de moradores UNAS. Ela afirmou: "*Isso trouxe confiança, uma liderança muito bonita dentro da comunidade. Há muito respeito, há muito entendimento*" (Entrevistada Regina, 2022). O relato de uma ex-integrante da gestão da escola, que apareceu também em outras entrevistas, transmite a percepção de redução nos níveis de violência associada às ações das escolas:

> *No primeiro ano que cheguei lá, os estudantes costumavam nos contar quantos corpos tinham passado no meio da rua para vir à escola por causa de assassinatos que aconteciam à noite. [...] Havia uma naturalização da violência e eles costumavam nos dizer como se isso fosse algo da rotina da comunidade. Mas, depois de todos esses anos, nunca mais ouvi uma criança falando sobre vivenciar tal coisa* (Entrevistada Laura, 2021).

A análise deste estudo sugere fortemente que o projeto educacional da EMEF Campos Salles e sua integração com a comunidade salvaram muitas vidas. A redução dos níveis de violência no nível local pode se justificar por razões como o aumento na coesão social interna de Heliópolis, entendida como um conjunto de valores compartilhados que uniram a comunidade contra a banalização da violência. Curiosamente, durante uma conversa informal, uma pessoa que ajudou a organizar a primeira Caminhada pela Paz revelou que um líder do tráfico de drogas na comunidade na época se aproximou deles para dizer que eles também eram a favor da redução da violência e não se oporiam à manifestação.

Além disso, a experiência do CIEJA Campo Limpo, em conjunto com organizações da sociedade civil e movimentos sociais, também pode estar associada ao resultado intermediário de redução dos níveis de violência na região de Capão Redondo. Durante a década de 1990, a região que englobava os bairros de Capão Redondo, Jardim Ângela e Jardim São Luís, próximos ao CIEJA Campo Limpo, foi apelidada pela mídia brasileira de "Triângulo da Morte" devido à sua alta taxa de homicídios. Em 1996, o Jardim Ângela, em específico, foi identificado pelas Nações Unidas como tendo a maior taxa de violência do mundo, superando as regiões em guerra (Crowe et al., 2016). Dez anos depois, a taxa diminuiu de 120 homicídios por cem mil (em 1996) para 64,5 (em 2004). Além de fatores socioeconômicos e demográficos (Peres et al., 2011), a literatura também relatou a influência crucial das iniciativas promovidas por organizações da sociedade civil, movimentos culturais e populares, e colaborações com órgãos públicos para reduzir os níveis de violência na região (Crowe et al., 2016). Pesquisas anteriores (Justo; Hardagh, 2015) e entrevistas com participantes-chave (Entrevistadas Luana, 2021; Helen, 2022) apontaram o CIEJA Campo Limpo como uma instituição importante que contribui para esses resultados, pois, como afirmado por Luana, "*atua ajudando a transformar a região*".

O terceiro resultado intermediário, "maior acesso a direitos sociais pela comunidade", pode ser observado a partir da contribuição das escolas participantes para abordar questões sociais no nível comunitário. A análise indica que este resultado está intimamente relacionado às estratégias da escola que se baseiam no reconhecimento de que se trata de instituição que não está desconectada das questões sociais da comunidade, incluindo, por exemplo, o estabelecimento de parcerias com movimentos sociais e organizações da sociedade civil no território. No caso da EMEF Campos Salles, entrevistadas/os observaram que a escola não se preocupa apenas com a violência, mas com questões de justiça social mais amplas de Heliópolis. "*A paz que queremos não é a paz da pomba branca. Nossa paz é saber que todos teremos um prato de comida para comer, que teremos moradias decentes e assim por diante*", disse um ex-professor da EMEF Campos Salles ao falar com outras/os professoras//es e integrantes da comunidade em uma reunião preparatória para a Caminhada pela Paz de

2022. O fortalecimento da associação de moradores (UNAS) como parte da missão da escola é um resultado concreto que trouxe resultados positivos para o desenvolvimento de vários projetos sociais na comunidade (Entrevistada Cecília, 2021; UNAS, 2022). No CIEJA Campo Limpo, seu envolvimento em comitês sociais na região de Capão Redondo e suas ações durante a pandemia ilustram seu compromisso e contribuição para questões sociais em sua comunidade.

Os numerosos projetos sociais implementados pela Escola SESC de Ensino Médio e seus efeitos positivos para os/as integrantes da comunidade foram relatados por entrevistadas/os (Isabella; Nádia, 2022), fornecendo evidências de estratégias baseadas na premissa de que as questões sociais da comunidade são também pertinentes à escola. No caso da Escola SESC de Ensino Médio, embora este estudo tenha sido capaz de descobrir alguns dos efeitos dessas estratégias na formação da cidadania entre os/as estudantes da escola, foi mais desafiador compreender seu impacto de longo prazo no nível comunitário. Isso foi possível até certo ponto com os projetos da EMEF Campos Salles e do CIEJA Campo Limpo, provavelmente porque a integração com a comunidade local é uma característica mais central das perspectivas educacionais dessas escolas. Realizar uma investigação mais aprofundada sobre o impacto dos projetos da Escola SESC de Ensino Médio em sua respectiva região seria valioso. O quadro conceitual denominado "aprendizagem em serviço crítica" poderia oferecer contribuições úteis para tal análise, tendo em vista que se trata de abordagem caracterizada como aquela que visa "gerar mudanças sociais sustentáveis para a comunidade e seus integrantes por meio de atividades de serviço" (Chupp; Joseph, 2010). De todo modo, juntos, os resultados revelam que as três escolas participantes implementaram estratégias audaciosas em comparação com as escolas tradicionais, que tendem a agir de forma mais isolada em relação às suas comunidades.

6) Garantia do direito à educação

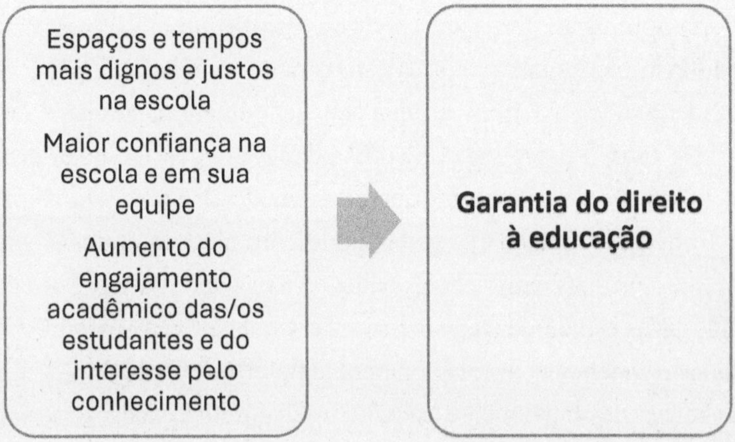

O resultado identificado e nomeado como "garantia do direito à educação" se relaciona à expansão das oportunidades para os/as estudantes exercerem, de fato, seu direito à educação, incluindo as condições de permanência na escola, bem como aquelas para acessar uma educação de qualidade e que promova a equidade. Três resultados intermediários contribuem nesse sentido, a saber: "espaços e tempos mais dignos e justos na escola", "maior confiança na escola e em sua equipe" e "aumento do engajamento acadêmico dos/as estudantes e interesse pelo conhecimento". Importante notar que, enquanto exercer o direito à educação pode ser entendido como um resultado individual no nível micro, ele tem o potencial de impactar significativamente os níveis meso (comunidades) e macro (sociedade). Do ponto de vista da educação integral cidadã, isso é particularmente verdadeiro se a educação acessada levar a outros resultados relacionados, como a melhoria da saúde e do bem-estar e a formação para e na cidadania.

O primeiro resultado intermediário diz respeito à criação de "espaços e tempos mais dignos e justos na escola", que se referem a aspecto crucial da perspectiva de educação integral cidadã, conforme demarcado por educadores pioneiros, como Anísio Teixeira, e contemporâneos (Arroyo,

2012; Thiesen, 2020). Outros resultados já discutidos anteriormente, como a melhoria da saúde e do bem-estar e o empoderamento de grupos das (maiorias)-minorias, fornecem suporte à ideia de que as escolas participantes são instituições em que os/as estudantes vivenciam tempos e espaços mais adequados para alcançar uma educação integral cidadã.

De fato, a perspectiva da/o estudante em sua inteireza envolve a implementação de estratégias que construam relacionamentos mais justos e forneçam recursos que gerem condições mais equitativas para os/as estudantes em suas experiências educacionais e além delas. Por exemplo, quando os/as estudantes têm acesso a serviços de saúde mental, e os professoras/es estabelecem relacionamentos afetivos e empáticos com eles, suas chances de efetivamente exercerem seu direito à educação se ampliam. O respeito ao ritmo de aprendizagem dos/as estudantes, a rejeição a punições baseadas em uma perspectiva meritocrática que ignora as barreiras de cada contexto, bem como o apoio ou a tutoria comprometida com a aprendizagem efetiva também constituem estratégias-chave que contribuem para um espaço educacional no qual os/as estudantes têm maior chance de efetivamente se desenvolverem integralmente e aprenderem os conteúdos e de permanecer escola.

Em relação às taxas de abandono escolar, vale ressaltar que, em 2019, o último ano do ensino fundamental na EMEF Campos Salles teve taxa de evasão mais baixa do que a municipal, -0,62% (EMEF Presidente Campos Salles, 2021b) em comparação com a taxa municipal de 0,95% (INEP, 2020). Em relação ao CIEJA Campo Limpo, um integrante da administração da escola esclareceu que a escola não tem acesso a estes dados porque o conceito de evasão para a educação de jovens e adultos não é aplicável, já que muitos/as estudantes fazem pausas para lidar com vários aspectos de suas vidas antes de retornar à escola.

De acordo com os dados produzidos e examinados neste estudo, a organização do tempo escolar deve também considerar que determinadas modalidades – como a EJA – requerem organizações da jornada escolar que respeitem as características da população estudantil. Por um lado, o caso do CIEJA Campo Limpo sugere que reduzir a quantidade de tempo que os/as estudantes passam na escola resultou em estratégia mais adequada para garantir experiências educacionais justas e evitar que os/as estudantes abandonem a escola, principalmente para populações jovens e adultas em áreas periféricas de grandes cidades, que precisam conciliar atividades profissionais e longos deslocamentos. Durante uma entrevista, uma professora do CIEJA Campo Limpo resumiu essa interpretação afirmando que "*2:15 horas por dia são melhores do que zero hora por dia [...] especialmente porque o nível de engajamento durante o tempo em que estão na escola é muito alto*" (Transcrição da entrevista).

Por outro lado, o caso da Escola SESC de Ensino Médio, que oferece aproximadamente quatro horas a mais de tempo escolar por dia em comparação com a EMEF Campos Salles, revelou que o tempo também é uma condição necessária para o desenvolvimento integral e as aprendizagens do conteúdo acadêmico. Embora o desenvolvimento acadêmico dos/as estudantes na EMEF Campos Salles seja superior à média da cidade, entrevistas e observação de campo permitiram a interpretação de que o tempo (de jornada parcial de cerca de quatro horas) é uma das limitações mais restritivas para que professoras/es e demais integrantes da escola implementem plenamente uma perspectiva de educação integral cidadã. Afinal, as experiências observadas indicam que estratégias como a promoção de vivências democráticas, de metodologias pedagógicas ativas e de projetos para a integração com a comunidade e o território são todas iniciativas que demandam tempo.

O segundo resultado intermediário, "maior confiança na escola e em sua equipe", refere-se aos benefícios associados à percepção, por parte dos/as estudantes e suas famílias, de que a escola, seus/suas docentes e funcionários/as estão genuinamente comprometidos/as com a aprendizagem e o bem-estar das/dos estudantes. Diz também respeito à confiança entre professoras/es, integrantes da equipe escolar, gestoras/es escolares e famílias em suas relações e em seu compromisso com os projetos inovadores das escolas. Nesse sentido, é importante notar que mudanças no desenho do projeto, como as observadas no caso da Escola SESC de Ensino Médio, podem causar a necessidade de que a confiança precise ser reafirmada.

No geral, as três escolas podem ser consideradas como apresentando altos níveis de confiança entre seus/suas integrantes, de maneira que diversas pessoas entrevistadas sugeriram que não tinham experimentado em escolas tradicionais com as quais tiveram contato anterior.

Embora os participantes não tenham necessariamente empregado o termo "confiança", seu uso aqui se mostrou adequado quando as/os entrevistadas/os elogiaram suas escolas como instituições pelas quais têm profundo respeito e pelas quais sentem afeto, bem como quando contaram sobre as relações positivas que nutrem com outros integrantes da escola. Ao me basear nos critérios de Bryk e Schneider (2002), subjacentes ao conceito de "confiança relacional", foi possível revelar que os relacionamentos foram principalmente marcados pelos critérios de *respeito* entre os indivíduos, de identificação de *competência profissional* dos/as docentes e funcionários/as para executar responsabilidades, de *consideração pessoal pelos outros* (no sentido de que relações de poder e vulnerabilidades experienciadas pelas/os integrantes da escola foram consideradas durante os relacionamentos) e *integridade* (entendida como coerência entre discursos e ações). Além disso, identificou-se que a *relação de confiança com a comunidade local pode contribuir para a construção geral da confiança no ambiente escolar*. Essas considerações estiveram presentes entre as percepções reveladas pelas/os participantes e podem estar relacionadas a estratégias como aquelas voltadas à promoção de altos níveis de horizontalidade, de liderança democrática, do estabelecimento de relacionamentos afetivos e empáticos e de integração com o território.

Clarissa, ex-aluna do CIEJA Campo Limpo, ao comparar sua experiência naquela escola com sua experiência atual em uma escola de ensino médio tradicional, afirmou: "*Senti um choque quando me formei no CIEJA. (A escola de ensino médio atual que estou frequentando) é uma escola horrível, pintada de verde-escuro, cada sala tem duas ou três grades e cadeados. Temos apenas quarenta minutos de aula. O professor preenche o quadro-negro e diz, 'Quem conseguir copiar tudo ganhará um ponto'*" (Entrevistada Clarissa, 2021). Seu relato remete a aspectos da construção da confiança, tais como a importância da confiança na comunidade – quando ela critica a quantidade de grades e cadeados – e a confiança relacionada ao comprometimento das/os docentes para garantir a aprendizagem do/a estudante. Esse último aspecto fica claro em seu tom de indignação quando relatou a aparente postura *pro forma* do professor ao observar que a aprendizagem do estudante se limitava a copiar do quadro-negro. Com esta reflexão, não se pretende atribuir o desenvolvimento de relacionamentos de confiança apenas às/aos professoras/es, mas observar que tal abordagem faz parte de uma concepção geral de falhas sistêmicas que não promovem a construção de confiança. Esta ênfase na importância da confiança está alinhada com os resultados discutidos por Bryk & Schneider (2002) em seus estudos de caso, concluindo que a confiança relacional entre educadores, estudantes e suas famílias é elemento crucial para garantir a aprendizagem do estudante e a frequência escolar.

O terceiro resultado intermediário está relacionado ao "aumento do engajamento acadêmico dos/as estudantes e interesse pelo conhecimento". Ao longo do trabalho de campo, observei esse fenômeno durante as atividades com os/as estudantes que acompanhei e ouvi relatos durante as entrevistas a respeito do aumento da curiosidade e da motivação por aprender e por se engajar em sua trajetória escolar. Por exemplo, no CIEJA Campo Limpo, existe uma história conhecida sobre uma pessoa que veio entregar uma mensagem a um estudante e, por acaso, acabou assistindo a uma aula. Tendo gostado tanto da experiência, essa pessoa decidiu se matricular na escola e, posteriormente, concluiu seus estudos com sucesso. A história foi compartilhada na cerimônia de formatura daquela turma e, segundo uma professora entrevistada, emocionou a muitos/as educadores/as e estudantes presentes. No mesmo sentido, observei o entusiasmo dos/as estudantes do Escola SESC de Ensino Médio quando eles me mostraram um robô que tinham construído em um curso introdutório sobre robótica e inteligência artificial.

Cabe pontuar que as três escolas participantes enfrentam desafios relacionados a como gerenciar distrações relacionadas às mídias sociais ou jogos eletrônicos, bem como desinteresse ou apatia. No entanto, dados de observações de campo e entrevistas revelaram que, quando as estratégias de educação integral cidadã discutidas na Parte I estão sendo implementadas efetivamente, os/as estudantes tendem a "*desenvolver uma relação verdadeira e muito mais ampla e profunda com o conhecimento*", como definido por uma ex-integrante da equipe gestora da EMEF Campos Salles (Entrevistada Viviane, 2022).

As estratégias empregadas pelas três escolas focaram principalmente em permitir que os/as estudantes incidam sobre a escolha dos tópicos que estudam, priorizando a conexão com questões do mundo real e se apoiando em metodologias ativas que também explorem as várias dimensões do desenvolvimento do/a estudante. Pude observar que a educação em si ganha uma consideração especial desses estudantes, que valorizam suas próprias trajetórias educacionais e a importância da educação para a sociedade, de modo que seu direito à educação se torna efetivamente exercido.

Resultados acadêmicos, econômicos e de nível macro (sociais) positivos

Embora este estudo não tenha como objetivo observar os resultados acadêmicos e econômicos associados aos/às estudantes das escolas participantes, esta seção considera brevemente algumas das interconexões entre a perspectiva da educação integral cidadã e as percepções identificadas acerca de resultados nessas áreas. Dados de entrevistas, juntamente com dados oficiais de desempenho escolar, destacam a interdependência de aspectos físicos, emocionais e cognitivos do desenvolvimento, em consonância com achados recentes de um crescente corpo de pesquisa que combina áreas como neurociência, psicologia, sociologia e educação (Awartani; Whitman; Gordon, 2008; Darling-Hammond; Cook, 2023). Por fim, esta seção reflete sobre os possíveis resultados de nível macro, ou seja, no nível da sociedade como um todo.

Como mencionado na Parte II deste trabalho, vale ressaltar que mesmo em avaliações não especificamente projetadas para mensurar os resultados mais amplos esperados da abordagem de educação integral adotada pelas três escolas, os/as estudantes tiveram desempenho acadêmico, nos conteúdos tradicionais, acima da média quando comparados às escolas do mesmo nível[28]. Ao analisar os dados para considerar estratégias de educação integral cidadã e seus resultados sociais, ficou evidente a percepção dos/as participantes de que tais estratégias contribuíram significativamente para o aumento no desempenho acadêmico e também para oportunidades no mundo do trabalho (e seus benefícios econômicos) para muitos de seus estudantes. Entrevistas conduzidas com ex-estudantes e outros/as integrantes das escolas participantes associaram os resultados sociais listados e discutidos antes como razões significativas para o avanço acadêmico e econômico. Por exemplo, destacaram a importância da saúde mental e bem-estar para o engajamento acadêmico, bem como o desenvolvimento do pensamento crítico e comportamento autônomo, que expandem as possibilidades para seu crescimento profissional atual ou futuro (Entrevistadas Milena; Tatiana, 2021; Entrevistadas/os Joice; Helen; Rafael, 2022).

Essas percepções são respaldadas por um corpo substancial de evidências, reunidas por uma coalizão de tecnologias que examinam o "cérebro em funcionamento" (Awartani; Whitman; Gordon, 2008), em conjunto com os esforços interdisciplinares de neurocientistas, psicólogos, sociólogos, educadores e outros profissionais. Esse grupo busca compreender como a função cerebral e seu ambiente interagem para promover aprendizado e crescimento. Darling-Hammond e Cook (2023) consolidaram as pesquisas nessas áreas interdisciplinares (Cantor et al., 2018; Osher et al., 2018, citados por Darling-Hammond; Cook, 2023) e delinearam seis princípios relacionados à aprendizagem e desenvolvimento humano:

> 1. O cérebro e o desenvolvimento são maleáveis. O cérebro cresce e muda ao longo da vida em resposta a experiências e relacionamentos. A natureza dessas

---

[28] Refiro-me ao desempenho da EMEF Campos Salles no Índice de Desenvolvimento da Educação Básica (IDEB) de 2021, que foi ligeiramente melhor do que a média de São Paulo nos anos finais do ensino fundamental, bem como ao desempenho do Ensino Médio do SESC no exame PISA para Escolas, que foi significativamente melhor do que as pontuações médias do Brasil e dos países da OCDE. Essas informações podem ser encontradas no Capítulo 1 da Parte II deste estudo.

experiências e relacionamentos importa muito para o desenvolvimento. [...]

2. A variabilidade no desenvolvimento humano é a norma, não a exceção. O ritmo e o perfil de desenvolvimento de cada criança são únicos. [...]
3. As relações humanas são o ingrediente essencial que catalisa o desenvolvimento saudável e a aprendizagem. [...]
4. A aprendizagem é social, emocional e acadêmica. [...]
5. As crianças constroem ativamente conhecimento com base em suas experiências, relacionamentos e contextos sociais. [...]
6. A adversidade afeta a aprendizagem – e a maneira como as escolas respondem importa (Darling-Hammond; Cook, 2023).

Ao examinar esses princípios, os/as autores/as propuseram que o desenvolvimento cerebral é influenciado por relacionamentos calorosos, consistentes e empáticos; que as crianças reagem de forma diferente aos mesmos métodos ou ritmos; e que as emoções e os relacionamentos humanos têm impacto profundo na aprendizagem. Além disso, revelaram que "os/as aprendizes comparam novas informações com o que já sabem para aprender [...] e esse processo é mais eficaz quando os/as estudantes participam de metodologia de aprendizagem ativa e prática" (Darling-Hammond; Cook, 2023). Por fim, os/as autores/as enfatizam que a exposição a situações adversas como violência, crime, abuso, racismo ou questões relacionadas à falta de moradia e insegurança alimentar gera estresse tóxico que afeta a concentração, a aprendizagem e as atitudes. Essas considerações estão evidentemente conectadas a vários elementos da perspectiva de educação integral cidadã discutidos neste estudo, às estratégias implementadas e aos resultados gerados pelas escolas participantes em suas experiências, indicando que essa perspectiva é fundamental para o desenvolvimento acadêmico e integral dos/as estudantes.

Um aspecto adicional a ser mencionado diz respeito aos possíveis resultados em nível macro, ou social. Os resultados deste estudo, conforme apresentado neste capítulo, sugerem que as escolas participantes produzem resultados sociais tanto no nível individual quanto comunitário. No entanto, a visão de educação integral cidadã refere-se à perspectiva que se estende além do crescimento individual dos/as estudantes e considera seus papéis e relacionamentos dentro da sociedade e em múltiplos contextos inter-relacionados. Portanto, deve-se supor que esse tipo de educação apresenta potencial para impactar também no nível social. Expandir os elementos que fundamentam a perspectiva das escolas participantes para escala maior poderia potencialmente causar transformações sociais diferentes daquelas atualmente proporcionadas pelas experiências educacionais, mesmo em países onde a população apresenta taxas mais elevadas de escolarização.

Os resultados podem apoiar uma possível explicação para o "paradoxo da participação" mencionado na Parte I deste estudo (OECD, 2007; Mellet, 2022), que se refere à contradição entre a redução nos níveis de engajamento social, cidadão e democrático apesar de níveis mais altos de escolaridade em certos países. Além disso, os resultados podem justificar por que estudos anteriores não encontraram ganhos significativos na redução da desigualdade e pobreza relacionados à educação (Medeiros; Barbosa; Carvalhaes, 2019).

Em outras palavras, uma perspectiva tradicional de educação é insuficiente para explorar o potencial da educação para fomentar a democracia ou impedir a reprodução social da escola do *status quo*. Como mencionado anteriormente, essa suposição não desconsidera a importância de políticas redistributivas no domínio econômico, mas enfatiza que o potencial dos atuais paradigmas de educação para promover a justiça social é atualmente incompleto. De fato, as experiências das escolas participantes, apesar de enfrentarem desafios sociais, estruturais e políticos conforme explorado na última seção deste capítulo, sugerem que outros resultados são possíveis.

Este capítulo explorou os resultados sociais associados às estratégias de educação integral cidadã implementadas pelas escolas participantes. A discussão e análise dos dados coletados ajudaram a revelar a existência de múltiplos resultados sociais associados à implementação de estratégias de educação integral cidadã. Esses resultados contribuem para o desenvolvimento de vários aspectos relacionados à dimensão social dos/as estudantes e, como apoiado na literatura, para o seu sucesso acadêmico (e, por sua vez, potencialmente para oportunidades econômicas).

Vários dos resultados sociais revelados como parte deste estudo foram apresentados em termos de resultados intermediários, que muitas vezes atuam como catalisadores para o autodesenvolvimento (psicomediadores), como o senso de pertencimento e autoestima, levando a melhorias no bem-estar e na saúde. Esses resultados intermediários se traduzem em resultados sociais mais amplos, como saúde e bem-estar, cidadania e engajamento social e político, mas também em gama mais ampla de resultados sociais. As descobertas ajudam a revelar que, ao contrário de muitas escolas tradicionais, os/as estudantes de grupos das (maiorias-)minorias nas escolas participantes se sentem empoderados/as, e há forte ênfase na empatia entre estudantes, professora/es e outros integrantes da escola. As experiências também destacam o foco no desenvolvimento humano abrangente, permitindo que os/as estudantes explorem outras dimensões de sua aprendizagem, incluindo artes, cultura, esportes e campos relacionados à tecnologia. A relação das escolas com a comunidade constitui ainda aspecto particular que enfatiza a importância de a escola não agir isolada da cultura local, do conhecimento e dos direitos sociais dos territórios circundantes. Por fim, os resultados sociais discutidos fornecem uma base para melhorar o direito à educação em si, pois permite tempos e espaços educacionais mais justos, além de resultados acadêmicos, econômicos e maior engajamento e interesse dos/as estudantes na construção do conhecimento.

2

FATORES ESCOLARES RELACIONADOS À QUALIDADE SOCIAL DAS ESCOLAS E PRINCIPAIS DESAFIOS

A análise deste estudo relacionada às estratégias de educação integral cidadã e seus resultados sociais sugere que vários fatores escolares contribuem para a geração de resultados sociais (e, consequentemente, aprendizado acadêmico) (Figura 5). Esses fatores incluem aqueles enumerados no quadro apresentado no capítulo metodológico desta pesquisa (como, por exemplo, clima e cultura escolar, docentes e relacionamentos e pedagogias), bem como dois fatores adicionais identificados por meio da análise dos dados, a saber, uma abordagem intersetorial e infraestrutura no contexto de espaço e tempo. Esta seção reflete sobre a interação entre os fatores escolares que podem estar relacionados à qualidade social das escolas participantes, conforme representado na Tabela 5 e na Figura 5. Além disso, discute os desafios identificados pelos/as especialistas entrevistados/as e dados das escolas relativos às dificuldades de implementação dos fatores associados às estratégias e práticas da educação integral cidadã.

Estratégias das escolas participantes e fatores escolares para a qualidade social da educação

A Tabela 5 a seguir apresenta exercício que combina as mesmas estratégias escolares discutidas na Parte II (Tabela 3) com os fatores escolares delineados na metodologia apresentada na Parte I. Uma percepção importante que emerge de tal exercício é a de que não se faz cabível ranquear a eficácia dos fatores escolares em termos de seu impacto nos resultados sociais da educação. Em outras palavras, para alcançar a educação integral cidadã, todos os fatores escolares listados a seguir são significativos, pois são interdependentes e apresentam relação dialética que pode produzir resultados sociais, acadêmicos e econômicos a partir de uma perspectiva de educação integral cidadã. Isso é digno de nota, pois contradiz algumas perspectivas e estudos que desencorajam, por exemplo, investimentos financeiros em infraestrutura, como detalhado a seguir. A interpretação adotada aqui segue a abordagem *self-in-context* (o sujeito-no-contexto) (Feinstein et al., 2006), que leva em consideração as complexidades da forma como os múltiplos elementos dependem uns dos outros, e sua inter-relação pode levar a avanços significativos nos resultados gerados.

A discussão nas seções anteriores demonstrou a relação próxima entre os dois primeiros fatores escolares indicados na Tabela 5, a saber, "clima e cultura escolar" e "atividades e experiências informais". Vale ressaltar que, embora esses dois fatores escolares estejam relacionados na tabela com as mesmas estratégias educacionais, optei por tratá-los como dois fatores distintos, conforme delineado na Parte I. Isso ocorre porque os resultados sociais discutidos destacaram a relevância de "atividades e experiências informais" que costumam ser negligenciadas em pesquisas do campo da pedagogia, avaliações internas ou externas ao considerar "clima e cultura escolar". Por exemplo, dados do CIEJA Campo Limpo sugeriram que a aprendizagem dos/as estudantes ocorre em todas as interações e situações, incluindo, por exemplo, durante as refeições, ou quando estão trabalhando juntos/as para solucionar um problema em aula, ou mesmo na maneira como os integrantes da equipe escolar não ignoram situações de discriminação que testemunham nos corredores da escola (Entrevistadas Sandra; Silmara, 2021). Esses dois fatores escolares também estão intimamente relacionados com o fator da "diversidade na escola", relativo à composição dos integrantes da escola, porque a convivência na diversidade, quando combinada com uma cultura de respeito e empoderamento de grupos minoritários, e fomentada por experiências informais em que as diferenças culturais e outras são trocadas, pode contribuir para a geração de significativos resultados sociais relacionados a indivíduos éticos, empoderados e cidadãos/ãs autônomos/as.

Outro exemplo da interdependência entre os fatores escolares listados na Tabela 5 diz respeito à próxima relação entre "currículo (ampliado e integrado)" e "atividades multidimensionais e aprendizagem em serviço". Como exemplo tratado anteriormente, um conteúdo curricular sobre a história de certa nação em particular pode levar a maior apreensão do conteúdo e a múltiplas aprendizagens (sensibilidades e habilidades artísticas, culturais e outras) se os/as estudantes participarem ou forem desafiados a desenvolver uma apresentação cultural sobre o tema. Além disso, a estratégia de se formar para e na cidadania, de forma interdisciplinar e transversal, combinada com projetos e integração com a comunidade, proporciona resultados importantes relacionados à sensibilidade para questões sociais, senso de pertencimento e habilidades práticas para exercer a cidadania e o engajamento social e político. No mesmo sentido, o fator "pedagogias" está interconectado com o fator "professoras/es e relacionamentos", uma vez que a formação contínua remunerada de professoras/es, o tempo de planejamento e outras estratégias são condições necessárias para que eles/elas desenvolvam materiais que fomentem pedagogias de aprendizagem ativa e relacionamentos afetivos e empáticos.

Como mencionado, a Tabela 5 inclui dois fatores escolares adicionais além daqueles no quadro apresentado na Parte I deste estudo. Eles se referem a fatores relacionados a estratégias de intersetorialidade e de provisão de infraestrutura adequada. Esses elementos são cruciais para fornecer suporte para a perspectiva de educação integral cidadã que leve em consideração o estudante em sua inteireza e garanta tempos e espaços dignos. É importante incluir esses fatores na lista de fatores escolares para considerar a qualidade social das escolas, pois eles não são universalmente reconhecidos pela literatura como fatores relevantes para impactar o desempenho acadêmico. Estudos sobre a importância de investimentos em infraestrutura tornaram-se mais diversificados para incluir novas perspectivas que enfatizam a importância de instalações, recursos e abordagens intersetoriais (por exemplo, Murillo; Román, 2010). No entanto, nem sempre foi o caso. Por exemplo, como observado por Murillo e Román (2010), pesquisas sobre eficácia escolar em países de alta renda sugeriram que instalações e recursos não têm um efeito estatisticamente significativo no desempenho dos/as estudantes (por exemplo, Scheerens; Bosker, 1997, conforme citado por Murillo; Román, 2010). Essa suposição influenciou instituições financeiras internacionais e governos de países de baixa renda, levando a uma falta de priorização de investimentos em infraestrutura. Na próxima seção, serão discutidos desafios relacionados à infraestrutura, bem como aqueles envolvidos na implementação de alguns dos outros fatores escolares delineados na Tabela 5.

Tabela 5 – Fatores escolares para a qualidade social das escolas relacionados às estratégias educacionais das escolas participantes

Fatores escolares relacionados à qualidade social das escolas	**Estratégias adotadas pelas escolas participantes para implementar suas perspectivas educacionais**
Clima e cultura escolar e atividades e experiências informais	• Centralidade dos valores definidos como parte da cultura escolar (por exemplo, autonomia, solidariedade, respeito). • Promoção do empoderamento estudantil, do respeito e da valorização da diversidade, da autoestima e da empatia. • Escolas e educadoras/es que ressignifiquem a mentalidade educacional baseada em valores (pseudo) meritocráticos e de classe média. • Relações horizontais entre educadoras/es e estudantes. • Crença na competência dos estudantes para participar dos processos de tomada de decisão. • Acesso aberto à administração escolar. • Lideranças democráticas e socialmente comprometidas. • Relações orgânicas com a comunidade local (EMEF Campos Salles e CIEJA Campo Limpo). • Comunicação aberta com as famílias. • Reconhecimento de que a educação não está desconectada da cultura, das questões sociais e do ambiente da comunidade. • Reconhecimento da educação como uma questão comunitária (EMEF Campos Salles). • Redução de medidas de segurança (EMEF Campos Salles e CIEJA Campo Limpo). • Promoção ou envolvimento com direitos sociais coletivos (por exemplo, Caminhada pela Paz) (EMEF Campos Salles e CIEJA Campo Limpo).

Atividades diversificadas e aprendizagem em serviço	• Comissão de mediação liderada por estudantes (EMEF Campos Salles). • Diários de bordo dos/as estudantes e atividades extraclasse de redação (CIEJA Campo Limpo). • Solução coletiva de problemas e realização de assembleias. • Grêmio Estudantil ativo (EMEF Campos Salles e Escola SESC de Ensino Médio). • Conselho Escolar ativo (EMEF Campos Salles e CIEJA Campo Limpo). • República dos Estudantes (EMEF Campos Salles). • Coletivos liderados por estudantes para discussões relacionadas à identidade e apoio mútuo (Escola SESC de Ensino Médio). • Projetos sociais comunitários e abordagem da aprendizagem em serviço (Escola SESC de Ensino Médio). • Atividades culturais como teatro e exposições de arte.
Currículo (ampliado e integrado)	• Atividades/aulas e projetos integrados ao currículo para diversos aspectos do desenvolvimento humano. • Educação para e na cidadania em uma abordagem interdisciplinar e transversal. • Estímulo ao pensamento crítico. • Aprendizagem baseada em temas eleitos pelos estudantes (EMEPF Campos Salles e CIEJA Campo Limpo). • Currículo rotativo por áreas de conhecimento (CIEJA Campo Limpo).

Professores/as e relacionamentos	• Relações afetivas e empáticas entre professores e estudantes. • Professores conhecem individualmente seu(ua)s estudantes e seus contextos de vida. • Todos/as os/as funcionários/as são considerados/as educadores/as. • Escolas e professores/as fortemente comprometidos com o processo de aprendizagem de cada aluno. • Equipe gestora inovadora. • Formação e tempo para planejamento remunerados para professores/as. • Formação continuada para professores/as e incentivos à pesquisa.
Pedagogias	• Respeito ao ritmo de aprendizado dos/as estudantes. • Tutoria (Campos Salles e SESC High School). • Trabalho colaborativo entre estudantes e mesas compartilhadas. • Construção de um "Bairro Educador"/Caminhada pela Paz (EMEF Campos Salles). • Construção de uma comunidade de aprendizes (Escola SESC de Ensino Médio). • Emprego de metodologias ativas. • Processo de aprendizagem baseado em pesquisa. • Trabalho colaborativo entre estudantes e mesas compartilhadas. • Professores/as trabalham de forma colaborativa. • Docência compartilhada – mais de um/a educador/a por sala/salão de estudo (EMEF Campos Salles e CIEJA Campo Limpo). • Salões de estudo em vez de salas de aula tradicionais (EMEF Campos Salles). • Oficinas (EMEF Campos Salles).

Diversidade na escola	• Promoção do empoderamento estudantil, do respeito e da valorização da diversidade, da autoestima e da empatia.
Abordagem intersetorial	• Conexão com recursos de assistência social para estudantes em situação de vulnerabilidade socioeconômica. • Alimentação escolar. • Parcerias com movimentos sociais, indivíduos e organizações da sociedade civil. • Parceria com associações de moradores locais. • Integração com outras equipes, recursos e espaços do complexo educacional CEU (EMEF Campos Salles). • Integração com outras equipes, recursos e espaços do polo educacional (Escola SESC de Ensino Médio). • Parcerias com órgãos públicos de saúde, moradia e transporte (EMEF Campos Salles e CIEJA Campo Limpo). • Colaboração com organizações da comunidade local. • Parcerias com organizações da sociedade civil.
Infraestrutura e tempo	• Infraestrutura escolar para laboratórios de ciências, esportes, atividades culturais e artísticas. • Estrutura física e tecnológica para a promoção da diversificação de experiências e saberes. • Cozinha e instalações de refeitório. • Arquitetura representativa das propostas pedagógicas e características da escola, áreas verdes e ambiente acolhedor. • Uso flexível do tempo e dos espaços para atender às necessidades das/os estudantes.

Adicionalmente, este estudo apresenta o diagrama a seguir (Figura 5), com o intuito de ilustrar visualmente esta relação entre educação integral cidadã e os vários fatores escolares que podem ser considerados mecanismos significativos para gerar resultados sociais. Os três círculos externos tratados na Parte I – "O estudante em suas múltiplas dimensões (e seus múltiplos direitos)"; "Educação ética, democrática e cidadã"; e "Contaminação escola-comunidade" – destacam os principais elementos das escolas participantes, que definem as características dos fatores escolares apontados dentro do círculo maior. Os resultados sociais representados são interdependentes e também estão ligados aos resultados de aprendizagem dos conteúdos, como indicado na parte inferior do diagrama. O funcionamento eficaz da abordagem de educação integral cidadã é reforçado por resultados sociais e acadêmicos, que, por sua vez, contribuem para a melhoria da qualidade da educação.

Figura 5 – Estrutura de fatores da educação integral cidadã e seus resultados sociais

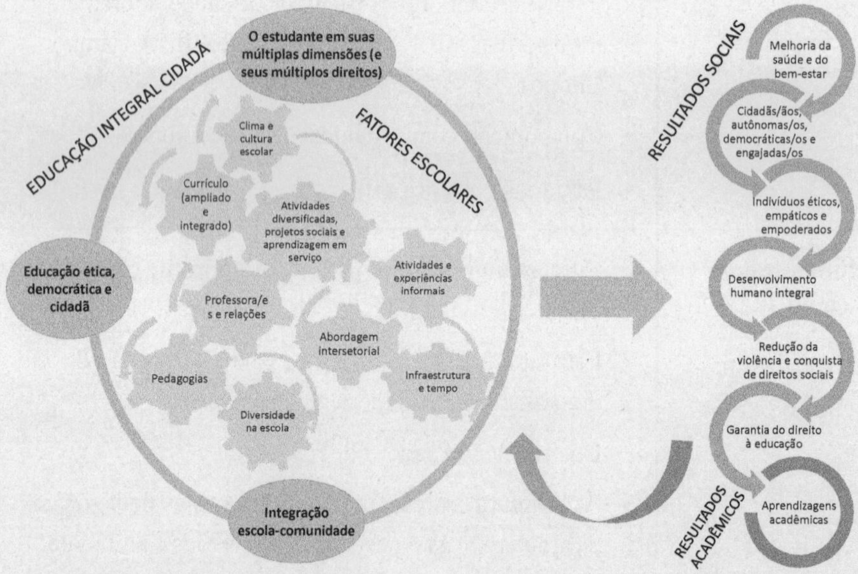

Fonte: Elaboração da autora.

Percepções de especialistas e análise sobre os desafios da implementação da educação integral cidadã

Esta seção apresenta análise dos principais desafios para implementar a educação integral cidadã, conforme percepções das/os participantes do estudo. Apesar dos significativos resultados sociais que surgem da discussão e análise dos dados dos casos, é importante reconhecer os muitos desafios envolvidos na implementação da perspectiva da educação integral cidadã. Eles foram categorizados como desafios "sociais e estruturais" ou "relacionado à política educacional" a partir da análise de dados qualitativos por meio de método de codificação estrutural (Saldaña, 2016) com base na busca por "barreiras e desafios". Isso inclui dados de entrevistas que conduzi com sete especialistas – quatro funcionários de governos municipais que tinham alguma relação com a etapa ou com as políticas de educação integral ligadas às escolas, bem como três especialistas reconhecidas/os no campo da educação integral no Brasil. A análise também contém o apontamento de oito categorias organizadas a partir dos dados codificados, conforme enumerados na Tabela 6 a seguir.

Importante notar que os desafios "sociais e estruturais" e aqueles "relacionados à política educacional", que emergem dos casos escolares, coincidiram com aqueles mencionados pelas/os funcionárias/os do governo e especialistas entrevistados/as, com pequenas diferenças relacionadas às suas perspectivas distintas em termos de escala (política pública *versus* escola).

Tabela 6 – Desafios da implementação da educação integral cidadã

Sociais e estruturais	Relacionados à política educacional
• Efeitos da pandemia de Covid-19 • Retrocessos em políticas sociais e educacionais de período recente • Barreiras culturais e institucionais (de fora da escola) ao pensamento autônomo e crítico • Pressões econômicas que exigem que estudantes do ensino médio trabalhem	• Desconhecimento teórico/prático e escolhas políticas relacionadas à educação integral • "Dependência da trajetória" acerca de visões e políticas educacionais tradicionais, bem como da formação inicial de educadores/as • Desafios de avaliação e mensuração de resultados sociais da educação • Disputas sobre financiamento

Desafios sociais e estruturais

Os/as entrevistados/as sobre os desafios da implementação da política de educação integral cidadã referiram-se principalmente a quatro tipos de fatores do atual contexto "macro" do Brasil que vêm impactando negativamente as experiências escolares e, em geral, as políticas de educação integral cidadã. Eles podem ser considerados como fatores externos à escola, ou seja, aqueles influenciados por contextos políticos, econômicos e sociais nacionais, regionais ou locais. O primeiro desafio identificado, relacionado aos fatores sociais e estruturais, refere-se aos impactos trazidos pela pandemia de Covid-19, especialmente para as populações que vivem em áreas periféricas (Rede Nossa São Paulo, 2020). Em segundo lugar, foi apontado o agravamento das desigualdades históricas e barreiras estruturais existentes no Brasil, durante os governos de Jair Bolsonaro e Michel Temer. Em terceiro lugar, influências culturais, religiosas, políticas e midiáticas foram apontadas como obstáculos à capacidade dos/as estudantes de desenvolverem o pensamento crítico e autônomo. Finalmente, fator estrutural significativo observado como afetando os/as estudantes, particularmente aqueles do ensino médio e da Educação de Jovens e Adultos (EJA), é o da necessidade de trabalhar para contribuir com a renda familiar, o que reduz efetivamente o tempo disponível para frequentar jornadas escolares ampliadas.

Em relação aos aspectos ligados à Covid-19, ao examinar os desafios enfrentados por cada uma das escolas, dados de observações de campo e entrevistas relacionadas à EMEF Campos Salles sugerem que estava havendo significativo menor engajamento dos estudantes com os conteúdos e práticas educacionais, com altos níveis de apatia no ambiente escolar, impondo desafios extras para fatores escolares como "clima e cultura escolar" e "pedagogias" (Entrevistado Davi, 2022). Professoras/es do CIEJA Campo Limpo, por sua vez, destacaram que a pandemia representou um período comparável a uma situação de guerra para muitos de seus estudantes, incluindo situações de fome e falta de moradia (Entrevistadas Sandra; Noemi, 2021), a morte de estudantes por Covid-19, e o suicídio de um/a estudante com depressão durante o período de isolamento quando a escola estava fechada (Entrevistada Sandra, 2021). Muitos/as estudantes abandonaram os estudos e, em 2022, a escola estava apenas gradualmente recuperando o número de matrículas que possuía antes da pandemia (Entrevistada Noemi, 2021). Também a Escola SESC de Ensino Médio experimentou um contexto particular de desafios em relação ao impacto da pandemia de Covid-19. O processo de admissão de estudantes durante dois anos do período da pandemia foi realizado por sorteio, e a seleção incluiu quantitativo expressivamente maior de estudantes socialmente desfavorecidos, que vão e voltam para casa todos os dias, não estando mais protegidos de muitos fatores externos à escola como os/as estudantes residentes estavam. Conversas informais e observações de campo indicaram que a população atual de estudantes requer novas estratégias – principalmente relacionadas ao fator escolar professoras/es e relacionamentos e à abordagem intersetorial – para que professoras/es e funcionários possam identificar e mitigar as barreiras sociais que os/as estudantes enfrentam em suas vidas diárias.

As consequências da pandemia não podem ser separadas de questionáveis decisões políticas e econômicas da época. Pesquisas indicam que políticas implementadas por Jair Bolsonaro e seu antecessor, Michel

Temer, como reformas trabalhistas e a descontinuação de políticas sociais e educacionais, resultaram em insegurança alimentar, desemprego para populações vulneráveis (Pinho, 2022). Literatura recente (Mendes; Carvalho, 2022) e especialistas entrevistados (Moll; Vanessa; 2022) compartilharam suas preocupações com o significativo retrocesso nos objetivos do Plano Nacional de Educação. Esses tipos de barreiras sociais e educacionais são aspectos frequentemente destacados pelos participantes como afetando diretamente seus estudantes em múltiplos aspectos de seu desenvolvimento (Entrevistado/as Davi; Flávia, 2022).

Além disso, professoras/es de diferentes escolas expressaram preocupações com o aumento da censura e do ataque aos valores democráticos no Brasil nos últimos anos. Eles/elas mencionaram sentirem-se, frequentemente, restringidos em sua autonomia pedagógica, não devido à administração da escola, mas pelo clima geral de autoritarismo vigente no país. Isso certamente afetou fatores escolares como "clima e cultura escolar", "professoras/es e relacionamentos" e "currículo (ampliado e integrado)", devido a limitações na confiança mútua trazidas por um sentimento de perseguição. De fato, relatório recente do V-Dem (instituto sueco da Universidade de Gotemburgo) destaca que o Brasil passou por um forte processo de autocratização nos últimos anos. Segundo o relatório, essa tendência pode ser revertida após a vitória de outro candidato nas eleições presidenciais de 2022 (V-Dem, 2023). Pesquisas futuras serão necessárias para se entender como as mudanças no cenário político afetarão a agenda social e educacional no Brasil. De todo modo, como mencionado na Parte I deste trabalho, em 2023 foi lançado o Programa Escola em Tempo Integral pelo governo federal como programa prioritário da educação, que pode representar o fortalecimento da agenda para todas as etapas e modalidades da educação básica. Até o fechamento deste estudo, entre 2023 e 2024, aproximadamente 1 milhão de novas matrículas em tempo integral foram criadas com incentivos do referido Programa (MEC, 2024).

As/os participantes enfatizaram outros fatores relacionados às barreiras estruturais que historicamente afetaram as experiências educacionais no Brasil e que se relacionam com a educação integral cidadã. Um desses aspectos é a vulnerabilidade socioeconômica, especialmente para estudantes do ensino médio de famílias de baixa renda, que os leva a ter de trabalhar e contribuir para a renda familiar antes da conclusão dessa etapa escolar. Esta se trata de consideração crucial na discussão da educação integral cidadã, pois estudos têm mostrado que escolas que ampliam a jornada escolar, muitas vezes, excluem estudantes que trabalham no turno da tarde, exacerbando assim as desigualdades educacionais (Girotto; Cássio, 2018). De forma relacionada a este aspecto, em nossa entrevista, Vanessa, especialista de uma organização da sociedade civil brasileira no campo da educação, expressou seu apoio à priorização de políticas para ampliar a jornada escolar para a educação infantil e os níveis fundamental/médio em vez de priorizar o ensino médio. Outra possível alternativa para mitigar esse problema é a articulação de políticas de assistência social com educação, focadas em estudantes do ensino médio, para apoiar sua frequência escolar – o que está claramente relacionado aos fatores escolares relacionados a uma abordagem intersetorial. Nesse sentido, deve-se observar que, em janeiro de 2024, foi lançado o Programa Pé de Meia pelo governo federal, que consiste em incentivo financeiro a estudantes do ensino médio com o intuito de garantir sua permanência e a melhoria das aprendizagens. Estudos futuros se farão interessantes para observar a convergência entre a agenda da educação integral em tempo integral e programas como este.

Finalmente, as/os participantes e especialistas entrevistadas/os destacaram outro desafio que constitui barreira para a implementação dos elementos democráticos e de cidadania da educação integral cidadã. Trata-se de obstáculo relacionado à influência de outros fatores na vida das pessoas que atuam contra a formação de pensamento crítico e autônomo, tais como a influência da religião, da mídia e dos preconceitos estruturais que estão enraizados na cultura brasileira (Entrevistado Theo, 2021). Uma possível interpretação para tais apontamentos é a de que tais preconceitos estão relacionados a episódios e características da história da formação do Brasil, como a escravidão, o patriarcado e a abordagem punitivista na educação de crianças e jovens, o que torna mais desafiador para as perspectivas de educação integral cidadã serem completamente aceitas por algumas famílias e pelos/as próprios/as educadores/as, além de absorvidas por alguns estudantes. No entanto, conforme ressaltado por um professor entrevistado, esses desafios devem servir como motivação, em vez de serem percebidos como obstáculos que não podem ser superados (Theo, 2021). Como sugerido anteriormente, o fator escolar "diversidade na escola", juntamente com fatores como "currículo (ampliado e integrado)", "atividades diversificadas e aprendizagem em serviço" e um "clima e cultura escolar" que promovam conhecimentos decoloniais e empatia pela diversidade, poderia ajudar a enfrentar esses desafios.

Desafios relacionados à política educacional

Os dados qualitativos produzidos no escopo deste estudo sugerem quatro principais obstáculos e desafios associados ao âmbito da política pública: desconhecimento teórico/prático e escolhas políticas relacionadas à educação integral; "dependência da trajetória" acerca de visões e políticas educacionais tradicionais, bem como da formação inicial de educadores/as; dificuldades de avaliação e mensuração de resultados sociais da educação; e disputas sobre financiamento. Esses desafios afetam as condições de vários fatores escolares que estão associados à qualidade social das escolas.

O primeiro refere-se ao desafio destacado tanto pelos/as participantes da escola quanto pelos/as especialistas entrevistados/as no que tange ao desconhecimento de muitos/as interessados/as (tais como educadores/as, familiares, formuladores/as de políticas e estudiosos/as em relação à perspectiva da educação integral cidadã). Essa falta de familiaridade com o conceito pode estar relacionada a decisões políticas históricas tomadas ao longo do tempo. Jaqueline Moll, professora da Universidade Federal do Rio Grande do Sul (UFRGS) e diretora no Ministério da Educação quando da implementação do Programa Mais Educação, explicou em nossa entrevista que a educação integral foi "enterrada" muitas vezes no Brasil, particularmente durante momentos de retrocessos democráticos, o que fez com que a agenda oscilasse em importância ao longo da história da educação nacional. Moll se referiu a exemplos de iniciativas pontuais de educação integral cidadã como as Escolas Parque de Anísio Teixeira nos anos 1950, as Escolas Vocacionais de Maria Mascelanni nos anos 1960 e os CIEPs de Darcy Ribeiro nos anos 1980, para ilustrar tal oscilação. Nesse sentido, a educação integral cidadã não se constituía agenda familiar para muitos/as formuladores/as de políticas e educadores até recentemente, o que pode significar que o próprio desconhecimento teórico e prático do tema consiste em desafio ainda a ser superado.

Da mesma forma, referindo-se ao cenário atual, Vanessa, especialista de uma organização da sociedade civil brasileira, destacou que uma das primeiras medidas do governo de Michel Temer foi modificar as características de educação integral cidadã do Programa Mais Educação em 2016, enquanto o governo de Jair Bolsonaro descontinuou totalmente o Programa em 2019. Ambas as entrevistadas acreditam que o programa Mais Educação contribuiu para disseminar a agenda de educação (integral) do cidadão no debate educacional (Entrevistadas Moll; Vanessa, 2022), o que também está alinhado com a análise quanto à familiaridade com a agenda entre os/as participantes entrevistados/as conforme explorado na Parte II deste estudo.

Outro desafio que circunda a agenda nesse mesmo sentido refere-se àquele de informar as comunidades e famílias sobre a educação integral cidadã. Um integrante da comunidade e pai de estudante da EMEF Campos Salles (Entrevistado Alberto, 2021) e um funcionário do governo que entrevistei destacaram a importância de que a comunidade também seja informada e formada como sujeitos de direitos e envolvida em ações políticas e públicas na gestão escolar para que se reduzam eventuais rejeições à perspectiva (Entrevistada Nina, 2022). Isso está fortemente relacionado a um clima e cultura escolar que efetivamente promovem a integração com a comunidade e posicionam a educação integral como um direito de todos/as.

Além da falta de familiaridade com a perspectiva da educação integral cidadã, escolhas políticas de tomadores/as de decisão quanto à forma de implementar políticas de educação integral dificultam a promoção de uma abordagem comprometida com os elementos delineados na Parte I deste estudo (Entrevistado/as Tião Rocha; Vanessa, 2022). Diversas entrevistas de integrantes das escolas e de especialistas sugeriram que, se a educação integral for reduzida à expansão do tempo e/ou à introdução de uma disciplina de "projeto de vida" sem modificações significativas que contribuam para a educação integral cidadã dos sujeitos e sem considerar as limitações dos contextos sociais que precisam ser endereçadas para que efetivamente se garantam oportunidades de futuro, seus resultados podem ser até mesmo prejudiciais (Entrevistadas Helen; Moll; Vanessa, 2022).

A especialista Vanessa observou que tratar o chamado aspecto socioemocional do/a estudante a partir de perspectiva individualista, que ignora seus papéis e direitos como cidadãos, pode resultar em grandes perdas tanto para os sujeitos como para a sociedade como um todo. Acadêmicos/as internacionais também alertam contra interpretar a abordagem do "estudante em sua inteireza" (*whole student*) como limitada a "filosofias de 'crescimento individual', 'desenvolvimento pessoal' e holismo", como observado por Scheerens, Werf e Boer (2020, p. 234). Vanessa também destaca que essa perspectiva foi trazida por vários institutos e fundações brasileiras que ampliaram sua influência, particularmente na etapa do ensino médio, durante o governo Temer. O fenômeno do aumento de tal influência também foi conceitualizado na literatura brasileira como uma "hiperagência" de novos atores na arena pública, principalmente empresas privadas e organizações filantrópicas que abordam a educação sob uma perspectiva de gestão empresarial (Avelar, 2019).

O segundo desafio relaciona-se ao conceito da "dependência da trajetória" (do termo *path dependence*) ou, em outras palavras, à inércia institucional acerca de mudanças e transformações em políticas públicas (Bali; Ramesh, 2022). A esse respeito, o fator mais importante citado pelos/as participantes é a formação inicial de educadores pelas instituições de ensino superior, que geralmente segue perspectiva tradicional educacional e produz educadoras/es com os princípios desse modelo tradicional e fragmentado (Entrevistada Moll, 2022). Isso ainda se soma à influência das experiências (tradicionais) escolares que as/os próprias/os educadoras/es tiveram em suas trajetórias escolares, conforme pontuado por um ex-integrante administrativo da EMEF Campos Salles (Entrevistada Laura, 2021). Da mesma forma, no nível de formulação de políticas, aspectos que normalmente caracterizam o desenho dos sistemas escolares do Brasil – como a organização e distribuição de disciplinas entre os professoras/es, o trabalho docente individualizado em vez de compartilhado nas salas de aula, o currículo fragmentado, e a distância da escola frente às comunidades locais (Entrevistado Lauro, 2022) – podem representar "padrões de estabilidade" e "mudanças infrequentes" que explicam os efeitos de travamento que impedem mudanças de ocorrerem facilmente (Bali; Ramesh, 2022, p. 83). Essa explicação faz-se importante, pois pode estar relacionada às dificuldades, relacionadas ao fator escolar "professoras/es e relacionamentos", pontuadas por docentes entrevistadas/os em mudar seus estilos de ensino e sua forma de relacionar-se com os/as estudantes.

Deve-se, entretanto, registrar: é possível mudar o curso dessa "dependência da trajetória", como demonstrado pelas escolas participantes. No entanto, políticas e recursos precisam ser estabelecidos para esse fim. Tião Rocha, idealizador e diretor-presidente do Centro Popular de Cultura e Desenvolvimento (CPCD), observou em nossa entrevista que escolas como o CIEJA Campo Limpo são possíveis devido ao trabalho árduo de indivíduos como Eda, a ex-diretora, e sua equipe. No entanto, Rocha observa que não é por acaso que tais escolas são exceções em vez de se constituírem a norma. Segundo ele, as/os professoras/es e outros integrantes da escola não devem ter de carregar toda a responsabilidade pela transformação do sistema, porque as escolas estão inseridas em um modelo que restringe sua autonomia. Ele afirma que "*As professoras, na verdade, não têm liberdade para fazer essa transformação, porque têm carga horária e currículo predefinidos, devem administrar avaliações e cumprir uma série de outras tarefas burocráticas*". Na verdade, o caso da EMEF Campos Salles parece corroborar a ideia de que iniciativas inovadoras dependem muito do empenho e coordenação de indivíduos específicos (como gestoras/es escolares, equipe e docentes, que implementam tais projetos por meio de esforços imensos e sacrifícios pessoais. Nesse sentido, este caso também aponta para a importância de políticas públicas robustas que garantam as condições necessárias para a implementação da sustentabilidade de longo prazo de iniciativas de educação integral cidadã.

O terceiro desafio diz respeito às dificuldades mencionadas pelas/os participantes das escolas e especialistas em avaliar resultados para além do desempenho acadêmico. Várias/os entrevistadas/os enfatizaram que testes padronizados externos, como aqueles usados para compor índices como o Ideb (Índice de Desenvolvimento da Educação Básica), não avaliam outros tipos de aprendizado gerados pelas escolas participantes, como aqueles no domínio social (Entrevistadas Liz; Sheila, 2022).

Uma funcionária do governo da Secretaria Municipal de Educação de São Paulo, com quem conversei no escopo deste estudo, compartilhou esforços em andamento na Secretaria para entender melhor os resultados mais amplos gerados por escolas inovadoras classificadas como experimentais no sistema educacional municipal (como a EMEF Campos Salles, que faz parte deste estudo) (Entrevistada Sheila, 2022). Ela relatou a intenção de construir indicadores com supervisores escolares, mas enfatizou os desafios envolvidos em medir aspectos como autonomia ou liderança dos/as estudantes. Curiosamente, muitos/as estudantes que entrevistei de escolas participantes compartilharam a compreensão de que examinar como os relacionamentos são estabelecidos seria uma maneira interessante de capturar seus resultados sociais (Entrevistadas Paula; Maíra, 2022). Paula, aluna da EMEF Campos Salles, afirmou: "*Acredito que o desenvolvimento social é muito importante. Uma pessoa deve saber falar, se posicionar e estabelecer boas relações*". Em relação a como capturá-lo, ela disse: "*Acho que a entrevista que você está fazendo comigo [...] as aulas que você está frequentando e outras estratégias dinâmicas para ver como as pessoas se articulam seriam ótimas para entender em vez de um exame escrito*" (Entrevistada Paula, 2022).

Outra iniciativa em andamento relatada pelas/os participantes que visa avançar o conhecimento para entender resultados educacionais que vão além do desempenho acadêmico é o projeto Escolas 2030, do qual as três escolas participantes deste estudo também fazem parte. O projeto Escolas 2030 refere-se a iniciativa internacional de pesquisa-ação envolvendo 10 países, realizado pela organização internacional sem fins lucrativos Ashoka e pela Universidade de São Paulo no Brasil (Escolas 2030,

2023). O estudo definiu dois objetivos principais com a participação de escolas e organizações. O primeiro diz respeito à avaliação de critérios inovadores nas áreas de gestão escolar, currículo, ambiente, metodologia e intersetorialidade. O segundo é compreender os efeitos concretos em pelo menos cinco dimensões de "aprendizagem transformadora": colaboração, empatia, criatividade, protagonismo e autoconhecimento (Ghanen; Tavares, 2021). Durante meu trabalho de campo e conversas informais com professoras/es, observei que a estratégia do projeto Escolas 2030 de envolver integrantes da escola na reflexão sobre como identificar e medir dimensões de aprendizagem transformadora mostrou-se promissora na geração de abordagens alternativas concretas.

O quarto desafio enfrentado na implementação de políticas de educação integral cidadã diz respeito a disputas de financiamento, uma vez que são necessários significativos investimentos para o aprimoramento da infraestrutura e da organização de pessoal para a implementação de uma perspectiva de educação integral cidadã – elementos relacionados a fatores escolares como "infraestrutura e tempo", e "professoras/es e relacionamentos". O repensar da infraestrutura envolve tanto reformas e criação de novos espaços que permitam a diversificação curricular e das experiências pedagógicas quanto o ressignificar de tais espaços, para que produzamos escolas mais verdes e mais responsivas ao universo do desenvolvimento integral de nossas infâncias e adolescências.

Ademais, para ampliar os tempos escolares, faz-se necessário aumentar a jornada de trabalho dos/as docentes e de outros funcionários, como coordenadores pedagógicos, e melhorar suas condições de trabalho, incluindo tempo para planejamento, melhor remuneração e oportunidades de formação. Um ex-integrante administrativo da EMEF Campos Salles enfatizou que os educadores precisam de melhores condições de trabalho para serem capazes de desenvolver uma abordagem de estudante integral e ter as condições emocionais e físicas necessárias para estabelecer relacionamentos positivos. Ela afirma: "Vemos educadores que trabalham na maioria das vezes em duas, três escolas, até mesmo diretores, que precisam trabalhar em duas escolas. Eles estão estressados, estão cansados, são pessoas que lutam. [...] No fim das contas, isso é uma questão de política pública" (Viviane, Transcrição de Entrevista, 2022).

Consequentemente, implementar políticas de educação integral cidadã em grande escala requer recursos substanciais. No entanto, como destacou Vanessa em nossa entrevista, os orçamentos são frequentemente um ponto de disputa, e é crucial reconhecer que a educação envolve investimentos significativos. Considerando os resultados sociais mencionados anteriormente, as descobertas apoiam a recomendação de que esse tipo de investimento é válido e proporcionará um retorno significativo sobre os investimentos realizados.

Este capítulo discutiu os fatores escolares que contribuem para a qualidade social das escolas participantes do estudo, bem como os desafios associados à implementação desses fatores a partir de uma perspectiva de educação integral cidadã. Um dos objetivos foi entender melhor quais fatores escolares contribuem para a qualidade social das escolas e fornecer conhecimento aprimorado sobre as condições necessárias para o desenvolvimento humano abrangente. A interdependência entre vários fatores escolares, incluindo clima e cultura escolar, atividades informais, currículo e diversidade na escola, sugere que tais fatores escolares devem ser entendidos como complementares entre si para desenvolver uma perspectiva de educação integral. No entanto, os desafios enfrentados pelas escolas participantes são complexos e relacionados a várias condições sociais e estruturais, bem como desafios políticos. Decisões políticas, alocação de recursos e desafios intrínsecos da avaliação de resultados sociais da educação estão entre os obstáculos mais difíceis de ser superados ao implementar uma perspectiva de educação integral cidadã.

3

CONSIDERAÇÕES FINAIS: IMPLICAÇÕES PARA POLÍTICAS E PRÁTICAS

Este estudo teve como objetivo investigar as abordagens educacionais de três escolas inovadoras no Brasil em relação à perspectiva de educação integral e considerar os resultados sociais associados a elas. Utilizando metodologia qualitativa aprofundada, foi adotado desenho de estudo de caso múltiplo para abordar duas questões de pesquisa. A primeira centrou-se na análise quanto ao grau em que as abordagens inovadoras implementadas pelas três escolas participantes estão alinhadas com a educação integral cidadã, conceito estabelecido por meio de análise da literatura contemporânea sobre essa perspectiva. A segunda pergunta de pesquisa concentrou-se nos resultados sociais da educação, explorando como esses resultados se relacionam com as estratégias educacionais adotadas pelas escolas participantes.

A motivação subjacente do estudo era aprofundar a compreensão sobre como a perspectiva da educação integral cidadã pode contribuir para a educação dos/as estudantes em suas múltiplas dimensões, buscando identificar tipologias de resultados educacionais relacionados a esta abordagem que expande os saberes ofertados e promove a cidadania, a democracia e a justiça social. Acredita-se que tais resultados constituem condições necessárias para que as aprendizagens ocorram, conforme literatura discutida no Capítulo 1 desta Parte III. Ademais, o estudo não se baseou na premissa de que a educação é uma solução universal para os intrincados problemas sociais do Brasil. Em vez disso, visava investigar uma abordagem educacional que aprimora a efetividade da educação como uma das muitas políticas sociais necessárias para promover a justiça social, em vez de perpetuar a desigualdade.

A Parte II deste estudo apresentou análise relacionada à primeira questão de pesquisa, que indicou que as estratégias adotadas pelas escolas estão alinhadas com todos os seis elementos da educação integral cidadã que foram destacados no Capítulo 1 da Parte I. Essas estratégias fornecem exemplos valiosos de como implementar perspectiva da educação integral que vai para além da expansão dos tempos escolares, conforme representado pelo conceito de educação integral cidadã. Apesar das diferenças de contextos e necessidades, verificou-se que as escolas participantes compartilham estratégias semelhantes, tais como a construção de cultura e clima escolar democráticos e baseados em relações afetivas e empáticas entre professoras/es e estudantes, a ênfase na promoção da cidadania e de direitos sociais, e um currículo ampliado e integrado à comunidade. A análise temática dos dados revelou três ênfases principais das abordagens educacionais entre os fatores escolares observados: "o estudante em suas múltiplas dimensões (e seus múltiplos direitos)"; "educação ética, democrática e cidadã"; e "contaminação escola-comunidade".

Esta Parte III, por sua vez, concentrou-se nos resultados sociais associados às estratégias e experiências das escolas participantes. Tais resultados incluem a melhoria da saúde e do bem-estar, a formação de cidadãs/ãos autônomas/os, democráticas/os e engajadas/os, indivíduos éticos, empáticos e empoderados, o desenvolvimento humano integral e múltiplas aprendizagens, a redução da violência local e o acesso a direitos sociais, e a garantia do direito, em si, à educação. Discutiu-se também a associação entre as estratégias de educação integral cidadã implementadas pelas escolas e os resultados sociais encontrados, para que fossem identificados os caminhos que levam ao desenvolvimento integral dos/as estudantes. Além disso, foi abordada a intersecção entre educação integral cidadã e vários fatores escolares que contribuem para a qualidade social das escolas. A partir das percepções das/os integrantes das escolas e de especialistas entrevistados/as, também foram identificados os principais desafios que marcam a agenda, do ponto de vista social-estrutural e relacionados a políticas educacionais, para que fossem revelados os obstáculos concretos a serem superados com o apoio de políticas públicas.

As semelhanças observadas entre os casos participantes ajudam a revelar que as estratégias de educação integral cidadã podem apoiar a geração de resultados sociais nas diferentes etapas e modalidades, da educação infantil, ao ensino médio – e destacamos a Educação de Jovens e Adultos aqui discutida por meio do caso do CIEJA Campo Limpo). Além disso, sugere que essas estratégias devem tanto se concentrar no desenvolvimento de características do sujeito (*self*) (por exemplo, autoestima e confiança) quanto enfatizar e contextualizar suas relações com a sociedade e a cidadania. Diferenças entre os casos foram úteis para revelar as limitações impostas pela falta de certos recursos (por exemplo, infraestrutura adequada, serviços intersetoriais e condições de trabalho para educadores), bem como o potencial transformador criado pela integração das experiências escolares com as comunidades locais e o território mais amplo da cidade.

Pesquisas futuras

Embora este estudo tenha revelado alguns aspectos da relação entre estratégias educacionais que levam a resultados sociais, muito ainda precisa ser construído sobre como avaliar esses resultados e medir a qualidade social das escolas de forma sistemática. O desenvolvimento de indicadores para avaliar os resultados sociais da educação, incluindo aspectos qualitativos, requer mais estudos e debate no campo da educação. Futuras pesquisas poderiam se concentrar mais especificamente, por exemplo, nos tipos de dados que devem ser produzidos e nas estratégias empíricas que podem ser adotadas para determinar os resultados sociais da educação nos níveis micro (individual), meso (escolas e comunidades) e macro (social).

Além disso, os dados gerados no contexto deste estudo sugerem pelo menos três abordagens teóricas que têm o potencial de estabelecer diálogos produtivos com a educação integral cidadã e inspirar estudos futuros relacionados a práticas e políticas associadas a ela. A primeira abordagem diz respeito à Teoria Crítica da Raça (TCR), que pode fornecer quadro conceitual para a compreensão do impacto do colonialismo e da escravidão na educação e na sociedade. Esta abordagem pode se basear em contribuições internacionais, como Zuberi e Bonilla-Silva (2008), Solorzano (2019),

Nguyen et al. (2019), bem como interpretações dessa teoria no contexto brasileiro por referências da educação que incluem estudos desenvolvidos por Gandin, Diniz-Pereira e Hipólito (2002), Cruz (2010), e intelectuais negras/os brasileiras/os reconhecidas/os que desenvolvem abordagens interseccionais entre raça e gênero, como Lélia Gonzalez, Sueli Carneiro e Conceição Evaristo (Ferreira; Queiroz, 2018). A segunda abordagem é a Educação para a Cidadania Global (ECG), que endereça temas emergentes como sustentabilidade, engajamento com tecnologia digital, diversidade e sua relação com a cidadania, como discutido anteriormente na Parte I deste trabalho (Torres; Bosio, 2020). A terceira estrutura diz respeito à Educação (crítica) midiática, que se refere aos estudos enfatizando a formação que envolve a capacidade de analisar e interpretar criticamente informações midiáticas e de desempenhar papel ativo na sociedade (Kellner; Share, 2019; Carreira, 2021).

Feitas tais ponderações, este estudo busca, na próxima seção, discutir algumas das implicações de seus achados para a formulação de políticas públicas, no sentido de apresentar aspectos aplicáveis à agenda da educação integral em tempo integral.

Recomendações

Embora devam-se reconhecer as limitações intrínsecas quanto à generalização dos resultados de pesquisas qualitativas, este estudo buscou tomar certos cuidados que podem trazer maior clareza quanto aos potenciais de se aproveitarem suas análises para outros contextos, como a triangulação entre os achados das diversas fontes de dados, a ênfase na importância da especificidade do contexto ao explorar os resultados, e extensiva revisão bibliográfica com base na literatura nacional e internacional. Nesse sentido, levando-se em conta a relevância dos contextos, cada caso fornece nuances e contribuições valiosas que podem ser aplicáveis a outras escolas e a iniciativas relacionadas à melhoria da qualidade social das escolas e à implementação da educação integral cidadã.

As recomendações a seguir buscam explorar os achados da pesquisa de modo que dialoguem com o universo das políticas públicas.

Recomendação #1: Implementação de políticas de educação integral cidadã – e não a simples expansão da jornada escolar –, específica e transversalmente entre as demais políticas educacionais.

Este apontamento divide-se em duas nuances principais. A primeira refere-se à importância de que a implementação da educação integral transcenda a estratégia da ampliação do tempo que as/os estudantes passam na escola, no sentido de também proporcionar educação que aborde todas as dimensões do desenvolvimento humano, incluindo a visão do estudante inserido em seu contexto e não apenas de modo individualizado. A educação integral cidadã visa formar indivíduos não apenas acadêmica, mas também emocional, social e eticamente.

A segunda nuance consiste na atenção à transversalidade da agenda da educação integral cidadã ante as demais agendas das políticas educacionais. Devido aos desafios que ainda permeiam os avanços da expansão da jornada na perspectiva da educação integral, torna-se importante que ela seja abordada por meio de política específica, mas que também seja considerada como diretriz transversal para orientar políticas em diversos fatores da qualidade da educação básica – tais como a formação inicial e continuada de professoras/es, a provisão de infraestrutura, o desenho das matrizes curriculares, e a articulação de políticas intersetoriais com outras áreas e organizações.

Salienta-se que as estratégias identificadas neste estudo como características da educação integral cidadã, que a diferenciam de políticas voltadas apenas à expansão da jornada escolar, relacionam-se aos seguintes aspectos:

- A consideração da/o estudante em sua inteireza e o atendimento dos múltiplos direitos necessários para seu desenvolvimento integral. Ou seja, políticas e práticas construídas de modo a endereçar suas necessidades sociais, físicas, emocionais, culturais, bem como o desenvolvimento de múltiplas aprendizagens e experiências educacionais. Isso requer estratégias como o estabelecimento de relações afetivas e empáticas entre professoras/es e estudantes, a provisão ou conexão com serviços de assistência social e de saúde, o respeito aos ritmos individuais de aprendizagem e a implementação de avaliações que considerem as múltiplas aprendizagens e o desenvolvimento integral. Além disso, salienta-se a relevância das pedagogias inovadoras e ativas que de fato estimulem a autonomia e o desenvolvimento de múltiplas habilidades, bem como o engajamento com a comunidade local e os potenciais educativos do território.

- A inclusão, nos princípios, nas políticas e nas práticas de educação integral, do fomento à educação ética, democrática e cidadã. Isso pode ser alcançado cultivando-se cultura escolar que valorize a promoção de cidadãos éticos, como autonomia e solidariedade, não apenas nas atividades formais de sala de aula, mas também em atividades e experiências informais que permeiam o dia a dia das escolas. A educação para a cidadania deve ser integrada por meio do abraçar a valores democráticos, éticos e cidadãos para nortear as relações na escola, bem como de abordagens curriculares interdisciplinares e transversais quanto a estes aspectos. Esta perspectiva valoriza a aprendizagem por meio da solução colaborativa de problemas e investigação, que incentivem o pensamento crítico e o desenvolvimento de habilidades, bem como a vivência de atividades multidimensionais que promovam o empoderamento de estudantes e o engajamento em projetos sociais e com a comunidade, por terem se mostrado como estratégias efetivas para a promoção da ética, da democracia e da cidadania entre estudantes.

- O desenvolvimento de políticas e práticas fundadas na "contaminação escola-comunidade", ou seja, de maneira integrada com a comunidade e o território. É importante que as escolas e os formuladores de políticas reconheçam que as escolas estão situadas dentro de um determinado território e que suas/seus estudantes possuem características culturais, políticas e sociais únicas desse espaço, as quais podem ser consideradas para tornar a educação mais significativa e cheia de sentido, com diversos agentes contribuindo para a educação dos bebês, das crianças, dos adolescentes e jovens brasileiros/as. As estratégias podem incluir o estabelecimento de relação orgânica com a comunidade, como envolver a escola nas questões sociais do território, formar parcerias com instituições e indivíduos da comunidade e engajar os alunos em atividades de aprendizagem por serviço e projetos dentro da comunidade.

Recomendação #2: Fortalecimento de políticas intersetoriais que considerem as escolas como lócus ou instituição por meio da qual políticas de diferentes áreas possam se integrar e garantir direitos sociais.

As escolas são instituições públicas largamente presentes nas áreas urbanas e rurais do país, incluindo territórios indígenas e de comunidades remanescentes de quilombos, onde bebês, crianças, adolescentes, jovens e até mesmo adultos passam significativo período de tempo regularmente. As vulnerabilidades socioeconômicas e as questões de saúde física e mental experimentadas pelas/os estudantes, bem como questões relacionadas a outros direitos sociais, frequentemente se manifestam por meio de seu comportamento e desempenho nas aprendizagens no ambiente escolar. Embora as escolas acabem por identificar e ser impactadas pelas consequências desses desafios, professoras/es, funcionárias/os e gestoras/es escolares não necessariamente recebem as ferramentas e os recursos necessários para apoiar os/as estudantes nessas áreas. Nesse sentido é que se deve frisar a relevância de que as políticas públicas não vislumbrem os sujeitos de maneira fragmentada, mas, sim, como cidadãs/ãos em sua inteireza, para que se promovam as condições necessárias para que se constituam sujeitos de direito e deveres de uma sociedade mais equitativa e justa. Órgãos públicos de diferentes áreas (por exemplo, saúde, assistência social, habitação) e níveis (governo federal, estados e municípios) devem investir em políticas que conectem a educação com áreas como segurança alimentar e assistência social, saúde mental e física e cultura, a fim de fornecer serviços mais integrados e apoio articulado com as escolas. Um exemplo de política crucial para garantir a frequência durante o ensino médio e fornecer condições para os/as estudantes que precisam trabalhar para ajudar suas famílias é a concessão de bolsas de estudo para estudantes do ensino médio, que poderiam estar relacionadas a programas sociais existentes e a projetos acadêmicos, como iniciação científica no ensino médio ou projetos de aprendizagem em serviço.

Recomendação #3: Políticas de promoção das condições de trabalho de educadoras/es e de formação inicial e continuada responsivas aos desafios da educação integral cidadã.

O êxito dos fatores escolares que impactam a qualidade da educação integral cidadã está intrinsecamente relacionado à existência de uma força de trabalho docente e gestora bem preparada, reconhecida e apoiada. Nesse sentido, políticas devem priorizar a melhoria dos níveis de remuneração e condições de trabalho dos/as educadores/as, reconhecendo que seu bem-estar também é um aspecto crucial da educação integral cidadã. Além disso, salienta-se a importância de que os cursos de educação superior que formam nossos educadores/as, bem como aqueles de formação continuada, passem a contribuir para desconstruir mentalidades educacionais tradicionais, enfatizando a importância de estratégias como pedagogias de aprendizagem ativa que promovam a autonomia dos/as estudantes na construção de conhecimento, ao mesmo tempo que estimulem sua criatividade e desejo de aprender. Outro aspecto essencial da formação de educadores é estar preparado/a para oferecer (no currículo e também em momentos informais das vivências escolares) educação que interrompa padrões históricos de opressão de certas identidades e populações em vez de reforçá-los, como racismo, sexismo e homofobia.

Recomendação #4: Desenvolvimento de sistema público de avaliação dos resultados sociais da educação e da qualidade social das escolas.

A identificação dos resultados sociais da educação por pesquisas anteriores e por este estudo indica a relevância da construção de políticas públicas voltadas ao monitoramento e à avaliação de gama mais ampla de resultados da educação, ou seja, para além do desempenho acadêmico e de seus benefícios econômicos. Conforme achados desta pesquisa, a educação integral cidadã pode impactar positivamente múltiplos aspectos do desenvolvimento humano, incluindo saúde e bem-estar, formação cidadã, autônoma e socialmente engajada, aprendizagens diversificadas como culturais e artísticas, e níveis reduzidos de violência – que consistem, por sua vez, em condições necessárias para que também as aprendizagens acadêmicas e os benefícios econômicos da educação ocorram de modo mais equitativo. Medir e qualificar alguns desses resultados consiste em tarefa desafiadora, mas este estudo sugere que é possível identificar categorias de tais resultados bem como parâmetros que os influenciam e avaliá-los. Conforme reportado nesta pesquisa, organizações internacionais como a OCDE e pesquisas no Brasil e no mundo já indicam caminhos possíveis, mas a instituição de um sistema público de avaliação de tais resultados faz-se urgente para alcançarmos a percepção acerca da realidade brasileira em seus diversos contextos. Embora mais pesquisas e debate sejam necessários para avançarmos no tema, algumas considerações podem ser ilustrativas quanto às possibilidades e à premência da necessidade de desenvolvimento da agenda.

Dada a importância das especificidades de contexto que afetam os resultados sociais, destaca-se a abordagem qualitativa por meio de perspectiva longitudinal como estratégia que pode ser útil para se refletir sobre a evolução dos resultados, em vez de depender apenas de parâmetros pontuais que representem o estado de uma determinada unidade de análise em um momento específico. Aspectos a serem considerados incluem a qualidade social da escola, as políticas públicas que apoiam a escola e a experiência dos/as estudantes em relação aos resultados sociais. Por exemplo, a qualidade dos relacionamentos, das atitudes e dos comportamentos, das habilidades relacionadas ao pensamento autônomo e o grau de integração com a comunidade. Fontes alternativas de dados incluem as opiniões de estudantes, professoras/es, famílias e outros integrantes da escola, bem como supervisores escolares externos que acompanham a escola ao longo dos anos e diversos tipos de avaliações que não se limitam a provas de testes e escritos. Deve-se reconhecer que a proposição de indicadores consiste em tarefa desafiadora que não deve ser realizada numa perspectiva de formulação de políticas *top-down,* ou de cima para baixo. Tal abordagem poderia levar a distorções que afetariam a organização escolar e a alocação de recursos de forma não necessariamente benéfica para a produção de resultados sociais que respondam às especificidades de cada contexto.

Recomendação #5: Adoção de abordagens participativas ao elaborar políticas para garantir a perspectiva de múltiplos agentes nos processos de formulação, implementação e avaliação de políticas.

Este aspecto refere-se à importância de que abordagens participativas para a formulação de políticas públicas sejam incentivadas, para que se incluam e priorizem as contribuições de educadoras/es, estudantes e integrantes das comunidades locais. As experiências apresentadas neste estudo reforçam a importância de que a política pública não seja construída de forma desconectada das realidades materiais e sem fundamento nas percepções de suas/seus beneficiárias/os e principais implementadoras/es. Tal perspectiva se constrói de forma que os/as tomadores/as de decisão estejam informados/as acerca das perspectivas das diversas partes interessadas envolvidas nos processos de políticas em vários níveis, incluindo federal, estadual, municipal e nos níveis escolares em relação às suas respectivas comunidades. Estratégias de fomento à apreensão de tais percepções e necessidades incluem o estabelecimento de relações mais orgânicas entre os órgãos responsáveis pelas políticas e as comunidades escolares, bem como, por exemplo, a promoção de consultas públicas e grupos focais, o fortalecimento dos conselhos de educação, a realização de seminários e estudos acadêmicos e de avaliação de políticas, o estabelecimento de parcerias com a sociedade civil organizada e os movimentos sociais, a implementação de estratégias participativas como o planejamento participativo e a constante atenção à inclusão de grupos historicamente vulnerabilizados. No nível escolar, faz-se importante não tratar os integrantes das comunidades, sejam as famílias ou outros representantes do contexto local, como agentes submissos e desintegrados da instituição escola. Para que esta recomendação seja implementada, é essencial fornecer aos educadores, estudantes e comunidades as condições, recursos e apoio necessários para permitir sua participação ativa no processo de formulação de políticas.

Recomendação #6: Consideração de possíveis interesses comerciais e privados não necessariamente voltados à promoção da qualidade e da equidade da educação pública brasileira.

Este aspecto envolve reconhecer que importantes interesses conceituais, bem como financeiros e de mercado estão em jogo quando novas políticas e perspectivas são implementadas em grande escala, particularmente em agenda que requer significativos investimentos em aspectos como infraestrutura, recursos pedagógicos, e gestão de pessoas. Este estudo apresentou, no capítulo que contextualiza a educação integral no Brasil, a forma como esta se trata de agenda em disputa conceitual e materialmente. É importante observar que parcerias e relacionamentos com a sociedade civil, instituições de pesquisa e ativistas são cruciais para o avanço da política e construção do conhecimento. No entanto, é fundamental que os agentes do setor público reconheçam que fomentar a chamada "hiperagência" de partes interessadas que não foram eleitas para exercer influência na esfera pública pode representar riscos à legitimidade democrática da atuação pública (Avelar, 2019). Também é crucial identificar as situações nas quais as proposições podem ser orientadas por interesses comerciais descomprometidos com a promoção da qualidade e da equidade da educação básica brasileira. Em estudo publicado em 2020 no qual os autores discutem o surgimento de habilidades sociais e emocionais dos/as estudantes no debate educacional, Scheerens, Werf e Boer (2020) destacaram a relevância de que, nos processos de formulação e implementação de agendas holísticas da educação, os/as tomadores/as de decisão se perguntem "Quem se beneficia financeiramente?".

Recomendação #7: Priorização do planejamento e do orçamento necessários: a educação integral cidadã requer elevados investimentos financeiros e de gestão.

A implementação da educação integral cidadã requer investimentos em infraestrutura, ampliação da jornada da força de trabalho relacionada e da alimentação escolar ofertada, revisão de espaços, investimento em tecnologia, transporte e vários outros aspectos que demandam alto investimento orçamentário, bem como estratégias robustas de gestão. Conforme pontuado neste estudo, a ampliação da jornada escolar, quando realizada sob a perspectiva da educação que compreende os sujeitos em sua inteireza, demanda não apenas mais tempos escolares como também a ressignificação de espaços, saberes, direitos e relações, os quais requerem transformações nas mentalidades, nas capacidades de gestão e articulação intersetorial, bem como no orçamento previsto para a educação. Trata-se de mudança de paradigma que impacta a gestão e o orçamento em níveis distintos da implementação da política educacional, devendo, portanto, constituir a agenda governamental desde o governo federal como coordenador de política prioritária, passando pelos estados, municípios e escolas, além de contar com as contribuições de organizações, famílias e movimentos sociais diversos da sociedade. Em conjunto com a garantia de orçamento necessário, o uso de instrumentos robustos de gestão faz-se essencial – como aqueles de planejamento, monitoramento e avaliação – para a implementação progressiva de agenda desta magnitude. No entanto, apesar de tais desafios, como discutido neste estudo, os resultados podem oferecer oportunidades e vidas mais dignas e justas para nossas infâncias, adolescências e juventudes (Arroyo, 2012), garantir o direito efetivo às aprendizagens e também gerar ganhos para os sujeitos historicamente colocados em situação de vulnerabilidades diversas, bem como benefícios sociais e econômicos coletivos. Portanto, faz-se importante que a disputa de financiamento pela educação integral em tempo integral se constitua como comprometimento constante nas agendas governamentais da educação.

Em conclusão, os resultados sociais da educação discutidos neste estudo ajudaram a revelar como a educação, particularmente a partir de uma perspectiva de educação integral cidadã, pode aprimorar a dimensão social da educação e seu potencial como instrumento de promoção de sociedades mais equitativas. A pesquisa indicou ainda que as aprendizagens acadêmicas, bem como o impacto da educação para os aspectos econômicos das vidas dos sujeitos e da sociedade podem se beneficiar de tal abordagem, destacando que estes não são os únicos benefícios associados à educação. Minha esperança é a de que este estudo contribua para jogar luz sobre o compromisso inabalável de educadoras/es, estudantes, funcionárias/os, gestoras/es e comunidades da EMEF Campos Salles, do CIEJA Campo Limpo e da Escola SESC de Ensino Médio, bem como dos notáveis resultados de sua educação integral cidadã, para que possam inspirar um senso de esperança e de empoderamento em direção a uma educação efetivamente mais transformadora.

REFERÊNCIAS

APPLE, M. W. *Ideology and curriculum*. Boston: Routledge and Kegan Paul, 1979.

APPLE, M. W.; BEANE, J. (eds.). *Democratic Schools – Lessons in Powerful Education*. Portsmouth, NH: Heinemann, 2007.

ARROW, K. J. The Benefits of Education and the Formation of Preferences. In: BEHRMAN, J. R.; STACEY, N. *The Social Benefits of Education*. 1997.

ARROYO, M. O direito a tempos-espaços de um justo e digno viver. In: MOLL, J. (org.). *Caminhos da Educação Integral no Brasil – Direito a outros tempos e espaços educativos*. Porto Alegre: Penso, 2012.

AVELAR, M. O público, o Privado e a Despolitização nas Políticas Educacionais. In: CÁSSIO, F. *Educação contra a barbárie*. São Paulo: Boitempo, 2019.

AWARTANI, M.; WHITMAN, C. V.; GORDON, J. Developing instruments to capture young's people's perceptions of how school as a learning environment affects their well-being. *European Journal of Education*, v. 43, n. 1, 2008.

AZEVEDO, F. et al. Manifesto dos Pioneiros da Educação Nova: a reconstrução educacional no Brasil – ao povo e ao governo. *Revista Brasileira de Estudos Pedagógicos*, Brasília: INEP, v. 65, n. 150, p. 407-425, maio/ago. 1984. Disponível em: https://download.inep.gov.br/download/70Anos/Manifesto_dos_Pioneiros_Educacao_Nova.pdf.

BALI, A. S.; HE, A. J.; RAMESH, M. Health policy and COVID-19: Path dependency and trajectory. *Policy and Society*, v. 41, n. 1, p. 83-95, 2022. Disponível em: https://doi.org/10.1093/polsoc/puab014.

BECKER, S. O.; HORNUNG, E.; WOESSMANN, L. Education and Catch-up in the Industrial Revolution. *American Economic Journal: Macroeconomics*, v. 3, n. 3, p. 92-126, jul. 2011.

BEHRMAN, J. R.; NEVZER, S. (eds.). *The Social Benefits of Education*. Ann Arbor: University of Michigan Press, 1997.

BERNARDO, E. S.; CHRISTOVÃO, A. C. Tempo de Escola e Gestão Democrática: o Programa Mais Educação e o IDEB em busca da qualidade da educação. *Educ. Real.*, v. 41, n. 4, 2016.

BISHOP, J. P.; NOGUERA, P. A. The Ecology of Educational Equity: Implications for Policy. *Peabody Journal of Education*, v. 94, n. 2, p. 122-141, 2019.

BONELL, C.; BEAUMONT, E.; DODD, M. et al. Effects of school environments on student risk behaviours: evidence from a longitudinal study of secondary schools in England. *J Epidemiol Community Health*, v. 73, p. 502-508, 2019.

BOURDIEU, P. Cultural Reproduction and Social Reproduction. In: KARABEL, I.; HALSEY, A. H. (eds.). *Power and Ideology in Education*. Oxford: OUP, 1977.

BRASIL. Lei n.º 9.394, de 20 de dezembro de 1996. Estabelece as diretrizes e bases da educação nacional. *Diário Oficial da União*, Brasília, DF, 23 dez. 1996.

BRASIL. Ministério da Educação. *Portaria Interministerial n.º 17, de abril de 2007*. Institui o Programa Mais Educação. Brasília, DF: MEC, 2007.

BRASIL. Ministério da Educação. *Educação Integral – Texto Referência para o Debate Nacional*. Brasília, DF: MEC, 2009.

BRASIL. Ministério da Educação. *MEC faz chamada pública para identificar experiências pedagógicas criativas e inovadoras*. 8 set. 2015a. Disponível em: http://portal.mec.gov.br/ultimas-noticias/211-218175739/30521-mec-faz-chamada-publica-para-identificar-experiencias-pedagogicas-criativas-e-inovadoras.

BRASIL. Ministério da Educação. *Inovação e Criatividade na Educação Básica*. 2015b. Disponível em: http://simec.mec.gov.br/educriativa/mapa_questionario.php.

BRASIL. Ministério da Educação. *Base Nacional Comum Curricular*. Brasília, DF: MEC, 2018.

BRYK, A.; SCHNEIDER, B. *Trust in Schools*: A Core Resource for Improvement. New York: Russell Sage Foundation, 2002.

BRONFENBRENNER, U. *The ecology of human development*. Cambridge, MA: Harvard, 1979.

BRUCH, S. K.; SOSS, J. Schooling as a formative political experience: Authority relations and the education of citizens. *Perspectives on Politics*, v. 16, n. 1, p. 36-57, 2018. DOI: https://doi.org/10.1017/S1537592717002195.

BUBRITZKI, S. et al. Ethnic composition of the school class and interethnic attitudes: A multi-group perspective. *Journal of Ethnic and Migration Studies*, v. 44, n. 3, p. 482-502, 2018. DOI: https://doi.org/10.1080/1369183X.2017.1322501.

BUENO, S.; LIMA, R. S. de. *Anuário Brasileiro de Segurança Pública 2022*. Fórum Brasileiro de Segurança Pública, Ano 16, 2022.

CAMPBELL, D. E. What is Education's Impact on Civic and Social Engagement? In: DESJARDINS, R.; SCHULLER, T. (eds.). *Measuring the Effects of Education on Health and Civic/social engagement*. Paris: OECD, 2006.

CAMPBELL, D. E. Civic Education and Voting. In: DESJARDINS, R.; WIKSTEN, S. *Handbook of Civic Engagement and Education*. Edward Elgar Publishing, 2022. DOI: https://doi.org/10.4337/9781800376953.00021.

CANCI, C. de A.; MOLL, J. O direito à educação: reflexões sobre o ensino médio e a exclusão escolar. In: SILVEIRA, E. da S.; SILVA, M. R. da; MARTINIC, S.; MOLL, J. (eds.). *Ensino Médio, Educação Integral e Tempo Ampliado na América Latina*. Curitiba: CRV, 2022.

CANTOR, P. et al. Malleability, plasticity, and individuality: How children learn and develop in context. *Applied Developmental Science*, v. 23, n. 4, p. 307-337, 2018.

CARREIRA, M. *Leitura Crítica da Mídia Educomunicação por cidadãos reflexivos e éticos*. FiloCzar, 2021.

CATELLI Jr., R.; PIERRO, M. C. D.; GIROTTO, E. D. A política paulistana de EJA: Territórios e desigualdades. *Estudos em Avaliação Educacional*, v. 30, n. 74, 2019. DOI: https://doi.org/10.18222/eae.v30i74.5734.

CAVALIERE, A. M. Educação integral: uma nova identidade para a escola brasileira? *Educação & Sociedade*, v. 23, n. 81, p. 247-270, 2002.

CAVALIERE, A. M. V. Escola Pública de Tempo Integral no Brasil: filantropia ou política de estado? *Educação & Sociedade*, v. 35, n. 129, p. 1205-1222, 2014.

CAVALIERE, A. M. V.; COELHO, L. M. C. C. 'Costurando' história, políticas e práticas sobre educação integral e(m) tempo integral. In: CAVALIERE, A. M. V.; COELHO, L. M. C. C. (eds.). *Pesquisas sobre educação integral e tempo integral*: história, políticas e práticas. Curitiba: CRV, 2017.

CHOLEWA, B. et al. A Qualitative Examination of the Impact of Culturally Responsive Educational Practices on the Psychological Well-Being of Students of Color. *The Urban Review*, v. 46, n. 4, p. 574-596, 2014. DOI: https://doi.org/10.1007/s11256-014-0272-y.

CIEJA CAMPO LIMPO. *Projeto Político Pedagógico*. São Paulo, 2022.

COELHO, L. M. C. C. História da educação integral. In: MAURÍCIO, L. V. (ed.). *Educação Integral e Tempo Integral. Em Aberto*, v. 22, n. 80, p. 83-96, 2009.

CONAE 2024. Conferência Nacional de Educação. Documento de Referência. Brasília: MEC, 2024. Disponível em: https://www.gov.br/mec/pt-br/acesso-a-informacao/participacao-social/conferencias/conae-2024/documento-referencia.pdf. Acesso em: 20 abr. 2024.

CORNELL UNIVERSITY. *Sense of Belonging*. Disponível em: https://diversity.cornell.edu/belonging/sense-belonging. Acesso em: 20 jan. 2023.

CORÁ, E. J.; TRINDADE, L. L. Intersetorialidade e Vulnerabilidade no Contexto da Educação Integral. *Educação em Revista*, v. 31, 2015.

COSTA, N. G. Comunidades educativas: por uma educação para o desenvolvimento integral. In: MOLL, J. *Caminhos da Educação Integral no Brasil*: direito a outros tempos e espaços educativos. Porto Alegre: Penso, 2012.

COSTA, R. A. Ampliação da jornada escolar e o terceiro setor: o CENPEC em ação. In: CAVALIERE, A. M. V.; COELHO, L. M. C. C. *Pesquisas sobre educação integral e tempo integral*: história, políticas e práticas. Curitiba: CRV, 2017.

CHUPP, M. G.; JOSEPH, M. L. Getting the Most Out of Service Learning: Maximizing Student, University and Community Impact. *Journal of Community Practice*, v. 18, 2010.

CROWE, J.; MARIA, L.; SIMÕES, C.; TAVANTI, R. M. Fórum em Defesa da Vida. 20 anos de resistência pela vida dos/as jovens que vivem nas periferias da zona sul de São Paulo. Estação de Pesquisa Urbana M'Boi. Working papers, n. 9, 08/2016.

CRUZ, P.; MONTEIRO, L. (eds.). *Anuário Brasileiro da Educação Básica*. Todos pela Educação. São Paulo: Editora Moderna, 2021.

CRUZ, A. C. J. da. *Os debates do significado de educar para as relações étnico-raciais na educação brasileira*. Dissertação (Mestrado em Educação) – Universidade Federal de São Carlos, São Carlos, 2010.

DARLING-HAMMOND, L.; COOK, C. M. Developing policy for the whole child. In: BISHOP, J. P. (ed.). *Our children can't wait*: the urgency of reinventing education policy in America. Teachers College Press, 2023.

DEMO, P. Rupturas urgentes em educação. *Ensaio: aval. pol. públ. Educ.*, Rio de Janeiro, v. 18, n. 69, p. 861-872, out./dez. 2010.

DESCY, P. Macro-social benefits of education, training and skills. In: DESJARDINS, R.; SCHULLER, T. (Eds.) *Measuring the Effects of Education on Health and Civic Engagement—Proceedings of the Copenhagen Symposium*. Centre for Educational Research and Innovation (CERI) – OECD, 2006.

DESJARDINS, R. Researching the Links between Education and Well-being: European Journal of Education. *European Journal of Education*, v. 43, n. 1, p. 23–35, 2008. https://doi.org/10.1111/j.1465-3435.2007.00333.x

DESJARDINS, R.; SCHULLER, T. (eds.). *Measuring the Effects of Education on Health and Civic Engagement—Proceedings of the Copenhagen Symposium*. Centre for Educational Research and Innovation (CERI) – OECD, 2006.

DEWEY, J. *Democracy and education*: An introduction to the philosophy of education. New York: MacMillan, 1916.

DIJKSTRA, A. B.; MOTTE, P. I. *Social Outcomes of Education. The assessment of social outcomes and school improvement through school inspections*. Amsterdam: Amsterdam University Press, 2014.

DIJKSTRA, A. B.; GEIJSEL, F.; LEDOUX, G.; VEEN, I.; DAM, G. Effects of school quality, school citizenship policy, and student body composition on the acquisition of citizenship competences in the final year of primary education. *School Effectiveness and School Improvement*, v. 26, n. 4, p. 524-553, 2015. DOI: 10.1080/09243453.2014.969282.

DIJKSTRA, A. B.; DAAS, R.; DE LA MOTTE, P. I.; EHREN, M. Inspecting School Social Quality: Assessing and Improving School Effectiveness in the Social Domain. *JSSE - Journal of Social Science Education*, p. 75-84, 2018. DOI: https://doi.org/10.4119/UNIBI/JSSE-V16-I4-1640.

DUTRA, T.; MOLL, J. A educação integral no Brasil: Uma análise histórico-sociológica. *Revista Prática Docente*, supl. l., v. 3, n. 2, p. 813–829, 2018. DOI: https://doi.org/10.23926/RPD.2526-2149.2018.v3.n2.p813-829.id234.

EMEF PRESIDENTE CAMPOS SALLES. Projeto Político Pedagógico Cidadania: uma questão de sobrevivência. São Paulo, 2021a.

EMEF PRESIDENTE CAMPOS SALLES. Relatório de Atividades Desenvolvidas – 2015 a 2019. São Paulo, 2021b.

ENGEL, G. L. The Need for a New Medical Model: A Challenge for Biomedicine. *Science*, v. 196, n. 4286, p. 129-136, 1997.

EPSTEIN, I.; WEINER, R. I.; GREEN, A. *Education and State Formation*: The Rise of Education Systems in England, France, and the U.S.A. London: Macmillan, 1990.

ESCOLA SESC DE ENSINO MÉDIO. Projeto Pedagógico Cultural. Rio de Janeiro, 2015.

ESCOLAS 2030. Sobre o programa no Brasil. Disponível em: https://escolas2030.org.br/o-programa/.

FEINSTEIN, L.; SABATES, R.; ANDERSON, T. M.; SORHAINDO, A.; HAMMOND, C. What are the Effects of Education on Health? In: DESJARDINS, R.; SCHULLER, T. (ed.). *Measuring the Effects of Education on Health and Civic/social Engagement*: Proceedings of the Copenhagen Symposium. Paris: Center for Education Research and Innovation, OECD, 2006.

FERREIRA, A. G.; BERNARDO, E. S.; MENEZES, J. S. S. *Políticas e Gestão em Educação em Tempo Integral – Desafios Contemporâneos*. Curitiba: Editora CRV, 2018.

FERREIRA, A. G.; PINHEIRO, M. D. S. L. B. A compreensão da Educação Integral no Brasil a partir do discurso sobre o programa Mais Educação. In: FERREIRA, A.

G.; BERNARDO, E. S.; MENEZES, J. S. S. (org.). *Políticas e Gestão em Educação em Tempo Integral*. Curitiba: CRV, 2018.

FERREIRA, G. L.; QUEIROZ, M. V. L. A trajetória da Teoria Crítica da Raça: História, conceitos e reflexões para pensar o Brasil. *Teoria Jurídica Contemporânea*, v. 3, n. 1, Art. 1, 2018. DOI: https://doi.org/10.21875/tjc.v3i1.18291.

FLANAGAN, C. Civic Engagement and Community Consciousness. In: *The Encyclopedia of Child and Adolescent Development*. John Wiley & Sons, 2020.

FREIRE, P. *À sombra desta mangueira*. São Paulo: Olho D'Água, 1995.

FREIRE, P. *Pedagogia da autonomia*: saberes necessários à prática educativa. São Paulo: Paz e Terra, 1997.

FREIRE, P. *Pedagogy of the Oppressed*. 30th Anniversary Edition. New York and London: Continuum, 2005.

GADOTTI, M. *Educação Integral no Brasil – Inovações em Processo*. São Paulo: Editora e Livraria Instituto Paulo Freire, 2009.

GADOTTI, M. Educação popular, educação social, educação comunitária: conceitos e práticas diversas, cimentadas por uma causa comum. In: Proceedings of the 4th Congresso Internacional de Pedagogia Social. São Paulo, 2012.

GAINOUS, J.; MARTENS, A. M. The effectiveness of civic education: Are "good" teachers actually good for "all" students? *American Politics Research*, v. 40, n. 2, p. 232–266, 2012. DOI: https://doi.org/10.1177/1532673X11419492.

GANDIN, L. A.; DINIZ-PEREIRA, J. E.; HYPOLITO, A. M. Para além de uma educação multicultural: teoria racial crítica, pedagogia culturalmente relevante e formação docente (entrevista com a Professora Gloria Ladson-Billings). *Educação & Sociedade*, n. 79, p. 275-293, ago. 2002.

GIOLO, J. Educação de Tempo Integral: resgatando elementos históricos e conceituais para o debate. In: MOLL, J. (org.). *Caminhos da Educação Integral no Brasil*: direito a outros tempos e espaços educativos. Porto Alegre: Penso, 2012. p. 94-105.

GIROTTO, E. D.; CÁSSIO, F. L. A desigualdade é a meta: Implicações socioespaciais do Programa Ensino Integral na cidade de São Paulo. *Education Policy Analysis Archives*, v. 26, p. 109, 2018. DOI: https://doi.org/10.14507/epaa.26.3499.

GOMES, N. L. Relações étnico-raciais, educação e descolonização dos currículos. *Currículo sem Fronteiras*, v. 12, n. 1, p. 98-109, jan./abr. 2012.

GOMES, I.; MARLI, M. *IBGE mostra as cores da desigualdade*. Disponível em: https://agenciadenoticias.ibge.gov.br/agencia-noticias/2012-agencia-de-noticias/noticias/21206-ibge-mostra-as-cores-da-desigualdade. Acesso em: 27 nov. 2019.

GOODENOW, C.; GRADY, K. E. The relationship of school belonging and friends' values to academic motivation among urban adolescent students. *Journal of Experimental Education*, v. 62, n. 1, p. 60–71, 1993. Disponível em: https://doi.org/10.1080/00220973.1993.9943831.

GHANEN, E.; TAVARES, F. G. O. *Como organizações educativas inovam? Ideias e visões sobre as suas próprias práticas*. 2021.

GROSSMAN, M. *The relationship between health and schooling*: what's new? NBER Working Paper Series, 2015.

GUTMAN, L. M.; BROWN, J. The importance of social worlds: An investigation of peer relationships. *Research Report 29*. Center for Research on the Wider Benefits of Learning, London, 2008.

GUTMAN, L. M.; BROWN, J.; AKERMAN, R.; OBOLENSKAYA, P. *Change in wellbeing from childhood to adolescence*: risk and resilience. Centre for Research on the Wider Benefits of Learning Research Report 34. London, 2010.

HALL, J.; MATTHEWS, E. The Measurement of Progress and the Role of Education: European Journal of Education. *European Journal of Education*, v. 43, n. 1, p. 11–22, 2008. DOI: https://doi.org/10.1111/j.1465-3435.2007.00334.x.

HAMAD, R.; ELSER, H.; TRAN, D. C.; REHKOPF, D. H.; GOODMAN, S. N. How and why studies disagree about the effects of education on health: A systematic review and meta-analysis of studies of compulsory schooling laws. *Social Science & Medicine*, v. 212, p. 168–178, 2018. DOI: https://doi.org/10.1016/j.socscimed.2018.07.016.

HAMMOND, C. The impacts of learning on well-being, mental health and effective coping. In: SCHULLER, T.; PRESTON, J.; HAMMOND, C.; BRASSETT-GRUNDY, A.; BYNNER, J. *The benefits of learning – The impact of education on health, family life and social capital*. London: Routledge Falmer, 2004.

HAMMOND, C.; FEINSTEIN, L. *Are those who flourished at school healthier adults? What role for adult education?* London: Centre for Research on the Wider Benefits of Learning, 2006.

HELLIWELL, J. F.; PUTNAM, R. D. The social context of well–being. Philosophical Transactions of the Royal Society of London. *Series B: Biological Sciences*, v. 359, n. 1449, p. 1435–1446, 2004. DOI: https://doi.org/10.1098/rstb.2004.1522.

INEP. Instituto Nacional de Estudos e Pesquisas Educacionais Anísio Teixeira. Resumo Técnico: Censo Escolar da Educação Básica 2021. Brasília: Inep, 2021.

INEP. Instituto Nacional de Estudos e Pesquisas Educacionais Anísio Teixeira. Índice de Desenvolvimento da Educação Básica (Ideb). Brasília: Inep, 2022.

INEP. Instituto Nacional de Estudos e Pesquisas Educacionais Anísio Teixeira. Censo Escolar da Educação Básica 2022. Brasília: Inep, 2023.

INTERNATIONAL ASSOCIATION OF EDUCATION CITIES. Carta das Cidades Educadoras [Letter of Education Cities], 1990.

JANMAAT, J. G. Education and tolerance: A review of recent research. In: DESJARDINS, R.; WIKSTEN, S. *Handbook of Civic Engagement and Education*. Edward Elgar Publishing, 2022. DOI: https://doi.org/10.4337/9781800376953.00021.

JENNINGS, P. A.; GREENBERG, M. T. The Prosocial Classroom: Teacher Social and Emotional Competence in Relation to Student and Classroom Outcomes. *Review of Educational Research*, v. 79, n. 1, p. 491–525, 2009. DOI: https://doi.org/10.3102/0034654308325693.

JUSTO, M. G.; HARDAGH, C. C. Direito à dignidade e ao desenvolvimento solidário na Zona Sul de São Paulo – Brasil. In: SANTOS, B. S.; CUNHA, T. (ed.). *Colóquio internacional epistemologias do Sul*: aprendizagens globais Sul-Sul, Sul-Norte e Norte-Sul. Vol. 4, Direitos humanos e outras gramáticas da dignidade humana. Coimbra: Universidade de Coimbra, 2015.

KELLNER, D.; SHARE, J. The Critical Media Literacy Guide: Engaging Media and Transforming Education. *Brill*, 2019. Disponível em: https://brill.com/display/title/55281.

KOKKONEN, A.; ESAIASSON, P.; GILLJAM, M. Ethnic diversity and democratic citizenship: Evidence from a social laboratory. Scandinavian Political Studies, v. 33, n. 4, p. 331–335, 2010. DOI: https://doi.org/10.1111/j.1467-9477.2010.00253.x.

LEITE, L. H. A.; CARVALHO, P. F. L. Educação (de Tempo) Integral e a Constituição de Territórios Educativos. *Educação & Realidade*, Porto Alegre, v. 41, n. 4, p. 1205-1226, out./dez. 2016.

LEITE, L. H. A. *Rodas de Conversa*: Normatização, Gestão e Intersetorialidade. Disponível em: https://www.youtube.com/watch?v=qtDKzWzLugA. Acesso em: 27 nov. 2019.

LEMOS, F. C. S.; AQUIME, R. H. S.; FRANCO, A. C. F.; PIANI, P. P. F. O extermínio de jovens negros pobres no Brasil: práticas biopolíticas em questão. *Pesquisas e Práticas Psicossociais*, v. 12, n. 1, jan.-abr. 2017.

LODI, L. H.; ARAÚJO, U. F. Ética, Cidadania e Educação. In: SECRETARIA DE EDUCAÇÃO BÁSICA, FUNDO NACIONAL DE DESENVOLVIMENTO DA EDUCAÇÃO. *Ética e Cidadania – Construindo valores na escola e na sociedade*. Brasília: MEC, 2007.

MAIA, M. N.; FAGUNDES, T. B. Formação docente e educação integral e(m) tempo integral: levantando perguntas, buscando proposições, delineando nortes. In: FAGUNDES, T. B.; MAIA, M. N. (Ed.). *Educação integral – caminhos para construção de uma educação pública como formação humana*. Curitiba: Appris Editora, 2021.

MAINGUET, C.; BAYE, A. Defining a framework of indicators to measure the social outcomes of learning. In: DESJARDINS, R.; SCHULLER, T. (eds.). *Measuring the Effects of Education on Health and Civic Engagement—Proceedings of the Copenhagen Symposium*. Centre for Educational Research and Innovation (CERI) – OECD, 2006.

MANN, M.; HOSMAN, C.; SCHAALMA, H.; VRIE, N. D. Self-esteem in a broad-spectrum approach for mental health promotion. *Health education research*, 2004.

MARTINEZ, N.; CONNELLY, C. D.; PEREZ, A.; CALERO, P. Self-care: A concept analysis. *International Journal of Nursing Sciences*, v. 8, p. 418-425, 2021.

MARQUES, A. Por que o desmonte da Escola SESC importa para o Brasil? Jornal Estadão. *Blog Gestão, Política & Sociedade*, 2021.

MASLOWSKI, R. *School culture and school performance*: An explorative study into the organizational culture of secondary schools and their effects. Disponível em: http://doc.utwente.nl/36122/1/t0000012.pdf. Acesso em: 20 jul. 2024.

MAURÍCIO, L. V. Literatura e representações da escola pública de horário integral. *Revista Brasileira de Educação: Revista da Anped*, Campinas, v. 27, p. 40–56, 2004.

MAURÍCIO, L. V. Escritos, representações e pressupostos da escola pública de horário integral. In: MAURÍCIO, L. V. (ed.). *Educação integral e tempo integral. Em Aberto*, v. 1, n. 1, p. 15-31, 2009. DOI: https://doi.org/10.24109/2176-6673.emaberto.21i80.2218.

MAZZA, D.; VARANI, A.; SPIGOLON, N. I.; ROSSIN, E. Educação integral: Diversidade, políticas e práticas. *Cadernos Cedes*, Campinas, v. 39, n. 108, p. 139-142, 2019. DOI: https://doi.org/10.1590/CC0101-32622019218756.

MEC. Ministério da Educação. *Escola em tempo integral*: todos os estados já pactuaram suas matrículas. Brasília: MEC, 2024.

MEDEIROS, M.; BARBOSA, R. J.; CARVALHAES, F. *Educação, desigualdade e redução da pobreza no Brasil*. Brasília: Ipea, 2019.

MELLET, X. Youth civic engagement. In: DESJARDINS, R.; WIKSTEN, S. *Handbook of Civic Engagement and Education.* Elgar Handbooks in Education, 2022.

MENDES, D.; CARVALHO, R. J. Cooperação interfederativa na educação: retrocessos no governo Bolsonaro. IX Encontro Brasileiro de Administração Pública, São Paulo/SP, 5 a 7 de outubro de 2022.

MENDONÇA, E. F. Documento técnico contendo estudo sobre o panorama nacional de efetivação da gestão democrática na Educação Básica no Brasil, considerando o PNE, nos três últimos anos. In: BRASIL. TR n. 2/2017: Gestão Democrática no Ensino Público para Contratação de Consultoria na Modalidade de Produto, 2017.

MENEZES, J. S. S.; DINIZ JUNIOR, C. A. A intersetorialidade no Programa Mais Educação: focalização em grupos sociais vulneráveis. In: FERREIRA, A. G.; BERNARDO, E. S.; MENEZES, J. S. S. *Políticas e Gestão em Educação em Tempo Integral – Desafios Contemporâneos*. Curitiba: CRV, 2018.

MENEZES, J. S. S.. Educação em tempo integral: direito e financiamento. *Educar em Revista*, n. 45, p. 137-152, jul. 2012.

MERRIAM, S. B.; TISDELL, E. J. *Qualitative Research – A Guide to Design and Implementation*. Fourth Edition. San Francisco, CA: Jossey-Bass, 2016.

MESQUITA, D. L. D. *O exercício da cidadania desde a infância como inédito viável*: saberes e sabores da experiência na EMEF Presidente Campos Sales. 2018. Tese (Doutorado) – Universidade de São Paulo, São Paulo.

MESSA, E. C. P.; BAIOCCHI, J. C. C. B.; NUNES, R. H.; FERNANDES, S. C. Escola de tempo integral versus formação humana integral. *Cadernos Cedes*, Campinas, v. 39, n. 108, p. 193-208, 2019. DOI: https://doi.org/10.1590/CC0101-32622019219113.

MOLL, J. A agenda da educação integral: compromissos para sua consolidação como política pública. In: MOLL, J. et al. *Caminhos da educação integral no Brasil*: direito a outros tempos e espaços educativos. Porto Alegre: Penso, 2012. p. 129-143.

MONTEIRO, A. M. CIEP – Escola de Formação de Professores. In: MAURÍCIO, L. V. (Ed.). *Educação integral e tempo integral. Em Aberto*, v. 1, n. 1, p. 15-31, 2009. DOI: https://doi.org/10.24109/2176-6673.emaberto.21i80.2218.

MORAIS DE SÁ E SILVA, M. *Poverty Reduction, Education, and the Global Diffusion of Conditional Cash Transfers*. 1st ed. New York, NY: Palgrave Macmillan, 2017.

MOVIMENTO DE INOVAÇÃO NA EDUCAÇÃO. Iniciativas Inovadoras. 2022. Disponível em: https://movinovacaonaeducacao.org.br/iniciativas-inovadoras/. Acesso em: 20 jul. 2024.

MURILLO, J.; ROMÁN, M. School infrastructure and resources do matter: analysis of the incidence of school resources on the performance of Latin American students. *School Effectiveness and School Improvement: An International Journal of Research, Policy and Practice*, v. 22, n. 1, 2011.

NUNES, C. Anísio Teixeira entre nós: a defesa da educação como um direito de todos. *Educação & Sociedade*, v. XXI, n. 73, p. 9-38, 2000.

NGUYEN, B. M. D.; NOGUERA, P.; ADKINS, N.; TERANISHI, R. T. Ethnic discipline gap: Unseen dimensions of racial disproportionality in school discipline. *American Educational Research Journal*, v. 56, p. 1973–2003, 2019. DOI: https://doi.org/10.3102/0002831219833919.

OECD. *Understanding the Social Outcomes of Learning*. Center for Education Research and Innovation, 2007.

OECD. *Education at a Glance 2012*: OECD Indicators. OECD, 2012. DOI: https://doi.org/10.1787/eag-2012-en.

OECD. *How much time is spent on maths and science in primary education?* 2016.

OECD. *Education at a Glance 2017*: OECD Indicators. Paris: OECD Publishing, 2017. DOI: http://dx.doi.org/10.1787/eag-2017-en.

OECD. *Government at a Glance*: Latin America and the Caribbean 2020. OECD, 2020a.

OECD. PISA for Schools. Escola SESC de Ensino Médio - Como sua escola se compara internacionalmente – Relatório da escola 2020. OECD, 2020b.

OSHER, D.; CANTOR, P.; BERG, J.; STYER, L.; ROSE, T. Drivers of human development: How relationships and context shape learning and development. *Applied Developmental Science*, v. 24, n. 1, p. 6-36, 2018.

PADILHA, P. R. Educar em Todos os Cantos. In: GADOTTI, M. (Ed.). *Educação integral no Brasil – Inovações em processo*. São Paulo: Editora e Livraria Paulo Freire, 2009. p. 7–20.

PACHECO, J. Fazer a Ponte. In: CANÁRIO, R.; MATOS, F.; TRINDADE, R. (Org.). Escola da Ponte - Defender a Escola Pública. Porto: Profedições, 2004.

PACHECO, J. *Dicionário de Valores*. São Paulo: SM, 2012.

PACHECO, J. *Inovação Educational – Obstáculos e Possibilidades*. Edições Mahatma, 2019.

PARO, V. H. *Educação como exercício do poder*: crítica ao senso comum em educação. São Paulo: Cortez, 2014.

PATTON, M. Q. *Qualitative Research and Evaluation Methods*. 4th ed. Thousand Oaks, CA: Sage, 2015.

PERES, M. F. T. et al. Evolução dos homicídios e indicadores de segurança pública no Município de São Paulo entre 1996 a 2008: Um estudo ecológico de séries temporais. *Ciência & Saúde Coletiva*, v. 17, n. 12, p. 3249-3257, 2012. DOI: https://doi.org/10.1590/S1413-81232012001200010.

PINHO, C. E. S. Como o Estado fortalece ou destrói políticas públicas? comparando os governos Joe Biden e Jair Bolsonaro. *RBEST Revista Brasileira De Economia Social e do Trabalho*, v. 4, 2022.

PRESTON, J.; HAMMOND, C. *The wider benefits of further education*: Practitioner views. Centre for Research on the Wider Benefits of Learning, London, 2002.

PRESTON, J.; GREEN, A. *The macro-social benefits of education, training and skills in comparative perspective*. Centre for Research on the Wider Benefits of Learning, London, 2003.

PUTNAM, R. *Bowling alone*: The collapse and Revival of American Community. New York: Simon and Schuster, 2000.

RAABE, A.; GOMES, E. B. Maker: uma nova abordagem para tecnologia na educação. *Revista Tecnologias na Educação*, ao 10, n. 26, 2018.

REDE ESCOLA PÚBLICA E UNIVERSIDADE. Novo Ensino Médio e indução de desigualdades escolares na rede estadual de São Paulo [Nota Técnica]. São Paulo: REPU, 2 jun. 2022. Disponível em: www.repu.com.br/notas-tecnicas. Acesso em: 20 jul. 2024.

REDE NOSSA SÃO PAULO. *Relação com trabalho e renda é indicado como fator de risco na pandemia*. 2020. Disponível em: https://www.nossasaopaulo.org.br/2020/07/10/relacao-com-trabalho-e-renda-e-indicado-como-fator-de-risco-na--pandemia/. Acesso em: 20 jul. 2024.

REDE NOSSA SÃO PAULO. *Mapa da Desigualdade de São Paulo*. São Paulo: Instituto Cidades Sustentáveis, 2021.

REITZES, D. C.; MUTRAN, E. J. Self and Health: Factors That Encourage Self-Esteem and Functional Health. *The Journals of Gerontology*: Series B, v. 61, n. 1, jan. 2006.

RINNOOY KAN, W. F.; MÄRZ, V.; VOLMAN, M.; DIJKSTRA, A. B. Learning from, through and about Differences: A Multiple Case Study on Schools as Practice Grounds for Citizenship. *Social Sciences*, v. 10, n. 6, 2021. DOI: https://doi.org/10.3390/socsci10060200.

ROBINSON, K. *Creative Schools*: The Grassroots Revolution That's Transforming Education. New York: Penguin Books, 2016.

ROCHA, E. C. Hip-hop & sarau: o Capão Redondo como centro da luta cultural. *Coloq. Int. Cult. Jovens Afro-Bras. Am., Encontros e Desencontros*, abr. 2012.

ROSER, M.; ORTIZ-OSPINA, E. Global Education. *OurWorldInData.org*, 2016. Disponível em: https://ourworldindata.org/global-education. Acesso em: 20 jul. 2024.

SALDAÑA, J. *The Coding Manual for Qualitative Researchers*. 3rd ed. Los Angeles: Sage Publications, 2016.

SALGANIK, L. Health behaviours: the competence approach. In: DESJARDINS, R.; SCHULLER, T. (Eds.). *Measuring the Effects of Education on Health and Civic Engagement—Proceedings of the Copenhagen Symposium*. Centre for Educational Research and Innovation (CERI) – OECD, 2006.

SANTOS, M. *Território e Sociedade*: entrevista com Milton Santos. São Paulo: Fundação Perseu Abramo, 2000.

SANTOS, K. A. *Deficiência e Educação de Jovens e Adultos*: ingresso e progressão de alunos do CIEJA-Campo Limpo, da Rede Municipal de Ensino de São Paulo. 2021. Tese (Doutorado) – Pontifícia Universidade Católica de São Paulo, São Paulo, 2021.

SÃO PAULO. Secretaria Municipal de Educação. Coordenadoria Pedagógica. CIEJAs na cidade de São Paulo: identidades, culturas e histórias. São Paulo: SME / COPED, 2020.

SÃO PAULO. Secretaria Municipal de Educação. Sobre os Centros Educacionais Unificados – CEUS. 2022a. Disponível em: https://ceu.sme.prefeitura.sp.gov.br/. Acesso em: 20 jul. 2024.

SÃO PAULO. Secretaria Municipal de Educação. Currículo de Educação Integral. 2020.

SÃO PAULO. Prefeitura Municipal de São Paulo. FABLAB – About Section. 2022b. Disponível em: https://www.fablablivresp.prefeitura.sp.gov.br/. Acesso em: 20 jul. 2024.

SÃO PAULO. Prefeitura do Município de São Paulo. Estrutura do Conselho Municipal de Educação. 2023. Disponível em: https://educacao.sme.prefeitura.sp.gov.br/conselho-municipal-de-educacao/card/estrutura/. Acesso em: 20 jul. 2024.

SAVIANI, D. *Escola e democracia*. Editora Autores Associados, 1999.

SCHEERENS, J.; BOSKER, R. J. *The foundations of educational effectiveness*. Oxford: Pergamon, 1997.

SCHEERENS, J.; LUYTEN, H.; STEEN, R.; LUYTEN-DE THOUARS, Y. *Review and meta-analyses of school and teaching effectiveness*. Enschede: University of Twente, 2007.

SCHEERENS, J. Indicators on informal learning for active citizenship at school. *Educational Assessment, Evaluation and Accountability*, v. 23, p. 201–222, 2011.

SCHEERENS, J.; VAN DER WERF, G.; DE BOER, H. Soft Skills in Education: Putting the evidence in perspective. *Springer International Publishing*, 2020. DOI: https://doi.org/10.1007/978-3-030-54787-5.

SCHULLER, T.; PRESTON, J.; HAMMOND, C.; BRASSETT-GRUNDY, A.; BYNNER, J. *The benefits of learning – The impact of education on health, family life and social capital*. London: RoutledgeFalmer, 2004.

SCHULLER, T. Three capitals – A Framework. In: SCHULLER, T.; PRESTON, J.; HAMMOND, C.; BRASSETT-GRUNDY, A.; BYNNER, J. *The benefits of learning – The impact of education on health, family life and social capital*. London: RoutledgeFalmer, 2004.

SCHULLER, T.; DESJARDINS, R. Wider Benefits of Adult Education. In: *International Encyclopedia of Education*. Elsevier, 2010. p. 229–233. DOI: https://doi.org/10.1016/B978-0-08-044894-7.00045-2.

SCHULLER, T. *What are the wider benefits of learning across the life course?* Future of Skills & Lifelong Learning. Foresight, Government Office for Science, United Kingdom, 2017.

SCHULZ, W.; AINLEY, J.; FRAILLON, J.; LOSITO, B.; AGRUSTI, G. *IEA International Civic and Citizenship Education Study 2016 Assessment Framework*. Springer International Publishing, 2016. DOI: https://doi.org/10.1007/978-3-319-39357-5.

SCHULZ, W.; AINLEY, J.; FRAILLON, J.; LOSITO, B.; AGRUSTI, G.; FRIEDMAN, T. *Becoming Citizens in a Changing World: IEA International Civic and Citizenship Education Study 2016 International Report*. Springer International Publishing, 2018. Disponível em: https://doi.org/10.1007/978-3-319-73963-2.

SCHULZ, W.; FRAILLON, J.; LOSITO, B.; AGRUSTI, G.; AINLEY, J.; DAMIANI, V.; FRIEDMAN, T. *Assessment Framework - International Association for the Evaluation of Educational Achievement (IEA)*. International Civic and Citizenship Education Study (ICCS) 2022, 2022.

SESC. Serviço Social do Comércio. Escola SESC de Ensino Médio – Histórico de criação (em inglês). 2010.

SESC. Serviço Social do Comércio. Egressos da primeira turma Escola SESC: (re) conhecendo as trajetórias. Rio de Janeiro, 2018.

SESC. Serviço Social do Comércio. Catálogo Acadêmico de 2020 – Escola SESC de Ensino Médio do Rio de Janeiro. Rio de Janeiro, 2019.

SESC. Serviço Social do Comércio. Fato relevante – Escola SESC de Ensino Médio. 17 nov. 2021. Disponível em: https://www.sesc.com.br/noticias/educacao/polo-educacional-sesc/fato-relevante/. Acesso em: 20 jul. 2024.

SHACKLETON, N.; JAMAL, F.; VINER, R. M.; DICKSON, K.; PATTON, G.; BONELL, C. School-Based Interventions Going Beyond Health Education to Promote Adolescent Health: Systematic Review of Reviews. *Journal of Adolescent Health*, v. 58, n. 4, p. 382–396, 2016. DOI: https://doi.org/10.1016/j.jadohealth.2015.12.017.

SHINDE, S.; WEISS, H. A.; VARGHESE, B.; KHANDEPARKAR, P.; PEREIRA, B.; SHARMA, A.; GUPTA, R.; ROSS, D. A.; PATTON, G.; PATEL, V. Promoting school climate and health outcomes with the SEHER multi-component secondary school intervention in Bihar, India: A cluster-randomised controlled trial. *The Lancet*, v. 392, n. 10163, p. 2465–2477, 2018. DOI: https://doi.org/10.1016/S0140-6736(18)31615-5.

SILVA, B. A. R. A predominância da vertente "alunos em tempo integral" nas discussões sobre o tema da educação integral em tempo integral. *Revista Brasileira de Educação*, v. 22, n. 71, 2017.

SILVA, B. A. R. A Concepção Empresarial Da Educação Integral e(m) Tempo Integral. Educação & Realidade, v. 43, n. 4, p. 1613–1632, 2018.

SILVA, A. G. A.; CHAGAS, M. I. S. Ensino Médio de Tempo Integral no Brasil: novas configurações pedagógicas e velhas implicações sociais. In: SILVEIRA, E. da S.; SILVA, M. R. da; MARTINIC, S.; MOLL, J. (eds.). *Ensino Médio, Educação Integral e Tempo Ampliado na América Latina*. Curitiba: CRV, 2022.

SINGER, H. Cieja Campo Limpo: Escola transformadora de estrutura e trajetórias. In: KUNSH, G. (ed.). *Urbania 5*. Editora Pressa, 2014.

SINGER, H. Nosso nome não é ONG. *Ecoa-Uol – Por um mundo melhor*, 10 fev. 2020. Disponível em: https://www.uol.com.br/ecoa/colunas/opiniao/2020/02/10/nosso-nome-nao-e-ong.htm. Acesso em: 20 jul. 2024.

SME. Secretaria Municipal de Educação de SP. Sobre os CEUS. 2022. Disponível em: https://ceu.sme.prefeitura.sp.gov.br/. Acesso em: 20 jul. 2024.

SOLORZANO, D. Toward a Critical Race Theory for Teacher Education. In: JENLINK, P. M. (ed.). *Teacher Preparation at the Intersection of Race and Poverty in Today's Schools*. Rowman & Littlefield Publishers, 2019.

TEIXEIRA, A. *Educação é um direito*. Rio de Janeiro: Editora UFRJ, s.d.

THIESEN, J. S. Territórios da Educação integral: identificando limites, interfaces e desafios teórico-metodológicos. In: THIESEN, J. S. *Educação integral, conceitos, sujeitos e projetos*. Curitiba: CRV, 2020.

TITTON, M. B. P.; BRUSCATO, A. C. M. Brasil e Chile: desafios da educação integral. In: SIMPÓSIO INTERNACIONAL PENSAR E REPENSAR A AMÉRICA LATINA, 2., 2016, São Paulo. *Anais* [...]. São Paulo: USP, 2016.

TORNEY-PURTA, J.; LEHMANN, R.; OSWALD, H.; SCHULZ, W. *Citizenship and Education in Twenty-eight Countries Civic Knowledge and Engagement at Age Fourteen*. The International Association for the Evaluation of Educational Achievement, Amsterdam, 2001.

TORRES, C.; BOSIO, E. Global citizenship education at the crossroads: Globalization, global commons, common good, and critical consciousness. *Prospects*, v. 48, p. 99–113, 2020.

TOWNSEND, T. (ed.). *The international handbook of school effectiveness and improvement*. Dordrecht: Springer, 2007.

UMBERSON, D.; MONTEZ, J. K. Social Relationships and Health: A Flashpoint for Health Policy. *Journal of Health and Social Behavior*, v. 51, p. S54–S66, 2010.

UNAS. *Inauguração do CEU Heliópolis Profª Arlete Persoli*. 28 abr. 2015. Disponível em: https://www.unas.org.br/. Acesso em: 20 jul. 2024.

UNAS. *Ação midiática taxa Heliópolis como uma das favelas mais perigosas do Brasil*. 2021. Disponível em: https://www.unas.org.br/single-post/acao-midiatica--taxa-heliopolis-como-uma-das-favelas-mais-perigosas-do-brasil. Acesso em: 20 jul. 2024.

UNAS. Section: About Heliópolis. 2022. Disponível em: https://www.unas.org.br/heliopolis. Acesso em: 20 jul. 2024.

UNESCO. Integrated Centre for Adult and Youth Education (CIEJA), Brazil. *Institute for Lifelong Learning*, 21 jun. 2017. Disponível em: https://uil.unesco.org/case-study/effective-practices-database-litbase-0/integrated-centre-adult-and-youth-education--cieja. Acesso em: 20 jul. 2024.

UNESCO. *UNESCO Global Network of Learning Cities. Strategy 2021-2023*. 2020. Disponível em: https://uil.unesco.org/sites/default/files/doc/lifelong-learning/cities/5th-conference/gnlcstrategy2021_2023_en.pdf. Acesso em: 20 jul. 2024.

UNESCO. Glossary - Health and Wellbeing Definition. 2022. Disponível em: https://uis.unesco.org/node/3297534. Acesso em: 20 jul. 2024.

UNITED NATIONS GENERAL ASSEMBLY. *The Universal Declaration of Human Rights* (UDHR). New York: United Nations General Assembly, 1948.

V-DEM INSTITUTE. *Democracy Report 2023 – Defiance in the face of autocratization*. University of Gothenburg, Sweden, 2023.

VERBA, S.; SCHLOZMAN, K. L.; BRADY, H. E. *Voice and Equality*: Civic Voluntarism in American Politics. Cambridge, MA: Harvard University Press, 1995.

VINCENT-LANCRIN, S.; GONZÁLEZ-SANCHO, C.; BOUCKAERT, M.; LUCA, F. de; FERNÁNDEZ-BARRERRA, M.; JACOTIN, G.; URGEL, J.; VIDAL, Q. *Fostering Students' Creativity and Critical Thinking: What it Means in School*. Educational Research and Innovation, OECD Publishing, Paris, 2019. DOI: https://doi.org/10.1787/62212c37-en. Acesso em: 20 jul. 2024.

WALSH, C.; OLIVEIRA, L. F.; CANDAU, V. M. Colonialidade e pedagogia decolonial: Para pensar uma educação outra. *Arquivos Analíticos de Políticas Educativas*, v. 26, n. 83, 2018.

WEST, E. G. *Education and the Industrial Revolution*. Batsford, 1975.

WIKSTEN, S. Civic education agendas: from popular education and nationalism to global efforts. In: DESJARDINS, R.; WIKSTEN, S. *Handbook of Civic Engagement and Education*. Elgar Handbooks in Education, 2022.

WORLD HEALTH ORGANIZATION (WHO). WHO Definition of Health. International Health Conference, New York, 1946.

WORLD HEALTH ORGANIZATION (WHO). *Social protection*: shared interests in vulnerability reduction and development. Sectoral Briefing Series 4, 2012.

YLIKOSKI, P. Mechanism-based theorizing and generalization from case studies. *Studies in History and Philosophy of Science*, v. 78, p. 14–22, 2018.

ZAPLETAL, P. P.; MACHADO, A. M. Ampliação da Jornada das Escolas Públicas Brasileiras: Um Panorama de Políticas e Discursos. *Cadernos CEDES*, v. 39, n. 108, p. 209–222, 2019. DOI: https://doi.org/10.1590/cc0101-32622019218929. Acesso em: 20 jul. 2024.

ZERO, M. A.; SOARES, A. Z. Advancements and limitations in Brazil's Democratic Management of Education framework. In: WIKSTEN, S. (ed.). *Centering global citizenship education in the public sphere*: International enactments of GCED for social justice and common good. Routledge, 2021.

ZERO, M. A. *Diretor de escola*: compromisso social e educativo. Tese (Doutorado em Educação) – Universidade Estadual de Campinas, Campinas, 2006.

ZUBERI, T.; BONILLA-SILVA, E. (eds.). *White logic, white methods Racism and methodology*. Lanham, MD: Rowman & Littlefield, 2008.

ZUCCHETTI, D. T.; SEVERO, J. L. R. L. As dimensões tempo e espaço em práticas de educação integral: Implicações curriculares a partir do diálogo entre Paulo Freire e Darcy Ribeiro. *Revista Ibero-Americana de Estudos em Educação*, v. 15, n. 2, p. 560-577, 2020.

ANEXO

FOTOGRAFIAS DAS ESCOLAS PARTICIPANTES DO ESTUDO

(Estas fotos foram registradas pela autora deste estudo
durante o período de produção de dados,
com a autorização das escolas,
para fins ilustrativos apenas)

EMEF CAMPOS SALLES

(Fotos registradas entre 6/4/2022 e 14/4/2022)

Foto histórica retratando o ex-diretor Braz Nogueira e a demolição das paredes internas das salas de aula. Esta imagem (sem autor/a) foi capturada pela autora de um mural sobre a história do Bairro Educador no complexo do CEU Heliópolis.

Fachada e entrada principal da EMEF Campos Salles. A imagem destaca a ausência dos muros externos, removidos pelas/os integrantes da escola com o propósito de diminuir seu distanciamento em relação à comunidade e ao território.

Um salão de estudo típico da escola, com mesas compartilhadas, que substituiu as salas de aula convencionais.

Banner na entrada da escola promovendo a diversidade, os esportes e outros aspectos relacionados à educação integral cidadã.

Quadra esportiva no complexo CEU Heliópolis, também utilizada pelos estudantes da escola.

Reunião do Grêmio Estudantil da escola.

Participantes da 24ª edição da Caminhada pela Paz de Heliópolis, com faixas apoiando a vacinação contra a Covid-19.

Estudantes e outras/os participantes da 24ª edição da Caminhada pela Paz de Heliópolis. A faixa cita o livro *Diário de uma favelada*, da poetisa negra brasileira Carolina Maria de Jesus.

Faixa em um prédio cultural no complexo CEU Heliópolis apresentando a história do Bairro Educador.

Pátio da escola, integrado ao complexo cultural e educacional CEU Heliópolis, com a remoção dos muros da escola.

Escadas da Biblioteca Comunitária local em Heliópolis, administrada pela associação de moradores (UNAS), destacando os cinco valores da EMEF Campos Salles (e do Bairro Educador): solidariedade; responsabilidade; autonomia; a escola como centro de liderança; e tudo passa pela educação.

Faixa na parede da associação de moradores (UNAS) exibindo sua missão organizacional: “Contribuir para transformar Heliópolis e Região num bairro educador promovendo a cidadania e o desenvolvimento integral da comunidade”.

CIEJA CAMPO LIMPO

(Fotos registradas entre 26/4/2022 e 6/5/2022)

Intervenção artística na parede externa de um dos prédios que abriga o CIEJA Campo Limpo.

Sala de aula da escola, em que as/os estudantes compartilham mesas e trabalham de forma colaborativa com seus/suas colegas.

Reunião do Conselho de Escola, com a participação de professoras/es, funcionárias/os, gestores/as da escola e estudantes.

O CIEJA apresenta arquitetura distinta de um prédio escolar tradicional, pois se localiza em prédios que antes eram residências familiares comuns.

Intervenções artísticas nas paredes da escola.

Apresentação mensal das/os estudantes com professoras/es da área de Linguagens e Códigos.

Apresentação mensal das/os estudantes com professoras/es da área de Ciências Humanas.

Materiais utilizados em uma aula de "Contação de Histórias", na qual uma professora interpretou a integrante de uma tribo indígena para discutir a história e os problemas atuais enfrentados pelos povos indígenas no Brasil.

Viagem cultural realizada por educadoras/es da escola a uma comunidade indígena na região do Pico do Jaraguá, nos arredores de São Paulo.

Refeitório da escola; pintura de Paulo Freire na parede.

Visita de estudantes e professores/as à exposição de fotografia "Amazônia", de Sebastião Salgado, no Centro Cultural SESC Vila Pompeia, em São Paulo.

Vista do bairro Capão Redondo pela janela da escola.

ESCOLA SESC DE ENSINO MÉDIO

(Fotos registradas entre 31/5/2022 e 7/6/2022)

Campus da Escola SESC de Ensino Médio, Rio de Janeiro/RJ.

Biblioteca da escola.

Atividade do projeto de aprendizagem em serviço, no qual estudantes da escola SESC recebem estudantes dos anos iniciais do ensino fundamental de uma escola pública da região, no laboratório de ciências.

Sala de aula organizada em mesas lado a lado para estimular o trabalho colaborativo entre os/as estudantes.

Aula de “Matemática Maker, Inteligência Artificial e Robótica”.

Aula de capoeira.

Ginásio Poliesportivo no Polo SESC, onde se localiza a escola.

Projeto Cineminha, por meio do qual estudantes de uma escola pública da região participam de sessões de cinema – desenvolvido pelo setor cultural do Polo SESC, com estudantes da escola SESC.

Espaço na biblioteca para aulas ou leitura.

Piscina da escola.

Vila dos estudantes, composta por dormitórios do formato de residência estudantil.

Dormitório compartilhado por três estudantes na residência estudantil.

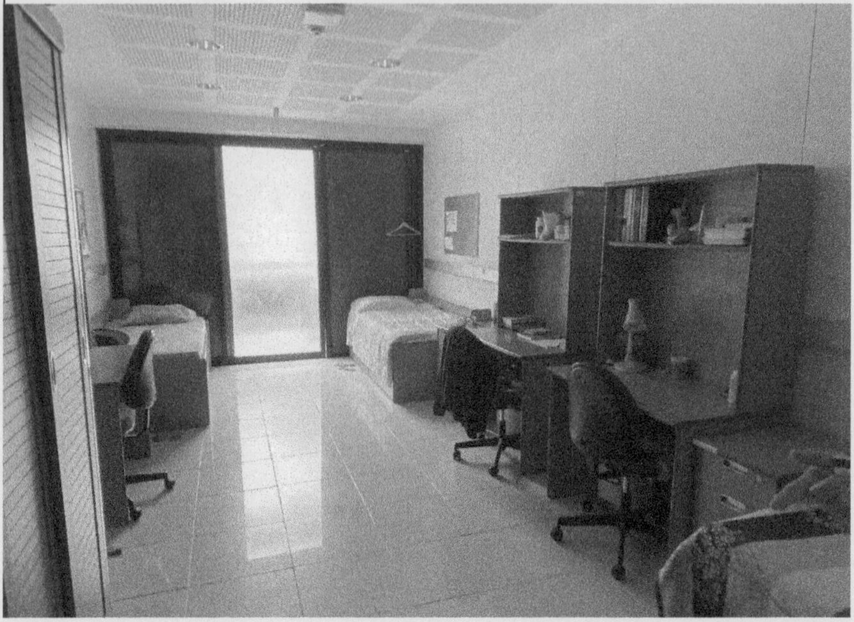

AGRADECIMENTOS

Durante meus anos de doutorado, o mundo foi atingido por uma pandemia, bem como por retrocessos políticos e democráticos que resultaram em inúmeros obstáculos e sofrimentos de naturezas diversas tanto no Brasil quanto nos Estados Unidos, onde residia, e em outros contextos do cenário global. No nível pessoal, tive de enfrentar os desafios de lidar com o falecimento de minha mãe e a transição para a maternidade durante esse período. Após concluir minha dissertação, uma amiga comentou que foi preciso coragem para realizá-la. Embora eu concorde com esse sentimento, tenho certeza de que essa conquista teria sido impossível sem o apoio de meus/minhas professores/as, família, amigos/as e parceiros/as.

Primeiramente, devo registrar que este estudo é fruto de minha pesquisa de doutorado desenvolvida na University of California Los Angeles (UCLA), concluída em março de 2023. Saliento, assim, meus profundos agradecimentos a meu orientador, Professor Dr. Richard Desjardins (UCLA), cujo genuíno interesse em fazer avançar o conhecimento científico de uma perspectiva global e cuja excelência acadêmica foram apoios essenciais para o desenvolvimento deste estudo. Agradeço ainda às/aos demais integrantes da banca por suas valiosas contribuições: as/os Professoras/es Dras./Drs. Carlos Alberto Torres (UCLA), Helena Singer (Ashoka Brasil), Michelle Morais de Sá e Silva (University of Oklahoma) e Pedro Noguera (University of Southern California).

Sou grata a cada educador/a com quem contei em minha própria trajetória educacional, os/as quais me mostraram o potencial da educação para transformar vidas e construir possibilidades mais justas de viver. No contexto do doutorado, muito aprendi com as/os professoras/es e pesquisadoras/es da UCLA e também com as/os educadoras/es brasileiras/os que reservaram um tempo para dialogar sobre o tema da pesquisa, incluindo: Anna Penido, Caio Dib, Daniel Cara, Fernando Cássio, Helena Singer, Janaína Specht da Silva Menezes, Janaina Vargas de Moraes Maudonnet, Jaqueline Moll, José Pacheco, Maria José da Silva Fernandes, Natacha

Costa, Pedro Demo, Pilar Lacerda, e Sofia Lerche Vieira. Meu obrigada também àqueles que me apoiaram no processo de admissão ao doutorado, Professores Fernando Abrucio, Luiz Claudio Costa e Marco Antonio Carvalho Teixeira.

No âmbito familiar, expresso minha profunda gratidão ao meu amado companheiro, Sérgio, pelo consistente encorajamento e parceria, que significou deixar seus próprios estudos em espera para que eu me concentrasse nos meus. Agradeço a meu doce filho Otto, que transforma diariamente minha perspectiva como educadora e me ajuda a manter a fé na luta pelas futuras gerações.

Faltam-me também palavras para expressar minha gratidão à minha mãe, Dra. Maria Aparecida Zero (*in memoriam*), que não mediu esforços para proporcionar às suas filhas oportunidades de uma educação *integral* e de qualidade. Também me sinto privilegiada por ter uma irmã como a Flávia, cujo amor, parceria e cuidados médicos foram suportes essenciais ao longo dos anos. Sou grata ainda ao meu pai, Saturnino, por sempre acreditar em mim e ser um modelo de serenidade e honestidade.

Gostaria de reconhecer o financiamento que este estudo recebeu do Ministério da Gestão e Inovação, bem como o suporte da Graduate Division da UCLA.

Finalmente, esta pesquisa não teria sido possível sem os participantes e a abertura das três escolas envolvidas: EMEF Presidente Campos Salles, CIEJA Campo Limpo e Escola SESC de Ensino Médio do Rio de Janeiro. Gostaria de expressar minha gratidão aos atuais e antigos/as gestores/as dessas escolas, bem como à Secretaria Municipal de Educação de São Paulo. Sou imensamente grata a todas/os as/os estudantes, professoras/es, famílias, funcionárias/os e integrantes da comunidade que dedicaram seu tempo para compartilhar comigo suas experiências e perspectivas no escopo deste estudo.

TERRITÓRIOS DA EDUCAÇÃO

Esta coleção nasce da urgência em construir respostas afirmativas e plurais para os desafios históricos e contemporâneos da sociedade brasileira, especificamente no campo da educação, açoitado tanto pelo fascismo emergente, quanto pelo ultraneoliberalismo que reduz tudo aos interesses do mercado.

Afirmando a necessidade de um projeto de nação baseado na perspectiva do estado democrático de direito, no enfrentamento das desigualdades sociais, no fortalecimento da pluralidade e da diversidade, propõe-se a pensar a educação a partir de seus *territórios* (vividos e sonhados) e de *pedagogias para sociedades democráticas*.

Dialogando com autores clássicos e contemporâneos, experiências em curso e reflexões emergentes, em instituições escolares e fora delas, nos territórios de aldeias, campos e cidades, tem como foco a formação de sujeitos e coletividades autônomas, solidárias e cocriadoras de suas realidades.

Como afirmou Theodor W. Adorno, em Educação e Emancipação (Paz e Terra, 2006), "a exigência que Auschwitz não se repita é a primeira de todas para a educação [...] ela foi a barbárie contra a qual se dirige toda educação".

Jaqueline Moll
Coordenadora

FOSFOROGRÁFICO
DESIGN EDITORIAL

Este livro foi confeccionado especialmente para
a Editora Meridional em Times New Roman e Mercedes
e impresso na Gráfica Meta Brasil.